KB190928

교회 민주주의

예인교회 이야기

교회
민주주의
예인교회 이야기

김광남

비전북

차례

추천의 글

학기마다 정성규 목사를 초청해서 예인교회 이야기를 듣는다. 하나님 나라를 지향하며 공동체를 이루어 가는 교회의 모습에서 늘 큰 도전을 받는다. 학기마다 학생은 바뀌어도 교수인 나는 그 강의를 매번 들었다. 그런데 들을 때마다 새로운 내용이 있었다. 예인교회에는 항상 새로운 것이 나타났고 교인들의 역동성은 항상 창조적이었다.

예인교회가 의미가 있는 것은 개혁적인 교회를 추구하면서 성장한 모델이기 때문이다. 유감스럽게도 이상적인 교회를 추구하는 교회들 대부분이 이상적인 모델을 내놓지는 못하는 게 현실이다. 교회들이 개혁을 추구하면서 민주성을 강조하고 성도들의 참여를 활성화하는 것까지는 좋은데 말 가운데 상처를 받고 개혁의 과격성 때문에 분열을 겪는 것을 많이 보았다. 그래서인지 개혁적인 교회는 좋지만 그런 교회의 목회를 아름답다고 느끼지는 못했다. 특히 이런 이념성 교회들이 비슷한 지향점을 가진 마니아층의 교회가 되어 온전한 교회의 모습을 이루지 못하는 것이 현실이기도 하다.

이 책에서 다시 확인하지만 예인교회는 이상적인 민주적 교회를 이루고 있다. 아둘람을 통해서 토론하고 의견을 수렴하는 것이 일상화되어 있다. 정말 특별한 것은 정책의 실패가 있어도 담임목사에게 책임을 묻지 않는다는 점이다. 교회 안에 그만큼 많은 논의와 결정 과정에 대한 참여가 있기에 가능한 일이다. 또한 공동체로서의 모습도 경이로운데 교인들 사이의 구제와 나눔이 아주 자연스럽다.

교회와 관련된 책을 자주 보지만 도전이 아니라 감동을 느끼기는 처음이다. 아마 성도인 저자 자신의 체험이 담겨 있기 때문일 것이다. 더 나아가 성공 스토리가 아니라 공동체의 스토리이기 때문일 것이다. 이 땅에서 이상적인 교회를 만든다는 것이 어떤 것인지 경험하고 감동받기를 원한다면 이 책을 꼭 읽어보길 권한다.

— 조성돈 교수 (실천신학대학원대학교 목회신학, 기독교윤리실천운동 공동대표)

2010년 일상생활사역연구소가 개최했던 "교회 2.0 컨퍼런스"에서 조용하지만 뭔가를 갖고 있을 것 같은 한 분을 만나게 되었다. 예인교회 정성규 목사였다. 그 만남 이후 나는 이분이 목회하는 예인교회에 대해 자세히 알고 싶다는 생각을 계속하게 되었다. 그 뒤로 이런저런 만남과 경로를 통해 '지명방어' '아둘람' '등빛일상' '교회 분립' 같은 용어들을 들을 때마다 그 궁금증은 더 커져만 갔다. 과연 예인교회에서 일어나고 있는 이 모든 것을 하나로 관통하는 상상력은 무엇일까

하는 궁금증을, 이 책을 통해 해소할 수 있었다는 것이 내게는 가장 큰 수확이다.

동시대를 사는 한국 교회의 많은 성도들이 경험했음직한 이야기가 펼쳐지고 있어서 나의 이야기처럼 흥미진진하기까지 하다. 예인교회가 걸어온 길, 그리고 적극적인 참여자이자 객관적인 관찰자인 저자가 교회 난민으로서 겪었던 개인적인 일들, 그리고 이 책을 읽게 될 동시대 그리스도인들의 경험이 교차하면서 독자들은 고개를 끄덕이고, 함께 한숨을 내뱉고, 눈물을 짓고, 답답해하고, 탄성을 지르고, 다시 고개를 끄덕이면서 공감대를 발견할 것이다. 저자는 매우 자연스럽게 예인교회가 걸어온 길과 핵심 가치를 자신의 경험과 함께 버무려 능숙하게 그려낼 뿐 아니라 객관적인 관찰자로서 예인교회의 장단점을 정직하게 대면하고 있다. '세상을 위한 교회'로서 예인교회의 코로나 이후 행보에도 더 관심을 가지게 된다.

이 책은 한 교회에 대한 기록일 뿐 아니라 한 시대의 교회 현상과 고뇌하는 그리스도인들에 대한 가치 있는 기록이다. 새로운 교회를 상상하는 이들에게 꼭 읽어보라고 권하고 싶다.

— 지성근 목사 (미션얼닷케이알, 일상생활사역연구소 대표, 《새로운 교회가 온다》 역자)

이 책은 목회자로서 읽기 쉽지 않은 책이다. 저자의 지적과 판단들은 교회 사역을 하는 목회자들에게 따끔하다. 그러나 그런 저자의 눈에 비친 예인교회는 따스하다. 그리고 그 따스함은 민주적 운영을 올

곧게 실천하는 교회의 성도들의 헌신과 눈물 때문이다.

교회 이야기는 대부분 목회자가 쓴다. 《막 쪄낸 찐빵》 이후로 성도가 기록한 자신의 교회 이야기는 흔치 않았다. 저자는 자신의 교회를 꽤 괜찮은 교회라고 여기는데 예인교회는 그런 평가를 받을 만하다. 아시아에서 민주주의 같은 민주주의를 하는 몇 안 되는 나라에서 그것을 피부에 와닿게 하나님 나라와 연결해서 실천하는 교회를 보고 싶다면 이 책을 찬찬히 읽어보라. 얼치기 민주주의의 허상보다 몇 곱절 어렵고 힘들지만 교회라는 울타리 안에서 믿음으로 그것을 감행하는 성도들과 사역자들이 있음을 이 책을 통해 보게 될 것이다. 조국교회 안에 민주적 운영과 절차를 중요하게 여기는 이런 교회가 있음이 감사하다.

— 김종일 목사 (동네작은교회 담임, 개척학교 숲 대표코치)

들어가는 글

혼자 일하는 시간이 많다 보니 하루에도 몇 번씩 페이스북에 들어가 세상 돌아가는 소식을 듣는다. 요즘은 뜸한데 내가 페이스북을 시작했을 무렵 그곳에서는 심심치 않게 신학 논쟁이 벌어졌다. 페이스북 이용자들 몇이 옥신각신하는 찻잔 속 태풍 같은 논쟁이기는 했으나 찬찬히 살펴보면 꽤 흥미롭고 배울 것도 많았다. 나는 주로 참관하는 편이었으나 가끔 끼어들어 한두 마디 할 때도 있었다.

그즈음 있었던 논쟁 중 아직도 기억에 남는 게 하나 있다. 2015년 7월, 인천의 어느 교회가 소속 교단 승인 없이 교우 중 한 사람에게 목사 안수를 주었다. 그때 안수를 받은 이는 한때 예인교회에서 청년부를 지도했던 사람이다. 처음에는 그 교회의 시도를 칭찬하는 글들이 많이 올라왔다. 신선하다는 것이었다. 그러다가 당시 더함공동체교회를 담임하던 이진오 목사가 그 교회를 비판하면서 분위기가 바뀌었다 (공교롭게도 이 목사 역시 예인교회 부교역자 출신이다). 이 목사는 그 교회가 소속 교단 승인 없이 평신도에게 목사 안수를 한 것은 공교회성을 벗어나는 일이라고 지적했다. 그러자 그 교회의 처사를 찬성하는 이들과 반대하는 이들 사이에서 공방이 벌어졌다.

당시 나는 이 목사의 주장을 지지하는 쪽이었다. 교회가 독자적으로 교우에게 목사 안수를 하는 것이 불가능한 일은 아니지만 그러려면 소속 교단을 떠나 회중교회(교회의 의사결정을 교단 총회 같은 권위 조직에 맡기지 않고 전체 회중의 의견과 참여로 운영되는 교회-편집자)가 되는 게 옳다고 보았기 때문이다. 이런 취지의 글을 올렸더니 여러 건의 반박 글이 올라왔다. 가장 인상적이었던 것은 이 목사가 말하는 공교회성이라는 것이 결국 종교개혁 이후에 형성된 전통에 불과하다는 지적이었다. 그 글을 쓴 이는 자신이 아나뱁티스트 전통의 회중교회 신자임을 자랑스러워했는데, 그는 오늘의 교회가 본받아야 할 것은 종교개혁을 통해 나타난 개혁교회가 아니라 초대교회이며 초대교회에서는 지역교회가 평신도에게 안수하는 일이 일반적이었다고 주장했다.

나는 그런 주장에 동의할 수 없었다. 내 생각에 성경이 묘사하는 초대교회의 모습은 세상에 처음 나타난 교회가 취한 우발적 존재 양태일 뿐 그 이후의 모든 교회가 따라야 할 규범이 아니기 때문이다. 물론 초대교회에 오늘의 교회가 본받아야 할 요소가 있음은 분명하다. 어쨌거나 세상에 나타난 최초의, 따라서 아직 부패하고 타락하기 이전의 교회이지 않았는가? 그러나 초대교회의 우발적 존재 양태를 훗날의 모든 교회가 따라야 할 규범으로 여기는 것은 이제 막 태어난 아기

를 세상의 모든 사람이 본받아야 할 이상적 인간으로 여기는 것만큼
이나 어처구니없는 일이다. 나의 그런 주장은 자기들이 한국교회의 주
류를 이루는 개혁교회(칼빈주의 신학을 표방하고 따르는 교회로 영국과 스코
틀랜드에서는 장로교가 주축을 이루며 대다수 한국 교회도 넓은 의미로 개혁교
회 범주에 들어간다-편집자)보다 초대교회에 훨씬 더 가까운 모습을 지니
고 있다고 주장하는 회중교회 신자들을 실망시켰다. 그래서였는지 나
의 페이스북 친구들 중 회중교회 신자들 몇이 나를 떠났다. 논쟁이 끝
나갈 즈음에 그런 의문이 들었다. 세상의 모든 교회가 본받아야 할 교
회의 원형 혹은 이상이란 것이 있을까?

　그 논쟁이 진행될 무렵에 나는 모(母)교회를 떠나 예인교회라는 낯
선 곳에서 '새 교우' 노릇을 시작하고 있었다. 모교회에서 얌전히 예배
나 드렸다면 장로가 되고도 남았을 나이에 새 교우로 지내려니 몹시
어색했다. 슬그머니 자존심이 상할 때도 있었다. '내가 교회 밥 먹은
세월이 얼마인데……' 그럼에도 그 무렵 나는 스스로 자주 정말로 새
교우, 아니 심지어 새 신자인 것처럼 느껴졌다. 예인교회의 삶이 그동
안 내가 경험하고 알았던 교회들의 그것과 너무 많이 달랐기 때문이
다. '와, 교회가 이럴 수도 있구나!' 물론 이것은 예인교회가 모든 면에
서 완벽한 이상적인 교회라는 뜻이 아니다. 당연한 말이겠지만, 예인교
회는 여느 교회와 마찬가지로 평범한 신자들의 모임이지 특별한 과정
을 통해 선발된 우수한 신자들의 공동체가 아니다. 게다가 당시에 나

는 이미 50대 중반이었고 오랜 세월 교회의 모습을 속속들이 보아온 닳고 닳은 신자였다. 그런데 그렇게 오래되고 때묻은 신자인 내가 그렇고 그런 신자들이 모인 교회에서 무언가 새로움을 느끼고 있었다. 그리고 바로 그 경험이 내가 교회에 대해 새로운 희망을 품게 해주었다.

새로운 교회에 한창 재미를 붙여갈 즈음에 담임인 정성규 목사가 나에게 이 책의 집필을 제안했다. 내가 그 제안을 받아들이자 그가 한 가지를 특별하게 당부했다. 이 책이 예인교회를 자랑하는 홍보물이 되지 않게 해달라는 것이었다. 어떻게 들릴지 모르겠으나, 예인교회는 성장을 추구하지 않는다. 성장을 터부시한다는 게 아니라, 성장을 위해 의도적으로 노력하지 않는다는 뜻이다. 게다가 정 목사는 지금 교회의 규모도 자신에게는 크다고 여기는 편이다. 그가 이 책을 통해 기대하는 것은 예인교회로 사람들이 몰려드는 것이 아니라 예인교회의 삶을 통해 무언가를 배우려는 이들에게 도움을 주는 것이다.

내가 정 목사의 의도를 충족시키리라는 보장은 없다. 나 역시 예인교회의 구성원이기에 교회에 대한 옹호와 자랑을 피하기 어려울 것이기 때문이다. 그럼에도 할 수 있는 한 객관적이려고 노력했다. 오랜만에 기자 시절로 돌아가 기자의 관점에서 교회를 바라보았다. 여러 사람의 증언과 기록 그리고 내가 실제로 경험한 일들을 토대로 교회의 실제 모습을 스케치하려 했다. 교우들로서는 불편하게 느낄 수도 있는 비판과 쓴소리도 담았다. 분명히 예인교회는 여러 면에서 전통적인 교회들과 다르다. 하지만 또한 아주 분명하게 여전히 한국 교회들 중 하나일 뿐이다. 내가 이 책을 통해 의도하는 것이 하나 있다면, 예인교회의 삶의 모습을 최대한 객관적으로 과장 없이 묘사하는 것이다.

책의 주제를 '교회 민주주의'로 잡았다. 차차 설명하겠지만, 설립 이후 지난 20여 년간 예인교회를 지배해 왔던 은유는 '민주적인 교회'였다. 예인교회는 정교한 신학적 토대 위에 세워진 교회가 아니다. 교회의 설립 멤버들은 자신들의 교회가 세상만큼의 상식과 투명함이라도 지닌 교회가 되기를 바랐다. 그들이 저마다 자신의 모교회를 떠난 결정적인 이유가 그 교회의 몰상식과 불투명함으로 인한 실망과 좌절이었기 때문이다. 그들은 자신들의 교회가 세상을 구원하거나 다른 모든 교회의 모범이 되기를 감히 꿈꾸지 않았다. 그저 자기들이 그 안에서 살고 자식들에게 물려 줄 교회가 분통 터지지 않고 즐겁게 다닐 만한 교회이기를 바랐을 뿐이다. 그러기 위해 그들이 택한 길이 교회의 민주적인 운영이었다.

예인교회는 이렇다 할 만큼 큰일을 한 적이 없다. 설립 후 20년이 되어가는 지금까지도 변변한 예배당 하나 세운 적이 없고, 강력한 성령의 역사를 통해 수많은 사람을 회심시킨 적도 없고, 세계 곳곳에 선교사를 파송한 적도 없고, 엄청난 예산을 들여 학교나 병원이나 복지 시설을 세운 적도 없다. 그럼에도 그동안 예인교회는 교계는 물론 일반 언론과 방송에서도 자주 건강하고 모범적인 교회로 소개되며 한국교회 회복의 불씨 역할을 해왔다. 어째서일까? 내로라하는 대형교회들을 포함해 대다수 교회가 세상으로부터 손가락질을 당하고 있는 때에 예인교회가 그나마 칭찬할 만한 교회로 주목받는 이유가 무엇일까? 몇 가지 요소를 들 수 있겠으나 그 모든 요소를 하나로 집약하자면, 단연코 상식과 투명성을 담보하는 교회의 민주적 운영이다.

실제로 예인교회는 전통적인 교회에 익숙한 이들로서는 당혹스러울 만큼 민주적으로 운영된다. 소문에 이끌려 제 발로 교회를 찾아갔던 나 자신도 처음에는 적응이 안 되었을 정도다. 물론 교회의 민주적 운영이 곧 효율적 운영을 의미하는 것은 아니다. 사실 때때로 교회는 그런 민주적인 운영 때문에 비효율적이 되기도 한다. 그럼에도 교회가 민주적인 운영을 고집하는 이유는 아주 분명하다. 비효율적인 것이 몰상식하거나 불투명한 것보다는 낫기 때문이다. 적어도 예인교회의 교우들은 그렇게 믿고 있다.

물론 민주적 운영이 세상의 모든 교회가 추구해야 할 이상이 될 수는 없다. 하지만 지금껏 한국교회가 실패해온 가장 큰 이유 중 하나가 교회의 몰상식함과 불투명성이었음을 고려한다면, 교회의 민주적 운영은 한국교회의 회복을 위해 꼭 필요한 요소일 수 있다. 교회가 세상에 선한 영향을 주거나 더 나아가 세상을 변화시키는 것은 우선 교회가 그럴 만한 자격을 얻은 후에야 가능하다. 지금 세상이 교회에 요구하는 것은 세상이 꿈도 꾸지 못할 만큼 굉장한 일을 해내라는 게 아니다. 최소한 세상만큼이라도 되라는 것이다. 그동안 예인교회가 해온 일이 그것이었다. 우선 세상만큼이라도 되는 것. 소극적인 목표였으나 예인교회 교우들은 그것이 전제되지 않으면 교회가 외치는 온갖 말들이 허망한 것이 되리라고 여겼다.

　교회에 관한 책을 쓰려니 이래저래 교회에 관한 생각이 많아졌다. 교회에 관한 책들도 꽤 찾아 읽었다. 그 과정에서 무엇보다도 몰두했던 것은 과연 누구나 만족할 만큼 이상적인 교회가 있을까 하는 것이었다. 그런 의문을 갖게 된 이유는 내 자신의 변화 때문이다. 예인교회에 등록한 후 한동안 나는 교회가 정말 좋았다. 그러나 시간이 흐르면서 교회의 이런저런 모습들이 눈에 들어왔고 그로 인해 실망했다. 내가 본 교회의 부정적인 모습들은 결코 가벼운 문제가 아니었다. 과연 이런 모습을 지닌 교회를 건강하다고 할 수 있을까 하는 의문이 들 때도 있었다. 특히 가까이 지내던 교우들이 교회에 실망하고 떠날 때 그러했다. 그들을 보면서 점점 의문이 깊어졌다. 누구나 만족하는 이상적인 교회가 있을 수 있는가? 혹시 지금 내가 이전 교회에 대한 실망이 너무 커서 사실은 그보다 조금 나을 뿐인 교회를 세상에 둘도 없는 건강한 교회라고 착각하고 있는 것은 아닐까?
　하지만 겨우내 책을 쓰면서 그런 의문을 조금씩 밀어낼 수 있었다. 책을 쓰기 위한 취재과정에서 여러 교우와 대화하면서 알 수 있었다. 그들 모두가 나만큼이나 부족하고 불완전한 신자들임에도 하나같이 건강하고 아름다운 교회를 만들기 위해 나름의 방식으로 애쓰고 있다는 것을, 그리고 결국 그런 이들의 헌신과 노력이 모여서 여전히 불완전하고 위태롭기는 하나 지금의 교회가 만들어졌다는 것을.

　이 글 첫머리에서 제기했던 질문으로 돌아가 보자. 교회사 속에 세상의 모든 교회가 돌아가야 할 원형적인 교회가 있을까? 아니, 교회의 모든 구성원과 심지어 세상까지도 만족할 만한 이상적인 교회가 있을까? 가톨릭 신학자 한스 큉은 《교회란 무엇인가》(*Was Ist Kirche?*, 분도출판사 역간)에서 그 어떤 교회도 이상적일 수 없다고 주장한다. 그에게 교회는 현실과 무관하게 존재하는 영적 조직체가 아니다. 오히려 교회는 시간 속에서 방황하는 하나님의 백성이다. 따라서 교회의 모습은 늘 세상의 변화에 대응하며 변화한다.

　교회는 근본적으로 도중에, 여행 중에, 순례 중에 있다. …… 방랑하는 하느님 백성인 교회는 항상 역사적 현상으로 나타난다. 교회는 구약 백성의 역사를 계승하고 진보시켜 신약으로 성취한다. 동시에 교회는 갖가지 결함으로 점철된 시간을 뚫고 하느님 자신이 인도하시는 최후의 완성인 종말의 하느님 나라를 향하여 나아간다.

　교회가 순례 중에 있다면, 종교개혁을 통해 나타난 교회는 물론이고 초대교회까지도 이상적인 교회가 아니며 이상화되어서도 안 된다. 그런 의미에서 "교회는 항상 개혁되어야 한다"(*ecclesia semper reformanda*)는 종교개혁자들의 표어는 프로테스탄트 교회들만의 표어가 아니다. 오히려 그것은 세상의 모든 교회를 향한 "하느님 자신의 나날의 요구다."

　이 책은 다른 모든 교회가 본받아야 할 이상적인 교회에 관한 서술이 아니다. 예인교회는 좋은 교회이지만 흠이 없는 교회가 아니다. 단언하건대, 이 세상이 끝나는 날까지 그런 교회는 존재하지 않을 것이다. 그럼에도 교회들은 앞선 교회들의 분투 덕분에 조금씩 나아질 것이다. 물론 그런 희망에 찬물을 끼얹는 교회도 계속해서 등장할 것이다. 그럼에도 교회들은, 하나님이 포기하시지 않는 한, 이상적인 교회를 향해 한 걸음씩 나아갈 것이다. 그런 의미에서 세상의 모든 교회가 본받아야 할 이상적인 교회는 과거가 아닌 미래에 있을 것이다. 이 책은 그런 이상적인 교회에 가까이 다가가기 위해 목회자 중심주의 혹은 당회 중심주의를 극복하고 민주적인 교회를 세우려 했던 어느 작은 교회의 한 시절의 이야기를 다룬다. 이제 그 이야기 속으로 들어가보자.

1부
도심에서 교회 세우기

아직 월드컵의 열기가 남아 있던

2002년 7월 21일,

마침내 '난민'들을 위한 새로운 교회가 탄생했다.

얼결에 한 등록

2015년 2월 15일. 아내와 내가 부천 예인교회에 등록한 날이다. 우리 부부는 바로 전 주에 모교회를 떠났다. 오랜 고민 끝에 모교회를 떠난 우리는 얼마간 시간을 가지면서 출석할 교회를 찾을 계획이었다. 예인교회는 우리가 가장 먼저 떠올린 교회이기는 했으나 그렇게 바로 등록할 생각은 없었다. 교회에 대한 실망이 컸던 터라 어떤 교회에도 섣부른 기대를 하지 않기로 마음먹었기 때문이다.

예인교회는 부천 송내역 앞에 있는 복사골문화센터의 한 층을 빌려서 예배를 드리고 있었다. 5층 엘리베이터에서 내려서 사람들이 모여 웅성거리는 쪽으로 쭈뼛거리며 걸어가는데 한 여자가 밝게 웃으며 다가왔다.

"안녕하세요? 처음 뵙네요. 우리 교회 처음이신가 봐요?"

예인교회에서 가장 먼저 만난 이경아 집사였다.

"네, 처음입니다. 그동안 소식은 많이 접했지만⋯⋯."

당시 이 집사는 새가족부에서 활동하면서 우리처럼 교회를 방문하는 이들을 맞이하고 있었다. 우리 부부는 이 집사의 안내를 받아 예배실로 들어갔다. 예배 참석 인원은 200명쯤 되었다. 이 집사는 오늘 예배가 장년과 어린이가 함께 드리는 세대통합 예배여서 조금 어수선할 거라고 했다. 그러면서 예배를 마친 후 꼭 자기를 다시 보고 가라고 했다.

예배는 정말로 어수선했다. 무엇보다도 전통적인 교회에서 온갖 격식을 갖춰 예배하는 데 익숙했던 우리에게 그 예배는 그다지 잘 준비된 것처럼 보이지 않았다. 가장 낯선 것은 예배실 자체였다. 그곳은 주중에는 문화센터의 프로그램이 진행되는 강의실이었다. 아늑한 조명도, 정성 들여 준비한 꽃도 없었다. 그곳이 예배 장소임을 알려주는 것은 강의실 전면에 걸어놓은 교회의 표어가 적힌 하늘색 걸개가 전부였다. 내용은 이랬다.

비전은 하나님으로부터,
운영은 민주적으로,
소유는 최소한,
나눔은 최대한.

강단이 있을 리 없었다. 강의실 전면에 강연대 하나가 덩그러니 놓여 있었을 뿐이다. 강연대 왼쪽에 3인용 테이블 몇 개가 청중석을 마주 보며 놓여 있었다. '저 자리는 뭘까' 했는데, 나중에 보니 성가대석이었다. 예배 시간이 되자 20여 명의 성가대원이 그 자리에 와서 앉았다. 성가대원들은 가운을 입지 않았다. 그렇다고 말끔한 정장 차림도 아니었다. 모두 평상시에 입던 옷을 그대로 입고 있었다. 수십 년간 성가대 활동을 해온 아내와 나는 그 모습이 생경했다. 우리 부부에게 주일예배는 늘 산뜻한 가운을 갖춰 입은 성가대원들의 입장과 더불어 시작되었기 때문이다. 나는 살짝 실망했다. '저런 자세로 어떻게 예배를……' 그래도 나중에 찬양하는 걸 들어보니 성가대 실력이 만만치 않았다. 모교회의 성가대보다 훨씬 잘하는 것 같았다.

설교를 담당한 이는 당시 아동부를 담당하고 있던 안태훈 목사였다. 안 목사는 장년 교우들에게 오늘 설교가 어린이 수준에 맞춰 진행된다는 점을 알리면서 설교를 시작했다. 설교는 빔프로젝터로 여러 가지 그림을 보여주며 동화를 구연하는 식으로 이루어졌다. 장년과 어린이들 사이에서 균형을 잡아야 하는 목사는 살짝 난감해 보였다. 그러나 결국 초점은 어린이들에게 맞춰질 수밖에 없었다. 장년들은 점잖게 아빠 미소를 짓고는 있었으나 좀이 쑤시는 듯했다. 우리 부부 역시 그랬다. 모교회를 떠나 새 교회를 찾아 나선 상황에서 참석한 낯선 교회의 첫 예배 설교가 어린이 설교라니. 그런데 설교를 듣다 보니 문득 옛 생각이 났다. 어릴 적에 어수선하게 방석이 깔린 모교회 마룻바닥에

교회 민주주의

서 뒹굴면서 어른들과 함께 예배하던 시절. '그래, 옛날에는 그랬지. 어른이나 아이 할 것 없이 한데 섞여 예배를 드렸었지.' 그런 생각 때문인지 문득 어수선한 예배가 정겹게 느껴졌다.

예배 후에 예배실을 빠져나가는데 입구에 서 있던 담임목사인 듯한 이가 '어, 낯선 얼굴이네' 하는 표정을 지으며 손을 내밀었다. 하지만 "안녕하세요! 반갑습니다"라는 인사 외에 다른 말은 하지 않았다.

로비로 나서니 이경아 집사가 다가왔다. 이 집사 곁에 남자 하나가 서 있었다. 이 집사의 남편 홍석문 집사였다. 부부가 함께 새가족부 사역을 맡고 있었다. 그들은 우리에게 다른 약속이 없으면 점심식사를 함께 하자고 했다. 식사는 같은 건물 4층에 있는 구내식당에서 이루어졌다. 주일에 모이는 인원이 꽤 되다 보니 주일에도 문을 연다고 했다. 홍석문·이경아 집사 부부는 식사하는 동안 교회의 이모저모를 소개해주었다. 부부의 표정이 밝고 따뜻했다. 좋은 삶이 전제되지 않으면 나오기 어려운 표정이었다. 우리 부부가 예인교회에 등록하기로 마음먹은 것은 이들 때문이었다. 식사를 마친 후 홍 집사가 "예배에 몇 번 더 참석해 본 후에 결정하셔도 되지만……"이라며 교회 등록 얘기를 흘렸을 때 아내가 나를 쳐다보며 말했다.

"그냥 등록할까?"

우리가 로비에서 새교우 등록카드를 작성하고 있을 때 다른 부부 한 팀이 우리에게 다가왔다. 유혁·최승연 집사 부부였다. 그들은 홍석문·이경아 부부와 같은 '아둘람*'에 속해 있었다. 아마도 그들을 통해 우리 부부 얘기를 들은 것 같았다. 알고 보니 유혁 집사는 나와 동갑내기였다. 동갑. 한국 사람은 이상하게 그런 것에 끌린다. 유혁·최승연 집사 부부는 주변 사람들을 계속 웃게 하는 아주 유쾌한 사람들이었다. 그들은 우리 부부와 함께 같은 교회에서 신앙생활을 하게 되리라는 사실에 기대감을 드러냈다. 유 집사가 말했다.

"사실 우리도 등록한 지 얼마 안 돼요. 우리 앞으로 잘 지내요."

이어서 조금 어처구니없는 일이 벌어졌다. 우리가 새교우 등록카드 작성을 마쳤을 때 유 집사가 말했다.

"참, 오늘부터 우리 교회 공동과정이 시작되는데, 권사님 부부도 함께 시작하면 어때요?"

'공동과정'이란 예인교회에 등록한 이들 중 교회의 '정회원'이 되기로 결심한 이들이 12주에 걸쳐 집중적인 교육을 받는 프로그램이다. 교회는 그 과정을 통해 교우들에게 교회의 설립 정신과 운영 방침 그리고 각종 사역에 필요한 기본적인 지식을 가르친다. 그 과정을 마친 이들에게는 정회원 자격을 부여해 교회의 각종 사역에 참여할 수 있게 한다. 물론 예인교회에는 여러 해 '등록 교우'로 출석하면서도 공동

---

*   아둘람(Adullam)은 '은신처' '피난처'라는 뜻의 히브리어로, 다윗이 사울 왕의 살해 위협을 피해 숨어든 동굴 이름이다. 환난 당한 자, 빚진 자, 원통한 자들이 모여든(삼상 22:1-2) 아둘람 공동체는 다윗 왕국 초기의 중심 일꾼들을 배출한 모판이 되었다. 예인교회 아둘람은 근거리에 위치한 가정들이 한 가정에 모여 삶을 나누고 중보하는 주중 모임으로, 일반적인 교회의 구역 모임이나 목장 모임, 속회에 해당한다.

교회 민주주의

과정을 이수하지 않은 이들이 꽤 있다. 그런 이들은 교회 활동에 특별한 제약이 있는 것은 아니지만 투표권과 피선거권을 갖지 못하며 사역의 책임자가 되지 못한다. 그러니 공동과정은 예인교회의 온전한 교인이 되기 위한 필수 코스인 셈이다. 그런데 유혁 집사가 이제 막 새교우 등록카드를 작성하고 있는 우리 부부에게 그 과정에 참여해보라고 권유한 것이다.

교회 내부 사정을 알 리 없는 아내와 나는 별생각 없이 그러자고 했다. 우리가 선뜻 하겠다고 하자 네 집사가 잠시 속삭이듯 대화를 나눴다. 자기들이 제안한 것을 우리가 덜컥 받고 보니, 아무래도 이건 너무 빠른 거 아닌가, 혹시 교회의 절차를 무시하는 거 아닌가 싶었던 모양이다. 그런데 이미 말이 나온 걸 어쩌겠는가? 홍석문 집사는 목사에게 달려가 우리 부부가 오늘 등록했는데 공동과정에 참여해도 되느냐고 물었다. 그리고 짧은 논의 끝에 허락이 떨어졌다. 출석 첫 날 새교우 등록카드를 작성한 우리 부부는 공동과정이 진행될 방으로 들어갔다. 교회에 등록한 지 두 해 만에 공동과정에 참여하는 유혁·최승연 집사 부부와 함께였다. 담임목사와는 아직 통성명조차 하지 않은 상태였다.

'난민'들의 교회

공동과정에는 우리 부부 외에 20명이 참석했다. 우리는 그곳에서 예인교회를 담임하는 정성규 목사와 처음으로 인사를 나눴다. 정 목사는 새 교우가 이렇게 빨리 교회에 등록하고 이렇게 빨리 공동과정에 들어온 것은 처음이라며 놀라워했다. 그럴 만도 한 것이, 대개 새 교우들은 교회에 등록하기 전에 몇 주 혹은 몇 달 동안 교회 분위기를 탐색하다가 등록했고, 등록한 후에도 다시 한참을 기다렸다가 공동과정에 참여했다. 심지어 몇 년씩 예배에 참석하면서도 공동과정을 밟지 않는 이들도 있었다. 그에 비해 우리 부부는 말 그대로 새교우 등록카드에 잉크도 마르기 전이었다.

공동과정은 참가자 전원이 둥글게 둘러앉은 상태로 진행되었다. 첫째 날 주제는 '성경 읽기'였다. 정 목사는 오늘날 많은 신자가 하나님의 말씀인 성경이 아니라 자기 생각에 의존해 신앙생활을 한다고 지적했다. 그는 올바른 신앙은 자기 생각이 아닌 성경에 근거해야 한다고 강조하면서, 공부하듯 성경을 읽고 그 말씀에 의지해 믿음을 쌓아나가라고 당부했다. 당연하고도 뻔한 말이었는데 이상하게 그 말이 가슴에 와닿았다. 아마도 지난 몇 년간 모교회에서 하도 비성경적인 설교를 들으며 몸서리쳤기 때문이었을 것이다.

내가 모교회에서 가장 견디기 힘들었던 것은 목사의 설교였다. 나는 대학 졸업 후 여러 해 동안 기독교 언론과 출판 분야에서 일했다. 덕분에 여느 성도들보다는 성경과 신학서적을 찾아 읽은 편이었다. 게다가 우리 부부는 30대 초반에 이미 한 차례 모교회를 떠나 한동안 영락교회에서 예배를 드린 적이 있다. 그때 그 교회를 담임하던 임영수 목사에게서 꽤 수준 높은 설교를 들었다. 그런 우리가 10여 년 만에 모교회로 돌아가서 마주한 설교는 들어주기 힘들 정도였다. 말씀씨가 좋고 나쁘고의 문제가 아니었다. 내 생각으로는 설교자가 본문에 대한 성실한 주해 없이 자신의 목회를 위해 성경 본문을 임의적으로 해석했다. 설교를 들을 때마다 가슴이 답답했다. 복음이 아니라 특정한 목적을 지닌 선전 문구에 무방비로 노출되는 느낌이었다. 주일마다 그런 설교를 들어야 하는 상황이 치욕스러웠다. 당시 내게 모교회에서 드리는 예배는 수긍하기 어려운 말을 듣고 있어야 하는 고통스러운 시간이었다. 그래서였을 것이다. 겉보기에 그럴듯해 보이는 신앙이 사실은 성경에 근거한 것이 아닐 수도 있음을 지적하면서 이제부터라도 차근차근 성경을 읽고 성경에 근거한 신앙을 세워가라는 목사의 말이 그토록 감격스러웠던 까닭이.

12주 동안 진행된 공동과정에는 꽤 흥미롭고 특별한 순서가 하나 있었는데, 바로 '인생 여정'이라는 시간이었다. 참석자들은 매주 강의가 시작되기 전 30분 동안 다른 참석자 한 사람과 마주 앉는다. 그렇게 짝을 이룬 두 사람은 서로 자기를 소개한다. 어디에서 태어나, 어떻게 자랐고, 지금 무슨 일을 하고 있는지 등 자신이 살아온 이야기를 나누면서 참석자들은 자연스럽게 서로를 알아갔다. 우리 부부처럼 그 교회에 아는 사람이 아무도 없는 경우, 이 프로그램은 그 낯선 교회에서 누군가와 개인적인 이야기를 나누며 사람을 사귈 수 있는 더없이 좋은 기회였다. 덕분에 공동과정 참석자들은 그 과정을 마칠 때 최소한 10명의 다른 교우들에게 자기를 소개하고 그에 대한 소개를 받은 상태가 되었다. 주일에 교회에 가면 반갑게 악수를 하고 인사를 나눌 사람을 얻게 된 것이다.

누구와 인생여정을 나누게 되든 반드시 등장하는 주제가 하나 있었다. 자기가 어쩌다가 이 교회로 오게 되었는지에 관한 것이었다. 나도 그랬지만 나의 파트너들 역시 이른바 초신자가 아니었다. 그들 모두 이미 오랜 세월 신앙생활을 해온 이들이었다. 목사의 아들도 있고, 신학교를 졸업한 이도 있고, 이전 교회에서 주일학교 교사나 성가대원 또는 선교부 책임자로 일했던 이들도 있었다. 한 마디로, 하나같이 나름 베테랑급 신자들이었다. 나와 대화를 나눴던 이들 대부분이 이런 말을 했다.

"사실 저는 이전 교회를 떠날 사람이 아니에요. 이런 말이 좀 그렇긴 하지만, 제가 그 교회의 뿌리이고 기둥이었어요."

그런 말을 들을 때마다 속으로 그랬다.

'아이고, 저도 마찬가지예요.'

그렇다면 도대체 그들은 어쩌다 성실히 다니던 교회를 떠나 이 낯선 교회로 오게 된 것일까? 양상은 달랐으나 본질은 같았다. 이전 교회에 대한 깊은 실망 때문이었다. 어떤 이는 교회 재정을 담당하다가 교우들이 바친 헌금이 목사의 쌈짓돈처럼 쓰이는 것을 지켜보며 놀랐다. 어떤 이는 목사가 여집사들과 부적절한 관계를 맺고 있음을 알게 되어 넋이 빠졌다. 어떤 이는 두 패로 갈린 장로들이 교회 운영의 주도권을 놓고 싸우는 것을 보고 진저리를 쳤다. 어떤 이는 목사가 설교 때마다 이상한 소리를 해서 더 듣고 있다가는 정신질환에 걸릴 것 같은 느낌이 들었다. 그리고 어떤 이는 함께 신앙생활 하던 교우들이 교회에서 보이는 모습과 실제 삶의 모습이 너무 달라 소름이 끼쳤다. 결국 그들 모두는 이전 교회에 더 있다가는 질식할 것 같아서 살기 위해 도망친 이들이었다. 그들은 쇼핑하듯 좀더 나은 교회를 찾아 모교회를 떠난 게 아니었다. 더는 예배할 수가 없어서 아주 오랜 고민 끝에 그곳에서 탈출한 이들이었다. 내가 보기에 그들은 모두 '교회 난민'이었다. 물론 그중에는 나와 아내도 포함되어 있었다.

공동과정이 진행되는 동안 예인교회에 대한 소개를 받을 수 있었다. 어느 주엔가 교회의 운영위원장(전통적인 교회의 수석 장로)이라는 이가 들어와 예인교회의 설립과 운영에 관한 이야기를 해주었다. 흥미로 웠던 것은 예인교회가 애초에 우리 같은 교회 난민들을 위한 교회로 출발했다는 점이었다. 운영위원장의 소개와 나중에 다른 교우들을 통해 들은 이야기를 종합해 보면 이렇다.

예인교회는 부천의 어느 '사고 난' 교회 교우들에 의해 설립되었다. 사고가 나기 전 그 교회는 부천 구도심에서 꽤 아름답게 성장했다. 그러던 중 교회는 이제 막 개발이 시작된 부천의 신도심인 중동에 예배당을 지어 이전했다. 많은 교우들이 새 예배당을 위해 적지 않은 금액의 헌금을 했다. 몇 년간 부어온 적금을 깬 이들도 있었고 오랜 세월 분식집을 운영해 모은 전 재산이나 다름없는 돈을 바친 이도 있었다. 새 예배당이 완공되자 교우들 중 몇 사람은 아예 예배당 근처로 이사까지 했다.

그런데 전혀 예상치 못했던 사고가 발생했다. 담임목사가 젊은 여자 전도사와 청년을 성추행했다는 소문이 돌더니 결국 소문이 사실로 밝혀졌다. 교회는 발칵 뒤집혔다. 분노하고 실망한 교우들은 목사에게 항의하고 사퇴를 요구했다. 그러나 목사는 사퇴 요구를 거부했다. 자숙하는 의미로 기도원에 들어가 얼마간 지내더니 슬그머니 교회로 돌아왔다. 교우들은 그를 용납할 수 없었다. 잘못을 저지른 믿음의 형제를 용서하는 것과 그를 계속해서 영적 지도자로 인정하는 것은 전혀 다른 문제였다. 교우들의 항의가 이어졌으나 목사는 꼼짝도 하지 않았다. 단순히 사퇴를 거부하는 정도가 아니라 여전히 자기를 지지하는 이들을 등에 업고 반격을 시도했다. 그 과정에서 담임목사의 잘못을 지적하던 부목사 하나가 어느 주일에 아무런 예고도 없이 잘렸다. 교우들의 반발이 더욱 거세어졌으나 목사와 그를 옹호하는 세력은 물러설 생각이 없었다. 교회는 더는 화합이 불가능한 상황이 되었고 거칠고 혼란스러운 분쟁 상황에 빠져들었다. 교회와 목사에게 실망하고 분노한 이들은 그런 상황에서 더는 예배를 드릴 수가 없었다. 2001년 12월 31일, 그렇게 실망하고 분노한 이들 중 70여 명이 결국 교회를 뛰쳐나왔다. 그들은 어느 웨딩홀을 빌려 함께 송구영신 예배를 드렸다. 오랜 신앙생활 과정에서 처음으로 경험하는 아주 낯설고 쓸쓸하고 절망적인 예배였다.

호기롭게 교회를 뛰쳐나오기는 했는데 막상 나와보니 갈 곳이 없었다. 말 그대로 '교회 난민'이 된 것이다. 다른 교회를 찾아간 이들도 있었으나 대부분은 갈 곳을 정하지 못했다. 이미 여러 해 동안 함께 신앙생활을 했던 이들을 두고 낯선 교회를 찾아간다는 건 생각만큼 쉬운 일이 아니었다. 결국 그들은 자기들끼리 모여 예배를 드리기로 했다. 모일 장소가 마땅치 않아 한동안 이리저리 몰려다녀야 했다.

그러던 중에 어떤 이가 복사골문화센터 강의실을 빌릴 수 있다는 소식을 전했다. 그들은 이제 더는 떠돌지 말고 그곳에 모여 예배를 드리자고 했다. 평일에는 사람들로 붐비는 곳이었으나 일요일에 그곳을 이용하는 이들은 교회 난민들뿐이었다. 한겨울 문화센터의 복도는 어둡고 추웠다. 빌린 강의실 안으로 들어가 보니 강연대 하나와 테이블 몇 개가 덩그러니 놓여 있었다. 교회 난민들은 테이블을 움직여 자리를 마련하고 모여 앉았다. 주일이니 예배를 드리기는 해야 하는데 찬송도, 기도도 나오질 않았다. 자신들이 오랫동안 헌신했던, 그리고 자식들에게 신앙을 물려줄 터전으로 여겼던 번듯한 교회가 지척에 있는데 도대체 우리가 지금 여기서 뭘 하고 있는가 하는 생각에 목이 메었다. 그래도 어떤 이 하나가 억지로 찬송을 불렀다. 다른 이들도 겨우겨우 따라 부르기 시작했다. 예인교회의 모체인 '난민들의 교회'의 시작이었다.

교회 민주주의

젊은 목사

새로운 교회를 세울 생각은 어느 누구도 하지 않았다. 그저 모교회에서 떨어져 나온 이들끼리 함께 모여 예배드리고 서로를 위로하려는 마음뿐이었다. 사실 새로운 계획을 세우기에는 모교회에서 겪은 일로 인한 충격이 너무 컸다. 사람들의 생각은 온통 과거에 쏠려 있었다. 모여서 얘기를 나누다 보면 누군가가 슬그머니 모교회 이야기를 꺼냈고, 그 이야기가 나오기만 하면 즉각 모두에게 슬픔과 분노가 치밀었다. 그럴 만도 했다. 모인 이들 대부분은 모교회를 꽤 열심히 섬기던 이들이었다. 그런데 자신들이 그토록 충성스럽게 섬겼던 교회가 이제 세상에서 조롱받는 교회가 되고 말았다. '이런 꼴을 보려고 그렇게 충성했던가' 하는 마음이 들지 않을 수 없었다. 더 견디기 힘든 것은 배신감이었다. 한때 신앙의 아버지로 여겼던 목사는 부도덕한 삯꾼이 되어 교묘한 말로 교인들을 후리고 있었고, 가족이나 다름없다고 여겼던 교우들은 교회를 떠난 이들을 과격하고 불순한 선동꾼들로 치부하며 비난하고 있었다. 실망과 배신감으로 가득 찬 교회 난민들은 모이기만 하면 한숨과 낙담과 독한 말들을 쏟아냈다.

한 주 한 주 지나갈수록 사람들은 지쳐갔다. 뚜렷한 목표가 없는 상태에서 그렇게 부정적인 분위기의 모임을 지속하는 것은 불가능했다. 그들은 뭔가 변화가 필요하다고 느꼈다. 가장 필요한 것은 정상적인 예배였다. 신앙생활에서 예배의 중요성은 흔히 생각하는 것보다 훨씬 더 크다. 어떤 이들은 형식적인 예배를 우습게 여기지만 신앙생활의 주된 원천은 형식을 갖춰 드리는 예배다. 억울하고 불안하고 탈진한 난민 신자들에게는 제대로 된 예배가 절실했다. 그리고 그런 예배를 위해서는 매주 그런 예배를 이끌어 줄 사람, 특히 준비된 설교를 통해 신앙의 중심을 잡아줄 사람이 필요했다.

그들은 예배를 이끌어줄 이를 찾기 시작했다. 그러던 중 어떤 이가 모교회에서 함께 신앙생활을 했던 정성규 목사를 지목했다. 앞서 언급했던 부목사, 즉 담임목사의 잘못을 지적하며 항의하다 잘린 바로 그 목사였다. 당시 30대 중반이던 정 목사는 그 교회에서 8년여 동안 부목사로 일했기에 그들의 사정을 누구보다도 잘 알고 있었다. 난민들은 정 목사를 찾아가 예배를 이끌어 달라고 부탁했다.

부탁을 받은 정 목사는 고민에 빠졌다. 일단 그에게는 나름의 계획이 있었다. 유학 가서 좀더 공부를 한 후에 돌아와 자기가 꿈꾸던 목회를 시작하는 것이었다. 그러니 그 부탁을 받아들인다면 자신의 계획은 당분간이라도 접어야 했다. 게다가 그들은, 자기들 생각에는 어떨지 모르나, 다른 입장에 선 이들이 보기에는 교회를 혼란에 빠뜨리고 분열시킨 불순한 사람들이었다. 그러니 그런 이들을 상대로 예배를 이끌고 설교를 할 경우 자기 역시 불순한 사람으로 비칠 수 있었다. 앞으로도 계속 그 교단에서 목회해야 할 목사의 처지에서는 고민이 될 수밖에 없었다. 하지만 그는 마음을 고쳐먹었다. 이유는 간단했다. '상처받은 저들에게는 예배와 말씀이 필요하다'고 여겼기 때문이다. 정 목사는 자신의 계획을 잠시 미루고 그들을 돕기로 했다.

같은 목사의 설교라도 어떤 상황에서 하느냐에 따라 내용이 달라질 수 있다. 기성 교회에 속한 대부분의 부교역자들이 그러하듯이, 그 이전까지 정 목사는 설교를 할 때마다 이 사람 저 사람의 눈치를 볼 수밖에 없었다. 그러나 이제는 그럴 필요가 없다. 지금 그에게는 설교에 대해 트집을 잡을 담임목사도 없고 장로들도 없다. 예전 같으면 교우들에게도 따끔한 말 한마디 하기가 어려웠으나 이제는 그럴 필요도 없다. 그는 머지않아 그들을 떠날 것이었다. 그 무엇에도 구속되지 않은 상태에서 행하는 설교, 정 목사는 그 상황이 꽤 마음에 들었다. 그는 자신이 지금껏 제도권 교회 안에서 해왔던 것과는 다른 설교, 즉 신학교에서 배우고 스스로 성경과 신학 서적을 읽으며 깨달은 것을 난민 신자들에게 전하기로 마음먹었다.

신학교 시절에 정 목사가 가장 관심을 가졌던 것은 종교개혁자들의 주창했던 '만인제사장'이라는 개념이었다. 그러나 막상 목회 현장에 나와 보니 모든 게 목사 중심이었다. 부목사 시절 내내 그는 많은 고민을 했다. 어째서 교회가 특정한 목사 한 사람에게 좌지우지되는 것인가? 성경이 아주 분명하게 우리가 모두 하나님 앞에서 같은 죄인이며 같은 자녀라고 가르치는데, 어째서 교회 안에 성직자와 성도라는 계급 아닌 계급이 존재하는가? 더 나아가, 그동안 세상이 크게 분화되고 발전해서 많은 성도가 각자의 분야에서 나름 전문가로 일하며 살고 있는데, 어째서 교회에서는 여전히 모든 판단과 결정의 중심에 목사가 있는 것인가?

정 목사는 설교를 통해 그런 의문들을 제기하고 교회가 지금과는 다른 모습을 가질 수 있으며 가져야 한다고 가르쳤다. 그는 난민 신자들에게 목사에게 의존하지 말고 스스로 교회가 되라고 강조했다. 정 목사는 난민 신자들의 모임이 '교회의 문제'에서 비롯된 것임을 누구보다도 잘 알고 있었다. 그래서 그의 설교는 주로 교회의 문제에 집중되었다. 그는 계속해서 그들에게 성경이 가르치는 참된 교회가 어떤 것인지에 대해 설교했다. 그런 교회의 모습과 비교할 때 오늘의 교회가 얼마나 본질에서 멀어졌는지를 지적했다. 그러면서 모교회에서 그들이, 비록 다 잘했던 것은 아니지만, 교회의 잘못된 행태에 분노한 것은 정당했다고 강조했다. 그러나 또한 그런 의분만으로는 안 되며 성경이 가르치는 온전한 교회에 대한 바른 이해와 그런 교회를 이루기 위한 실제적 노력이 필요하다고 지적했다. 정 목사는 난민 신자들의 상처를 달콤한 언어로 치유하려고 하지 않았다. 때로 사람들에게 정말로 필요한 것은 '달콤한 말'이 아니라 상황을 바로 보게 하는 '정확한 말'일 수 있다. 정 목사는 난민 신자들의 모임에서 그런 정확안 말로써 그들을 격려하고 그들이 나아가야 할 방향을 제시했다.

난민 신자들이 모교회에서 정 목사를 처음 만났을 때 그는 20대 후반의 청년이었다. 나이 지긋한 교우들이 새파랗게 젊은 부교역자를 대하는 태도는 거의 비슷하다. 그들에게 부교역자는 존경이나 섬김의 대상이 아니라 손쉽게 부려먹을 수 있는 교회 직원이다. 그래서였는지 모교회를 떠나 난민이 된 신자들은 정 목사에게 큰 기대를 하지 않았다. 그들에게는 그저 주일마다 예배를 이끌고 설교를 해줄 누군가가 필요했을 뿐이다. 이제 겨우 30대 중반이 된 젊은 목사는 그렇게 써먹기에 딱 좋은 사람이었다. 그런데 그런 생각으로 데려온 젊은 목사가 점차 사람들의 마음을 얻기 시작했다. 그들은 정 목사의 설교를 들으면서 그를 새롭게 보기 시작했다.

그렇게 몇 달이 흘러갔다. 시간의 힘은 참으로 놀랍다. 사람들은 어느덧 새로운 상황에 적응하기 시작했다. 여전히 옛 교우들을 통해 모교회에 관한 소식을 듣고, 여전히 그 교회를 그리워하고, 변함없이 그 교회 때문에 분통을 터뜨리기는 했으나, 점차 사람들은 난민들의 예배 모임에 적응하면서 그 모임을 통해 미래를 모색하기 시작했다. 그리고 이심전심이었다. 2002년 봄 어느 날, 어떤 이가 조심스럽게 새로운 교회를 시작하면 어떻겠냐는 말을 꺼내자 모임 참석자들 모두가 "아멘"을 외쳤다.

그들은 정성규 목사에게 자신들의 뜻을 알렸다. 그리고 개인적인 계획을 접고 자신들의 담임목사가 되어달라고 요청했다. 정 목사는 잠시 고민한 후 그 요청에 응했다. 이유는 두 가지였다. 하나는 지금 그들에게는 목사가 필요한데 현상황에서 그들에게 가장 필요한 목사는 자기일 수 있다는 생각이 들었기 때문이다. 다른 하나는 지난 몇 달간 함께 대화를 나누다 보니 그들과 함께라면 자신이 꿈꿔왔던 목회를 할 수도 있을 거라는 믿음이 들었기 때문이다. 그렇게 해서, 사고 난 교회에서 떨어져 나온 난민 신자들은 잠시 도움을 얻기 위해 데려온 젊은 목사를 자신들의 담임목사로 삼아 새로운 교회를 세우기로 했다. 그러나 교회를 세우기 전에 해야 할 일이 있었다. 자신들이 세울 교회의 모습을 함께 그려보는 작업이었다.

토론의 시작

새로운 교회를 세우려 했던 이들은 자신들의 교회가 기존의 교회들과 다르기를 바랐다. 세상에 교회는 이미 넘치도록 많았다. 그러니 그런 교회를 하나 더 세우는 게 무슨 의미가 있을까 싶었다. 게다가 그런 교회를 세울 경우 자기들이 모교회에서 겪은 것과 같은 일이 재발하지 않으리라는 보장도 없었다. 그들에게는 그저 그런 또 하나의 교회가 아니라 새로운 교회가 필요했다.

교회를 세우기 위한 자원은 충분했다. 예배 모임에 참석하던 이들 대부분은 이미 수십 년간 열성적으로 신앙생활을 해온 사람들이었다. 오랜 경험과 지식을 가진 장로와 권사들도 있고, 든든한 허리가 될 만한 집사들도 있으며, 앞장서서 일할 청년들도 있다. 무엇보다도, 전에는 눈에 띄지 않았으나 이제 새삼스러운 눈으로 바라볼 수 있는 젊은 목사도 있다. 그러니 남은 문제는 하나뿐이었다. 어떤 교회를 세울 것인가? 이 질문에 답하기 위한 토론이 시작되었다.

대부분 교회 개척은 목사 주도로 이루어진다. 그럴 수밖에 없는 것이, 실상이 어떠하든, 목사는 신학을 전공한 전문가이고 일반 신자들은 교회에 아무리 오래 다녔을지라도 대부분 아마추어이기 때문이다. 특히 군사부일체라는 개념으로 대표되는 유교 문화의 토대 위에서 보수신학의 세례를 받았을 뿐 아니라 오랜 세월 군사정권의 권위주의 문화까지 경험한 한국교회 신자들에게 영적 아버지이자 스승인 목사의 말은 곧 하나님의 말씀과 동급으로 간주된다. 그러니 목사가 "이게 옳다"라고 말할 때 "아니오" 할 수 있는 신자는 거의 없다.

하지만 새로운 교회를 세우려 했던 이들의 상황은 달랐다. 우선 그들 대부분은 지난 몇 년간의 경험을 통해 목사의 영적 권위에 대해 깊은 의문을 갖게 되었다. 그들은 목사가 자신들과 똑같이 약할 뿐 아니라 심지어 악할 수도 있음을 알았다. 그들은 목사직 자체를 부인하지는 않았으나 그 직분에 신성불가침한 권위가 있다고 여기지도 않았다. 게다가 지금 자신들과 함께하고 있는 젊은 목사는 자신들이 한때 교회 직원처럼 대하던 사람이었다. 무엇보다도 정성규 목사 본인이 영적 허세와는 거리가 먼 겸손한 사람이었다. 새로운 교회를 세우려 했던 이들 중 누구도 30대 중반의 젊은 목사를 자신들의 영적 아버지나 스승으로 여기지 않았다.

그럼에도 새로운 교회가 탄생하기 전 이 단계에서 가장 중요한 역할을 한 이는 바로 정 목사였다. 그는 목사라는 직분을 내세워 토론을 주도하거나 장악하지 않았다. 오히려 예배 설교와 성경공부를 통해 몇 가지 토론 주제를 던지고 교인들의 자유로운 토론을 유도했다. 물론 그 역시 토론 과정에서 자신의 의견을 밝히기는 했으나 그것은 목사의 권위를 덧입은 '가르침'이 아니라 전체 토론 참여자 중 한 명으로서 낸 '의견'이었다.

이 단계에서 정 목사가 그렇게 소극적인 역할을 한 것은 그의 처세술이나 전략이 아니라 그 자신의 분명한 목회 철학과 교회관 때문이었다. 신학생 시절 정 목사는 종교개혁자 마르틴 루터에게 매료되었다. 특히 그는 루터가 기독교 신앙의 근본이 되는 성경을 해석하는 권한이 교황이 아니라 교회 공동체 전체에 있다고 한 주장에 끌렸다. 《루터 저작선》(CH북스 역간)을 보면, 1520년에 루터는 "독일 귀족에게 호소함"이라는 소논문을 통해 이렇게 말한 바 있다.

성경을 해석하거나 특정한 해석을 확증하는 것이 교황에게만 주어진 직능이라는 주장은 그것에 대한 성경의 증거를 한 획도 제시할 수 없는 악하고 나쁜 조작이다. 설령 교황들이 성 베드로에게 열쇠가 주어졌을 때 자기들이 그런 권세를 받았다고 주장한다고 할지라도, 사실 그 열쇠는 성 베드로에게만이 아니라 기독교 공동체 전체에 주어졌음이 분명하다.

정 목사는 성경 해석에 대한 권리가 베드로의 후계자인 교황이 아닌 기독교 공동체 전체에게 주어졌다면, 현실의 교회에 관한 논의에서 교우들이 자기 목소리를 내는 것은 당연하다고 여겼다. 그러나 그런 당연함이 정 목사가 이제까지 경험한 현실에서는 당연하지가 않았다. 가톨릭 교회에서야 그렇다 치더라도 프로테스탄트 교회에서조차 만인제사장설은 구두선에 불과했다. 현실의 교회에서 모든 일은 철저하게 목사 중심으로 돌아가고 있었다. 영적 권위를 독점한 담임목사 한 사람이 성경에 대한 해석뿐 아니라 교회의 모든 의사결정 과정에서 거의 절대적인 권한을 행사하고 있었다. 정 목사가 보기에 교회는 세상의 그 어떤 조직보다도 위계적이고 권위적이었다. 무엇보다 놀라운 것은 교인들 대다수가 그런 상황을 당연하게 여긴다는 사실이었다.

어느 주일예배 때 정 목사는 자신이 교육 전도사 시절에 겪은 일에 대해 말했다.

"교회의 어르신들과 함께 식사하러 간 적이 있어요. 음식이 차려져서 먹을 준비를 하고 있는데 장로님 한 분이 저에게 그러시더군요. '전도사님, 식사기도 하셔야지요.' 그래서 졸지에 제가 교회의 어르신들 앞에서 식사기도를 했습니다. 얼결에 기도를 마쳤는데 아무도 식사를 하지 않는 거예요. 속으로 '이게 뭔 상황인가' 하고 있었는데 그 장로님이 다시 말씀하시더군요. '전도사님이 먼저 수저를 드셔야지요.' 아이고야, 이제 겨우 신학교 다니며 공부하는 새파란 교육 전도사가 교회에 일평생 헌신하신 어르신들에게서 이런 대접을 받는 게 말이 됩니까? 목회자를 존중해주시는 것은 감사한 일이지만 교회가 이렇게 위

교회 민주주의

계적인 곳이 되어서는 안 됩니다."

정 목사는 토론에 참여하는 교우들에게, 젊은 목사인 자신이 아니라 오랜 세월 교회에 헌신해온 그들이 새로운 교회의 책임 있는 주체가 되어야 한다고 강조했다. 그것은 단순히 적극적인 토론을 독려하기 위한 의례적인 말이 아니었다. 정 목사는 실제로 자신보다 그들에게서 더 나은 의견이 나올 수 있다고 믿었다. 종종 목사들은 자신들이 받은 신학 교육과 목회 훈련에 지나치게 많은 의미를 부여하면서 교회에 대한 성도들의 헌신과 사랑을 가볍게 여긴다. 그건 마치 이제 막 장교로 임관한 육군 소위가 십수 년 혹은 수십 년간 군대 생활을 한 하사관들을 하찮게 여기는 것과 같다. 혹은 이제 막 면허를 받은 젊은 의사가 오랜 경험을 가진 간호사들을 자기 밑에서 허드렛일이나 하는 존재로 여기는 것과 같다. 정 목사는 그렇게 미련한 사람이 아니었다. 오히려 그는 계속해서 난민 교우들에게 말했다. "여러분의 생각을 말씀해 보세요."

교회를 개척하는 목사들이 자주 하는 실수 중 하나가 자신의 교회론을 절대시하는 일이다. 많은 경우 목사들은 자신이 신학교에서 배우거나 스스로 공부해 얻은 교회론을 바탕으로 교회를 구상한다. 하지만 그들의 교회론은 이론적으로는 그럴듯한데 현실에서는 무용한 것이 될 수 있다. 교우들이 목사의 교회론을 이해하지 못하거나 이해는 하더라도 동의하지 않을 수 있기 때문이다. 최근에 목회자들 사이에서 유행처럼 번지고 있는 '선교적 교회'(missional church)라는 교회론도 그 중 하나다. 요즘 목회자들 중 선교적 교회를 언급하지 않는 이는 거의 없다. 그리고 꼼꼼히 살펴보면 실제로 꽤 그럴듯한 개념이기도 하다. 하지만 현실의 교회에서 그 개념을 제대로 정의하거나 이해하는 교인들은 거의 없다. 또한 이해는 하더라도 그런 이해가 현실적 변화를 초래하는 경우는 더더욱 드물다. 겉보기에는 그럴듯하지만 몸에는 맞지 않는 기성복을 입는 듯한 느낌 때문이다.

중요한 것은 목사가 추구하는 교회상과 교우들의 생각이 일치하는 것이다. 그런 일치를 위해 필요한 것은 목사의 일방적인 설교나 강의가 아니라 대화다. 물론 정 목사에게도 나름의 교회론이 있었다. 그래서 설교나 성경공부 시간에 그런 교회론을 강조하며 가르쳤다. 그러나 그런 교회론보다 중요한 것은 새로운 교회를 세우려 하는 이들 자신이 꿈꾸는 교회였다. 그래서 그는 자주 이렇게 말했다.

"여러분이 꿈꾸는 교회에 대해 말씀해 보세요."

정 목사의 권유는 그러지 않아도 할 말이 많은 이들에게 불을 붙였다. 의견이 봇물 터지듯 쏟아져 나왔다. 흥미롭게도, 아니 어쩌면 당연하게도, 그런 의견들 대부분은 모교회에서 겪은 일에 대한 불만과 부정에서 나온 것이었다. 난민 신자들은 아직은 새로운 교회의 모습을 그려낼 만한 상태가 아니었다. 그런 상태에 이르기 위해서는 조금 더 시간이 필요했다. 그들은 새로운 교회를 그리기에 앞서 자신들이 느꼈던 교회의 문제점부터 하나하나 짚어나가기 시작했다.

세상과 교회 사이에서

새로운 교회를 세우려 했던 이들은 토론 과정에서 모교회의 온갖 문제들을 지적했다. 그 정도로 강한 문제의식을 품은 채 그동안 어떻게 교회를 다녔을까 싶을 정도였다. 교회 밖 사람들이 자주 착각하는 것이 하나 있다. 교회에 다니는 이들 대부분이 '생각이 없다'고 여기는 것이다. 그들은 교인들이 아무 생각이 없어서 한 발만 뒤로 물러서면 누구나 알 만한 문제들을 보지 못한다고 여긴다. 그렇지 않다. 교인들 대부분은 교회의 문제를 교회 밖 사람들보다 훨씬 더 잘 안다. 그럼에도 교회를 사랑하는 마음이 크기에 그런 문제들을 견디고 있을 뿐이다.

그들이 지적한 문제는 크게 두 가지였다. 하나는 목사나 장로 등 특정한 개인들의 인격과 관련된 문제였다. 그들은 도대체 그런 이들이 어떻게 교회의 지도자 노릇을 하고 있는지 모르겠다며 통탄했다. 하지만 개인의 인격 문제는 다른 이들이 어찌할 수 있는 게 아니며, 새로운 교회에서도 나타날 수 있는 문제였다. 게다가 사람됨에 대한 비판은 선하고 완전한 이들의 전유물이 아니다. 교회 개혁에 찬동하는 이들 중에도 인격적 문제를 지닌 이들은 얼마든 있을 수 있다. 다른 하나는 교회가 지닌 구조적인 문제였다. 개인의 인격 문제와 달리 구조적인 문제는 새로운 교회가 반드시 유념하고 여전히 조심해야 할 사안이었다.

난민 신자들이 지적한 모교회의 구조적 문제는 다시 둘로 나뉘었다.

첫째, 교회가 '투명하지 않다'는 것이었다. 무엇보다도 헌금 사용과 관련해 그러했다. 매년 수억 원의 헌금이 걷히고 사용되었음에도 소수의 사람을 제외하고는 정확한 수입과 지출 내역을 아는 이들이 없었다. 연말에 재정 보고가 이루어지기는 했으나 불투명한 게 너무 많았다. 특히 교회 예산에서 담임목사 한 사람에게 들어가는 혹은 그가 임의로 사용하는 돈이 얼마나 되는지는 오리무중이었다. 헌금 사용 문제는 수십억 원이 움직였던 새 예배당 건축 과정에서 더욱 심각해졌다. 급기야 교회 일각에서 목사와 몇몇 장로의 헌금 유용에 대한 소문이 나돌았고 그로 인해 교회가 늘 뒤숭숭했다.

둘째, 교회가 '상식적이지 않다'는 것이었다. 예컨대, 목사의 성추행 사건이 터졌을 때, 교회가 상식적이었다면, 당연히 교회는 목사를 내쫓았을 것이다. 또한 교회 재정에 대한 의혹이 제기되었을 때, 교회는 그 문제의 원인을 밝히고 책임이 있는 이들을 징계했을 것이다. 하지만 그 어떤 조치도 이루어지지 않았다. 그저 쉬쉬하며 문제를 덮거나 잘못을 저지른 이들을 옹호했다. 심지어 잘못을 지적하는 이들을 엉뚱한 논리로 비판하는 일까지 벌어졌다.

정성규 목사는 그런 문제들이 자신이 부교역자 시절에 파악한 것과 다르지 않음을 발견했다. 부교역자 시절에 정 목사는 교회에서 나타나는 한 가지 이상한 현상에 주목했다. 매년 꽤 많은 수의 신자들이 등록했음에도 연말에 살펴보면 전체 교인 수가 늘지 않았다. 매년 교회에 들어오는 이들만큼의 사람들이 교회를 떠났기 때문이다. '도대체 그들은 왜 교회를 떠나는 걸까?' 정 목사는 궁금증이 일었고, 한때 열심히 나오다가 교회를 떠난 이들에게 연락하기 시작했다. 그가 전화로 접촉한 이들은 80여 명에 이르렀다. 정 목사는 그들에게 왜 교회를 떠났느냐고 조심스럽게 물었다.

대답은 놀라웠다. 그들은 교회에 아주 냉소적이었고 불만으로 가득 차 있었다. 무엇보다도 그들은 교회가 목회자중심주의와 성장만능주의, 교회중심주의에 빠져 있으며, 그런 잘못된 지향이 교회를 불투명하고 비상식적인 집단으로 만들고 있다고 지적했다. 특히 놀라운 것은 그들이 목사들의 설교가 성경적이지 않다고 지적했다는 점이다. 그들 생각에 목사들의 설교가 변질되는 것은 특별한 목적이 있어서였다. 즉, 목사들이 목회를 일종의 개인 사업처럼 여기기 때문에 그 목적을 이루기 위해 성경을 왜곡한다는 것이었다. 정 목사가 접촉한 이들 대부분은 목회자를 신뢰하지 않았다.

정 목사는 자신이 속한 교회 안에서 두 가지 상반되는 현상이 나타나고 있음을 알았다. 한쪽에서는 목회자를 하나님의 대리자 위치에 올려놓고 떠받들고 있었다. 그러나 다른 쪽에서는 그런 상황에 대한 지독한 냉소와 혐오가 나타나고 있었다. 교회를 떠난 이들은 흔히 생각하듯 '신앙을 잃어버린 이들'이 아니었다. 오히려 그들은 나름 꽤 굳건한 신앙을 가진 이들이었다. 문제는 교회에 대한 실망이었다. 그들을 실망과 냉소에 빠뜨린 교회의 두 가지 특징은 '투명하지 않음'과 '상식적이지 않음'이었다.

정 목사가 이런 조사를 하던 1990년대 말과 2000년대 초반은 우리 사회가 오랜 군사정권의 압제에서 벗어나 차근차근 민주화를 이뤄가던 시기였다. 1993년에 집권한 김영삼 대통령의 문민 정부와 1998년에 집권한 김대중 대통령의 국민의 정부는 권위주의적인 군사독재 시대를 마감하고 본격적인 민주화 시대를 열었다. 사회의 민주화는 사람들의 의식을 크게 변화시켰다. 이제 사람들은 자신을 왕조나 독재국가의 신민(臣民)이 아니라 민주국가의 시민(市民)으로 인식하기 시작했다. 기독교 신자들 역시 신자이기 이전에 우리 사회의 시민이었다.

그렇게 우리 사회에 민주주의가 정착되어가던 즈음에 기독교 신자들 중에는 교회에서 갈등을 느끼는 이들이 꽤 있었다. 교회 밖 상황과 교회 안 상황이 너무 달랐기 때문이다. 교회 밖에서 신자들은 일상적으로 권위주의 정권에 대한 비판의 소리를 접하고, 민주시민이 되기 위한 교육을 받고, 의무에 상응하는 권리를 얻기 위한 합법적인 투쟁에 참여했다. 그런 이들이 교회 안에서는 모든 사고를 접고 모든 주장을 거둬들여야 했다. 일주일 내내 세상에서 '시민'으로 살던 이들이 주일에 교회에서는 '신민'이 되어야 했다. 시민에게 요구되는 것이 권리와 책임과 의무인 반면, 신민에게 요구되는 것은 희생과 순종이었다.

어떤 신자들은 그런 두 가지 상반되는 정체성에 대해 별다른 문제의식을 갖지 않았다. 그들은 그것을 그저 사회생활과 교회생활 간의 어쩔 수 없는 차이로 여겼다. 그러나 어떤 이들은 그렇지 않았다. 자신들이 세상에서 경험하고 있는 변화가 이전보다 세상을 훨씬 건강하게 만들고 있다면 어째서 그런 변화가 교회에서는 일어나서는 안 되는지 이해하지 못했다. 그리고 세상의 변화를 따라가지 못하는 교회 내에서 점점 심각한 갈증을 느꼈다. 결국 그런 이들 중 특별히 예민한 의식을 지닌 이들이 교회를 떠나기 시작했다.

나 역시 우리 사회에 민주화가 시작되던 1990년대 초반에 처음으로 모교회를 떠난 적이 있다. 대학 졸업 후 몇 년간 사회생활을 하다보니 교회가 사회만도 못하다는 생각이 들었다. 세상에는 최소한의 투명성과 상식이 있었으나 교회는 그렇지 않았다. 교회는 세상을 구원의 대상으로 규정했으나, 이른바 세상이라는 곳에 나와보니 정작 구원이 필요한 것은 세상이 아니라 교회인 것처럼 보였다. 그 무렵 내 눈에 비친 교회는 분명 세상보다 못했다. 당시 나의 모교회에서 발생한 문제는 세상의 상식으로는 이해할 수 없는 일이었다. 아니, 세상이었다면 반드시 정죄되었을 문제가 '그리스도의 사랑'이라는 명목하에 덮였다.

그리고 그런 덮음으로 인해 잘못을 저지른 이가 아니라 오히려 고통을 당한 이가 비난을 받았다. 단순히 상처를 받은 것이 아니라 "용서할 줄 모르는 자" 혹은 "마음이 강퍅한 자"라는 소리까지 들어야 했다. 고통을 당한 이들 편에 섰던 이들은 숨이 막혔고, 결국에는 실망감을 이기지 못하고 교회를 떠났다. 나와 아내도 그런 이들 중 하나였다.

난민 신자들의 처지도 나와 다르지 않았다. 그들이 모교회를 떠난 것은 더 좋은 교회를 찾아서가 아니라 '죽을 것 같아서'였다. 그들이 몸담은 교회는 그들이 경험하는 세상보다 못했다. 모든 이가 서로 경쟁하며 살아가는 세상에는 경쟁 상대자들이 공정한 게임을 하도록 보장하는 최소한의 규범이 있었다. 투명한 과정과 상식적인 결정이 그것이었다. 그런 규범이 무너지면 세상은 혼란에 빠진다. 그래서 사람들은 싫든 좋든 그것을 지키려 하고 혹시라도 누군가 그것을 무너뜨리면 징계를 가한다. 그런 징계는 보복이 아니라 공동체를 지키기 위한 조치다. 그런데 교회에는 그런 게 없었다. 사랑이니 용서니 화해 같은 그럴 듯한 말을 하면서 공동체를 엉망으로 만들고 있었다.

그런 교회에서 탈출한 이들은 새로운 교회를 만들고 싶었다. 그 새로운 교회는 세상에 없는 특별한 신학에 기초한 교회가 아니었다. 그들이 세우려는 교회의 기준은 아주 단순했다. 투명성과 상식. 그것이면 충분했다. 그들은 오랫동안 교회가 세상의 소금과 빛이 되어야 한다고 배웠다. 그러나 그러기 위해서는 우선 세상만큼이라도 되어야 했다. 세상보다 못한 교회가 어떻게 세상을 구원할 수 있겠는가?

새로운 교회의 탄생

　난민 신자들이 모교회에 대한 불만을 토로하는 과정은 꼭 필요했다. 과거의 잘못에 대한 명확한 인식과 반성 없이 더 나은 미래를 만드는 것은 불가능했기 때문이다. 그런 점에서 그 과정은 새로운 창조를 위한 건설적인 파괴였다. 자신이 오래 의지했던 터가 흔들리는 경험은 아주 고통스럽다. 그동안 자신이 무언가를 잘못 판단했거나 무언가에 속았다는 것을 의미하기 때문이다. 하지만 그런 흔들림이 꼭 나쁜 것만은 아니다. 때로 새로운 창조를 위해서는 무언가를 파괴해야 할 필요가 있다.

　새로운 교회를 세우려 하는 이들은 그동안 자기들이 굳게 붙잡았거나 붙들려 있던 것들을 하나씩 부숴나갔다. 그들은 그런 과정을 통해 과거에서 벗어났고 비로소 미래를 향해 눈을 돌릴 수 있게 되었다. 이제 그들은 자기들이 탈출하듯 떠나왔던 교회보다 나은 새로운 교회의 모습을 그릴 수 있게 되었다. 새로운 교회의 모습을 그리는 작업은 그렇게 어렵지 않았다. 잘못이 명확하게 드러나면 답의 방향은 어느 정도 정해지기 때문이다. 그들은 여러 달에 걸친 토론을 통해 새로운 교회의 방향을 다음 여섯 가지로 정했다.

첫째, 건물보다 사람이 우선이다. 교회가 예배당이 아니라 신자들의 모임이라는 것은 상식에 속한다. 그럼에도 아직도 많은 교회가 거의 무의식적으로 신자들이 모이는 예배당을 교회라고 부르고 있다. 그리고 많은 경우 그 예배당을 건축하고 관리하는 과정에서 온갖 문제가 발생한다. 새로운 교회는 건물로서의 교회가 아니라 사람들의 모임으로서의 교회에 집중할 것이다. 그런 의지에 대한 표시로 교회는 예배당을 비롯해 일체의 건물을 소유하지 않을 것이다.

둘째, 교회중심주의에서 탈피한다. 그동안 교회들은 신자들에게 삶에서 가장 중요한 것은 교회라고 가르쳤다. 교회가 가장 중요하고, 그다음이 나라, 일터, 가정 순이라고 가르쳤다. 그러나 새로운 교회는 그순서를 거꾸로 할 것이다. 신자들에게 가장 중요한 것은 가정이고, 그다음이 일터, 나라, 그리고 교회가 되어야 한다. 이유는 간단하다. 다른 것들이 없으면 삶 자체가 무너지지만, 교회는 그렇지 않기 때문이다.

셋째, 목사중심주의에서 탈피한다. 프로테스탄트 종교개혁은 마르틴 루터의 저항으로부터 시작되었고 그 저항의 핵심에는 만인제사장설이 있었다. 그럼에도 오늘날 프로테스탄트 교회들은 가톨릭 교회 못지않게 목사중심적으로 운영되고 있다. 목사는 교회의 여러 사역자

중 하나일 뿐이다. 그가 교회를 위해 꽤 중요한 역할을 하면서 전임 사역을 하기에 그에 합당한 존중과 보상이 필요하기는 하나, 그렇다고 다른 신자들보다 우월한 지위에 있는 것은 아니다. 목사는 설교와 교육과 목회적 돌봄에만 집중하고 교회의 나머지 사역은 성도들이 맡아서 해도 된다. 아니, 그렇게 하는 것이 옳다.

넷째, 소유보다 나눔을 지향한다. 그동안 교회들은 '하나님 사업'을 이유로 내세우며 너무 많은 물질을 소유했다. 부동산도 샀고 현금도 많았다. 넘치는 현금을 부동산에 투자해 더 큰돈을 만들기도 했다. 그러면서도 나눔에는 항상 인색했다. 이유는 기업들이 사내유보금을 쌓아두는 명분과 같았다. 더 큰 일을 위해서. 그러나 교회가 '더 큰 일을 위해' 소유를 늘려가는 동안 세상의 어려움을 돌보는 일은 점차 국가로 넘어갔고 교회는 갈수록 사람들의 관심에서 멀어졌다. 새로운 교회는 소유는 최소화하고 나눔은 최대화할 것이다. 훗날 큰일을 하겠다는 명분 아래 재물을 쌓기보다 지금 가진 것으로 어려운 이웃을 섬길 것이다.

다섯째, 성도간 교제를 지향한다. 그동안 교회들은 지나치게 많은 프로그램을 운영하면서 교우들을 교회로 끌어들였다. 그로 인해 교회는 늘 시끌벅적했으나 정작 교우들은 서로 잘 알지 못했다. 입으로는 형제와 자매라고 부르면서도 실제로는 교회의 각종 프로그램에 참여하는 회원들 같았다. 새로운 교회는 교회 성장을 목표로 하는 프로그램보다 교우들 서로간의 교제에 역점을 둘 것이다. 교우들이 억지로라도 만나 대화하고 서로를 이해하고 지친 삶을 위로하도록 할 것이다.

여섯째, 작은 교회를 지향한다. 앞서 열거한 목표들을 이루려면 교회가 커서는 안 된다. 교회가 커지면 어쩔 수 없이 목회에 경영적 요소가 들어갈 수밖에 없다. 목회가 경영이 되는 순간 교회는 더 이상 교회일 수 없다. 그러므로 교회는 일정한 규모 이상으로 커지면 안 된다. 교회는 작은 규모로 유지될 것이다. 규모가 커지면 분립이라는 수단을 통해서라도 적정한 규모를 유지할 것이다.

토론은 몇 달에 걸쳐 계속되었다. 난민 신자들은 누군가가 상을 당하면 우르르 몰려가 함께 밤을 새우며 토론을 벌였다. 때로는 사람들을 자기 집으로 초대해 음식을 해 먹으며 토론을 벌였다. 그렇게 토론이 계속되는 동안 새로운 교회의 윤곽이 드러나기 시작했다. 그들이 그려낸 교회의 모습은 성경이 가르치는 초대교회의 모습과 많이 닮아 있었고, 그즈음 우리 사회가 본격적으로 경험하기 시작한 민주주의의 특성들이 가미되어 있었다.

어떤 이들은 교회는 사람이 중심이 되어서는 안 되고 하나님의 통치를 받아야 한다고 주장한다. 얼핏 그럴듯해 보이는 이런 주장은 실제로는 목사중심주의에 대한 옹호에 지나지 않는다. 그런 주장이 우세한 교회에서 하나님의 뜻은 늘 목사의 뜻과 동일시된다. 그러니 목사의 뜻을 거스르는 것은 곧 하나님께 반역하는 셈이 된다. 그런 상황에서 목사는 전체 성도 중 하나로서 목회라는 사역을 위임받은 자가 아니라 하늘과 땅 사이를 중재하는 반신적(半神的) 존재가 된다. 오늘날 교회의 많은 문제는 바로 그런 잘못된 인식에서 비롯된다.

새로운 교회를 세우려 하는 이들은 물론이고 그들의 목회자가 되기로 한 정성규 목사도 민주적인 교회에 대해 불편함이나 거부감을 느끼지 않았다. 아니, 오히려 옳다고 믿었다. 민주적인 교회, 이는 사실 한국교회에 낯선 게 아니었다. 선교 초기에 한국 교회는 우리 역사 최초로 민주주의를 경험하고 실천했다. 교회가 세운 학교들은 왕조시대에 태어난 이들에게 민주주의를 가르쳤다. 그랬던 교회가 군부독재와 산업화 시대를 통과하는 동안 후퇴를 거듭하다가 결국 지도자 한 사람을 정점으로 하는 왕정이나 군대 혹은 기업과 비슷한 구조를 갖기에 이르렀던 것이다. 그런 의미에서 민주적 교회의 출현은 '혁명'이라기보다 '회복'이라고 할 수 있다.

새로운 교회를 세우려는 이들은 자신들이 그려낸 교회의 모습이 구두선에 그치거나 누군가의 잘못된 열망 때문에 흐지부지되는 것을 원치 않았다. 그러면 어떻게 해야 할까? 어떻게 해야 이 새로운 교회를 견고하게 유지할 수 있을까? 그때 어떤 이가 '규약'에 대해 말했다. 요즘 어지간한 기업이나 단체나 조직들은 구성원들이 합의한 내용을 규약에 담아 공시하고 지키고 있는데 교회도 그러면 어떻겠냐는 얘기였다. 즉시 합의가 이루어졌다.

규약의 초안은 당시 어느 대기업 기획조정실에서 일하던 집사 하나가 이틀에 걸쳐 만들었다. 그는 자기 회사 내규를 교회의 형편에 맞게 수정해 초안을 마련했다. 난민 신자들은 작성된 초안을 두고 난상토론을 벌였다. 토론이 진행되어 규약에 반영될수록 새로운 교회의 모습이 조금씩 분명하게 드러나기 시작했다. 민주주의는 '사람의 통치'인 동시에 사람들이 합의하여 만든 '법의 통치'다. 교회 민주주의란 하나님의 자리에 인간을 앉히는 것이 아니다. 오히려 하나님의 뜻을 따라 살고자 하는 이들이 그런 삶을 공동체적 차원에서 살아내기 위해 서로 합의하여 법을 만들고 그 법을 최대한 지키려 노력하겠노라는 의지의 표현이다.

교회 규약을 확정하기 위한 막바지 토론이 진행될 즈음에 때마침 2002년 월드컵이 열리고 있었다. 난민들은 규약 작성을 위한 토론을 벌이다가 함께 축구경기를 보며 환호했다. 불과 몇 개월 전까지도 모교회에서 겪은 일 때문에 분노와 절망에 빠져 있던 이들이 한국 축구의 미래만큼이나 밝은 교회의 미래를 그리며 목이 터지라 외쳤다. 돌이켜 보면 참으로 뜨거운 시절이었다.

규약 작성이 막바지에 이르렀을 때 어떤 이가 말했다.

"우리 이 모든 내용을 포괄하는 모토를 하나 만들면 어떨까요?"

다시 토론이 벌어졌고 새로운 교회를 위한 모토가 확정되었다. 4개의 항목으로 이루어진 모토는 새로운 교회의 특징을 더할 나위 없이 잘 드러냈다.

비전은 하나님으로부터,

운영은 민주적으로,

소유는 최소한,

나눔은 최대한.

아직 월드컵의 열기가 남아 있던 2002년 7월 21일, 마침내 난민 신자들을 위한 새로운 교회가 탄생했다. 교회의 이름은 '예수님이 인도하신다'는 의미를 지닌 예인교회였다. 예인교회 설립 멤버들은 성결교 출신 신자들이었다. 하지만 그들은 새로운 교회를 세우면서 교단을 떠나기로 했다. 모교회에 문제가 생겼을 때 교단이 보인 행태가 너무나 실망스러웠기 때문이다. 현재 예인교회는 한국독립교회선교단체연합회(한독선연, KAICAM) 소속이다.

2부
민주적인 교회를 꿈꾸다

그것은 그즈음에
우리 사회 전반에서 정착되어가던
민주주의의 기본 틀과 닮아 있었다.

담임목사 임기제

난민 신자들의 모교회를 혼란에 빠뜨린 핵심 인물은 담임목사였다. 교회 운영상의 잘못이야 장로들과의 공동 책임이라고 할지라도, 젊은 여자 전도사와 청년에 대한 성추행은 그 어떤 핑계도 댈 수 없는 목사 개인의 문제였다. 잘못이 너무나 명백했기에 한동안 그는 회개의 표시로 강단을 비우고 기도원에 들어가 칩거했다. 그러나 교회가 잘못한 형제를 사랑으로 품는 것과 그를 계속해서 영적 지도자로 인정하는 것은 전혀 다른 문제다. 그는 마땅히 목회자의 자리에서 물러나야 했다. 하지만 그렇게 하지 않았다. 얼마 후 그는 자신을 셀프 사면한 후 교회로 복귀했다. 교우들은 분노했으나 딱히 할 수 있는 일이 없었다. 교단법상 담임목사에게는 정년이 보장되어 있었기 때문이다. 교회가 정년이 보장된 목사를 내쫓으려면 길고 고통스러운 싸움을 하지 않을 수 없었다. 교우 중 일부가 그 싸움을 시작했으나 실패하고 말았다. 목

　　　　　　　　교회 민주주의

사의 지위와 정년을 보장하는 교단법은 강고했다.

우리 사회에서 정년이 보장된 직업은 몇 안 된다. 정년이 '있다'는 것과 '보장된다'는 것은 차원이 다르다. 거의 모든 회사에는 정년이 있으나 실제로 정년을 보장받는 경우는 많지 않다. 정년이 보장되어 있어서 흔히 '철밥통'으로 불리는 공무원들은 정년에 이를 때까지 끊임없이 계속되는 평가와 경쟁에 시달려야 한다. 그 평가와 경쟁에서 뒤처지는 이들은 알아서 공무원증을 반납하거나 정년 때까지 한직을 떠돌며 살아가는 수밖에 없다.

정년과 무관하게 일하는 전문직종의 사람들, 특히 일정한 규모의 기관이나 조직이나 단체를 이끄는 리더들에게는 '임기'라는 게 있다. 심지어 기업의 전문경영인(CEO)에게조차 임기가 있다. 그들은 임기가 끝나면 그동안의 성과에 근거해 연임하거나 아니면 물러나야 한다. 가진 권한이 클수록 성과에 대한 기대와 요구도 크기에 큰 권한을 가진 자리일수록 연임의 가능성은 줄어든다. 우리나라의 경우 최고권력자인 대통령은 5년 단임이고, 아직 연임 제한이 없는 국회의원들은 4년에 한 번씩 전쟁이나 다름없는 선거를 치러야 한다.

민주적인 공동체의 가장 큰 특징은 공동체 구성원들이 자신들의 리더를 교체할 수 있다는 것이다. 공동체의 선택이 늘 옳을 수는 없다. 민주적인 공동체는 자신들의 손으로 잘못된 지도자를 뽑을 수도 있다. 그러나 그럴 때조차 그들에게는 잘못을 바로잡을 기회가 있다. 잘못 선출된 지도자의 임기가 끝날 때 투표를 통해 합법적으로 쫓아낼 수 있기 때문이다. 실제로 우리 사회는 1987년 직선제 개헌 이후 몇 차례에 걸쳐 평화롭게 대통령과 집권 세력을 교체한 경험을 갖고 있다.

새로운 교회를 세우려 하는 이들은 자신들이 모교회에서 겪었던 무기력과 절망을 되풀이하고 싶지 않았다. 그들은 목사도 한낱 인간일 뿐이고 그런 까닭에 시간이 흐름에 따라 초심을 잃고 변할 수 있다는 사실을 경험을 통해 알았다. 자신들의 결혼식 주례를 서고 어린 자녀들에게 세례를 주고 때로는 아버지처럼 때로는 형님처럼 든든한 영적 지도자 노릇을 하던 이가 추하게 변하는 모습을 지켜보는 일은 고통스러웠다. 하지만 그런 고통보다 더 힘들었던 것은 자신들에게 그런 왜곡된 상황을 바꿀 기회가 없다는 사실이었다. 그들에게는 초심을 잃고 변한 목사를 쫓아낼 방법이 없었다. 아니, 쫓아내기는커녕 교우 중 얼마나 많은 이들이 그를 불신하는지를 표현할 기회조차 없었다. 몇 년이 걸리더라도 그런 기회를 얻을 수만 있다면, 그들은 모교회를 떠나지 않았을지도 모른다.

난민 신자들은 그런 경험을 되새기며 혹시라도 목사에게 문제가 생길 경우 그를 자리에서 물러나게 할, 혹은 최소한 그에 대한 교우들의 불신을 객관적으로 표현할 장치를 마련하고자 했다. 그것은 바로 목사 임기제였다. 그들은 담임목사의 임기를 6년으로 정했다. 그리고 교회의 안정적 운영을 위해 연임은 가능하지만, 반드시 교인총회를 통한 재신임을 받도록 했다. 재신임에 실패할 경우, 담임목사는 즉시 운영위원회에 사직서를 제출하고 운영위는 소속 교단에 담임목사의 사직을 통보한 후 규정에 따라 퇴직금을 지급하도록 했다.

실제로 2002년에 교회의 설립과 동시에 담임목사로 취임한 정성규 목사는 2008년과 2014년 그리고 2021년에 세 차례에 걸쳐 재신임을 받았다(세번째 재신임 투표는 2020년에 해야 했으나 팬데믹 상황 때문에 늦춰졌다). 교회로서는 번거롭고 당사자로서는 긴장할 수밖에 없는 일이지만, 목사의 재신임을 묻는 과정은 교회의 건강성을 위해서뿐 아니라 목사 자신을 위해서도 유익했다. 재신임을 받을 때마다 목사는 정기적으로 자신의 목회를 돌아보고 잘못된 것을 바로잡고 새로운 계획을 세울 수 있었다. 물론 매번 목사에게 반대표를 던지는 이들이 있었다. 하지만 그로 인해 교회가 혼란에 빠지거나 분열되는 일은 없었다. 신임 투표를 할 때마다 만장일치가 나오는 교회는 정상적인 교회라고 볼 수 없다. 아마도 그것은 예수나 바울이 목회를 한다 해도 마찬가지일 것이다.

여기서 한 가지 짚어볼 점이 있다. 담임목사 임기제는 목사가 교우들의 눈치나 살피게 하는 잘못된 제도일까? 혹시라도 어느 목사가 그렇게 생각한다면, 그는 민주화된 세상에서 목회할 자격이 없다. 교우들의 눈치를 안 보면 어쩔 것인가? 목사의 우선적 책무가 교우들을 섬기는 일이 아니라 가르치고 이끄는 일일까? 이것은 선교 초기나 근대화 이전의 시골교회에서는 가능할 수 있다. 그러나 21세기 도시 속 교회에서 그런 생각을 한다면 시대착오다. 오늘날 교우들의 지적·도덕적 혹은 영적 수준은 목사들의 그것에 못지않다. 어느 목사가 자신이 교우들보다 더 나은 점들에서 목회 근거를 찾고자 한다면, 그는 필패할 수밖에 없다. 목사는 교우들을 '이끄는 자'이기 이전에 '섬기는 자'이다. 사실은 목사의 설교조차 공동체를 섬기는 일의 일부일 뿐이다. 섬기는 자가 섬김의 대상을 의식하는 것은 당연한 일이다.

목사들 중에는 담임목사 임기제와 재신임제의 부작용에 대해 걱정하는 이들이 있다. 취지는 좋으나 현실적으로는 문제가 많다는 것이다. 2018년 4월 29일, 예인교회가 주관했던 '이런 교회 다니고 싶다' 세미나의 주제는 "민주적인 교회, 벽 앞에 서다"였다. 그 세미나의 주강사였던 어느 목사는 자기는 담임목사 임기제와 재신임제의 취지에는 공감하지만 그런 제도를 가진 교회에서 시무할 생각은 없다고 말했다. 워딩이 정확하지는 않으나 그 이유는 대충 이러했다.

"목사에 대한 재신임을 물을 때 교회가 둘로 나뉠 수 있습니다. 목사를 지지하는 쪽과 반대하는 쪽으로. 그리고 결과가 어떻게 나오든 교회는 그로 인해 상처를 입습니다. 심한 경우는 교회가 분열될 수도 있습니다. 재신임이 되면 목사를 반대했던 이들이 교회를 떠나고, 재신임이 부결되면 목사를 지지했던 이들이 목사와 함께 교회를 떠날 수 있습니다."

요지인즉, 교회가 몇 년에 한 번씩 그런 홍역을 치르면서 어떻게 온전하게 설 수 있겠느냐는 것이었다. 또 그렇게 불안정한 상황에서 목사가 어떻게 마음껏 목회를 하겠느냐는 것이었다. 그날 세미나에 참석했던 많은 이들이 그런 주장에 고개를 끄덕였다. 특히 그즈음 어느 교회에서 목사 재신임과 관련해 분란이 일어나던 상황이었기에 공감하는 이들이 더 많았다. 그날 세미나의 주제처럼 교회 민주주의가 '벽' 앞에 서는 순간이었다. 그러나 나는 그 강사의 말을 듣는 동안 의문이 들었다.

'그렇다면 그동안 교회들이 고질적으로 겪어 왔던 목사들의 타락과 전횡은 어쩔 것인가? 아무런 제도적 장치 없이 여전히 목사 개인의 양심과 선의에 맡겨야 하는가? 아니면, 현실적으로 늘 목사 편만 드는 교단법에 맡겨야 하는가?'

그런 의문을 갖고 세미나 소그룹 모임에 참석했다. 내가 속한 그룹을 이끌었던 이는 사랑누리교회의 김정태 목사였다. 내가 손을 들고 물었다.

"오늘 주강사께서 하신 말씀에 대해 어떻게 생각하십니까? 목사님은 목사 임기제와 재신임제에 대해 어떻게 생각하십니까?"

김 목사는 마침 자신이 얼마 전에 재신임을 받았다고 말한 후 이렇게 답했다.

"목사는 자신에 대한 교우들의 불신임 표시를 교우들 중 자기를 싫어하는 사람들의 반대가 아니라 성령의 음성으로 들어야 합니다. 그리고 그 음성을 따라 자신의 목회 방향을 다시 설정해야 합니다. 임기제와 재신임제는 목회자 자신을 위해서도 꽤 유익한 제도입니다."

그러면서 그는 목회자에게 주어져 있는 설교의 기회에 대해 언급했다. 그는 설교를 교회가 목사에게 부여하는 "엄청난 권력"이라고 표현했다. 요지인즉, 목사가 주일마다 그리고 수시로 온갖 기회를 얻어 교우들에게 일방적인 설교를 하면서도 그들의 지지를 얻지 못한다면, 그는 목회할 자격이 없다는 것이었다. 적어도 그 교회의 회중은 그 목사가 이끌기에 적합하지 않다는 것이었다.

운영위원회

장로는 교회 공동체를 떠받치는 기둥이다. 실제로 교회에서 장로의 역할은 목사에 못지않게 중요하다. 그런 이유로 장로교에서는 목사도 장로 그룹에 속한 것으로 여긴다. 다만 그가 신학을 전공하고 설교와 예전을 주관하면서 목회에 전념하기에 '목사 장로'로 구분하고 전임 사역에 따르는 사례를 할 뿐이다. 반면 교우 중에서 선출된 '평신도 장로'는 교우들을 대표해 교회를 운영하고 치리한다.

선교사 곽안련(Charles Allen Clark, 1878-1961)에 따르면, 한국 교회는 선교 초기부터 교인들의 직접 투표를 통해 장로들을 선출했다. 이런 장로교의 전통은 서구 교회의 전통에서 유래한 것이지만 한국 교회가 그런 전통을 이어받아 성도들이 직접 장로를 선출한 것은 우리 역사에서 아주 의미심장한 일이었다. 그때까지 이 나라의 백성들은 자신들을 대표하는 지도자를 자기들 손으로 직접 뽑아본 적이 없었다.

왕은 물론이고 작은 고을의 원님조차 늘 위에서 내려왔다. 그러니 교회에서 신자들이 투표를 통해 장로를 뽑은 것은 우리나라 민주주의의 시작이었던 셈이다.

선교 초기에는 목사들의 수가 절대적으로 부족했기에 소수의 목사들이 여러 교회를 순회하며 목회하는 경우가 많았다. 곽안련 선교사만 하더라도 한국에서 선교 사역을 하는 동안 서울과 평양에서 100개 이상의 교회를 설립했고, 일제에 추방당한 1941년에도 53개 교회들을 순회하며 복음을 전했다. 그런 교회 중에는 목사가 있는 경우도 있었으나 많은 경우 목사 없이 장로들을 중심으로 운영되었다. 그런 상황에서 장로들의 역할은 그야말로 막중했다. 그들은 교회를 위해 말 그대로 자신들의 모든 것을 바쳤다. 장로들의 헌신이 없었더라면 한국 교회의 성장과 부흥은 불가능했을 것이다.

그러나 장로들은 담임목사가 없을 때뿐 아니라 있을 때조차 교회의 실질적인 지도자들이었다. 교계 기자 시절 나는 여러 대형교회의 목사들을 만나 인터뷰를 한 경험이 있다. 그때 많은 목사가 자신들의 목회 성공에 장로들의 헌신적인 뒷받침이 있었다고 고백하는 이야기를 들었다. 하지만 그런 상황이 꼭 대형교회에만 해당하는 것은 아니다. 나의 모교회에서 아버지는 35년간 장로로 섬겼다. 나는 그 긴 세월 동안 아버지가 교회를 위해 헌신하시는 모습을 지켜보았다. 동네가 오랜 기간 그린벨트에 묶여 있었기에 목사들이 아무리 노력을 해도 교회는 성장하지 않았다. 그래서였는지 목사가 자주 바뀌었다. 목사들은

교회 민주주의

좀더 큰 교회에 자리가 나면 뒤도 안 돌아보고 교회를 떠났다. 내가 청년 시절에 존경하며 따랐던 어느 목사가 교회를 떠나면서 했던 말이 아직도 귀에 쟁쟁하다.

"아무리 노력해도 이곳에서는 제가 꿈꾸는 목회를 할 수가 없습니다. 제가 한국 교회를 위해 더 큰 일을 할 수 있도록 저를 보내주시기 바랍니다."

그런 말을 들으면서 나는 우리가 그에게 버림받았다고 느꼈다. 훗날 그 목사는 감리교회의 감독회장 자리에 올랐다. 자기가 말했던 꿈을 이룬 셈이다. 그렇게 목사들이 더 높은 곳을 향해 떠나가는 혼란스럽고 고통스러운 시절조차 아버지를 비롯한 장로들은 굳건하게 교회를 지켰다.

하지만 장로들의 그런 오랜 헌신이 교회를 위해 꼭 유익한 것만은 아니다. 목사들이 초심을 잃고 변질될 수 있듯 장로들도 그러하기 때문이다. 교우들은 교회를 위한 장로들의 남다른 헌신을 알기에 그들을 믿고 의지하고 따른다. 교우들의 그런 신뢰와 따름이 장로들에게 힘을 부여한다. 그리하여 때로 장로들의 힘이 목사를 능가한다. 시무 장로 말년에 나의 아버지도 그랬다. 아버지는 모교회에서 그리고 모교회가 속해 있던 지방(노회)에서 막강한 힘을 가진 일종의 토호(土豪)였다. 담임목사는 물론이고 지방에 속한 다른 교회 목사들조차 아버지의 눈치를 살필 정도였다. 아버지가 원하진 않았으나 자연스럽게 그렇게 되었다. 30여 년이라는 세월은 그렇게 가벼이 여길 수 있는 게 아니다.

새로운 교회를 세우려는 난민 신자들은 자신들이 모교회에서 겪었던 혼란을 떠올렸다. 물론 그 혼란의 일차적 원인은 담임목사에게 있었다. 그러나 새로운 교회를 세우려는 이들 중에는 조금 다른 생각을 하는 이들이 있었다. 그들은 모교회가 그렇게까지 큰 혼란에 빠졌던 또 다른 이유가 장로들 때문이라고 여겼다. 담임목사의 문제가 불거졌을 때 장로들은 두 편으로 나뉘었다. 목사의 잘못을 지적하는 쪽과 옹호하는 쪽으로. 각 장로에게는 나름의 지지 세력이 있었기에 자연스럽게 교회는 둘로 나뉘었고, 그렇게 둘로 나뉜 교회는 양 진영을 대표하는 장로들을 중심으로 한 치의 양보도 없이 이전투구식 싸움을 계속해 나갔다.

교회가 혼란에 빠진 상황에서 장로들이 서로 적대적으로 양 진영의 장수 노릇을 한 이유는 두 가지였다. 하나는 목사의 문제가 발생하기 전부터 장로들이 이미 두 패로 갈려 있었기 때문이다. 장로들이 오랜 세월 함께 일을 하다 보면 한편으로는 동료애도 생기지만 다른 한편으로는 갈등도 생기기 마련이다. 교회 일을 두고 사사건건 부딪치다 보면 그게 반사적인 습관이 된다. 즉, 저쪽이 찬성하면 옳고 그름에 상관없이 무조건 반대부터 하는 상태가 된다. 이것은 지금 우리나라의 정치권에서 벌어지고 있는 일을 보면 쉽게 이해할 수 있다. 그리고 신자들은 교우이기 이전에 우리 사회의 구성원들이다. 다른 하나는 장로들에게 그럴 만한 힘이 있었기 때문이다. 그들은 오랜 세월 교회에 헌신하는 과정에서 교우들로부터 신임을 얻었다. 그런 신임은 그저 똑똑하거나 유능하다고 얻을 수 있는 게 아니다. 오직 교우들과 함께한 세월의 무게를 통해서만 얻을 수 있는 것이다. 교우들은 교회의 크고 작은 모든 일에서 계속해서 그들을 만난다. 그리고 '익숙함'보다 큰 영향력은 달리 없다. 정치인들이 자신의 부고 기사가 아닌 한 어떤 형태로든 언론에 노출되려고 애쓰는 이유다. 장로들은 남다른 헌신에 기반한 익숙함으로 교우들에게 신임을 얻고 그 신임을 바탕으로 영향력을 얻는다.

물론 교회 안에서 서로 다른 견해를 가진 이들이 갈등하는 일이 꼭 나쁜 것만은 아니다. 공동체 안에 이견이 없는 상태는 바람직하지도 않을 뿐 아니라 가능하지도 않다. 이견과 갈등은 예수의 제자들 사이에도 있었다. 문제는 그런 이견과 갈등이 몇몇 힘 있는 자들의 고집이나 권력욕과 연결되고 그들이 저마다 세력과 진영을 만들어 죽기살기식 싸움을 벌이는 데 있다. 그런 상황에서는 어떤 건설적인 해법도 나오지 않는다. 오직 승자와 패자를 가리는 싸움만 계속될 뿐이다.

새로운 교회를 세우려는 이들은 그런 상황을 미연에 방지하고자 당회를 폐지하기로 했다. 당회는 교회법상 70세까지 정년이 보장된 장로들로 구성되는 치리조직이자 교회 운영을 위한 핵심조직이다. 당회를 없앤다면 교회의 운영은 어떻게 할 것인가? 그들은 매년 교우들 중에서 7명의 운영위원을 선출해 그들에게 한 해 동안 교회 운영을 맡기기로 했다. 지금은 교회 운영의 연속성을 위해 임기를 2년으로 하고 1회 연임이 가능하도록 하고 있다. 1회 연임 후에는 반드시 자리에서 물러나야 하며 그로부터 2년이 지나야 다시 피선거권을 가질 수 있다.

교회가 당회 대신 운영위원회를 갖는 것은 두 가지 측면에서 의미가 있다. 하나는 한국 교회의 고질적 문제인 장로들의 토호화를 막을 수 있다는 것이다. 운영위원은 목사와 마찬가지로 임기가 있고 임기를 마친 후에는 일정 기간 교회를 운영하는 일에서 물러나 있어야 한다. 그런 이들이 교회를 쥐고 흔드는 것은 불가능하다. 예인교회 안에도 강력한 혹은 독선적인 리더십을 가진 헌신적인 신자들이 꽤 있다. 만약 교회가 운영위원회가 아니라 전통적인 당회를 갖고 있었다면, 지금쯤 거의 틀림없이 그들은 여느 교회의 장로들처럼 교회를 분할 지배하는 토호가 되어 있을지도 모른다. 그러나 현재 예인교회에는 그런 토호들이 존재하지 않는다. 사람들이 상식적이고 선해서가 아니라 그런 일이 제도적으로 불가능하기 때문이다.

다른 하나는 교회의 리더십이 젊어질 수 있다는 것이다. 대다수 교회에서 당회는 50대와 60대의 장로들로 구성된다. 하지만 운영위원회라는 제도하에서는 장로만이 아니라 권사는 물론이고 집사들까지, 그리고 심지어 직분이 없는 청년들까지도 교회 운영에 참여할 수 있다. 실제로 지금 예인교회의 운영위원회에는 서른 살 먹은 청년이 위원으로 참여하고 있다. 반면에 장로는 한 사람도 없다. 교회에 장로가 없어서가 아니다. 현재 예인교회에는 여덟 분의 장로가 있다. 그들 대부분은 과거에 운영위원회에서 활동했으나 지금은 교회 운영에 관여하지 않는다. 그렇다면 교회에서 그들의 역할은 무엇인가? 어른 노릇이다.

교회 민주주의

예인교회에서 장로는 교회를 운영하는 이들이 아니라 공동체의 존경

받는 어른들이다.

도시 속 피난 공동체

새로운 교회를 세워가기 위한 토론 과정에서 '교회에 예배와 행사가 너무 많았다'는 의견도 나왔다. 성장을 목표로 삼았던 교회는 가능한 한 많은 이들을 교회 안으로 끌어들이기 위해 각종 예배와 행사와 프로그램을 운용했다. 물론 이것은 난민 신자들의 모교회에만 해당하는 얘기는 아니다. 전반적으로 한국 교회의 신자들은 교회 활동이 너무 많다.

예배만 해도 그렇다. 오늘날 한국 교회가 드리는 예배를 대충 열거해도 장황한 목록이 나온다. 주일 대예배, 주일 오후예배, 수요일 저녁예배, 금요일 심야기도회, 특별새벽기도회나 심령대부흥회, 그리고 매일 드리는 새벽예배……. 신자들이 그런 예배들에 빠짐없이 참석하다 보면 1년 내내 교회 문턱을 넘나들 수밖에 없다.

행사와 프로그램도 너무 많다. 모교회에서 나는 고등학교 1학년 때부터 성가대 활동을 했다. 주일예배 특송은 말할 것도 없고, 봄이나 가을에 열리는 심령대부흥회의 특송과 부활절 칸타타, 그리고 성탄절 칸타타를 준비하다 보면 한 해가 갔다. 고등부 시절에는 매년 가을에 문학의 밤 행사가 있었다. 고등부 회장이었던 나는 고등부의 연례행사를 잘 치러야 한다는 압박감 때문에 친구들이 한창 대학입시 공부에 열을 올리던 시기에 문학의 밤 행사를 준비하느라 겨를이 없었다.

내가 고등부 회장을 하던 해에 모교회의 담임목사가 바뀌었다. 새로 부임한 목사는 내가 지도 교사도 없는 상태에서 문학의 밤 행사를 치러낸 것을 무척 기특하게 여겼다. 그런데 행사가 끝나고 얼마 후에 목사가 나를 불렀다. 그의 서재로 들어갔더니 내 머리에 꿀밤을 놓으며 말했다. "야, 임마, 너는 고등부 회장이라는 놈이 그동안 공부를 그따위로 했던 거야?" 목사는 며칠 전에 나의 고등학교를 찾아가 담임교사를 만났는데, 내 성적 얘기를 듣고 깜짝 놀랐다고 했다. 교회에서 그렇게 똘똘하게 일하던 녀석이 학교 성적이 너무 형편없어서였다. 목사는 나를 한참 꾸짖은 후 공부의 중요성에 대해 말해 주었다. 그리고 고등부의 모든 행사를 중지시키고 교회 안에 도서실을 마련해 고등부 학생들을 모아 밤늦게까지 공부를 시켰다. 그때 그 목사가 아니었더라면 아마도 나는 대학에 가지 못했을 것이다.

그러나 대학에 들어간 후에는 그 목사도 수시로 나와 친구들을 교회의 각종 행사에 동원했다. 덕분에 대학생이 되어서도 나는 학업보다 교회 활동에 더 열심이었다. 대학 시절에 나는 성가대원, 주일학교

교사, 청년부 회장, 그리고 노래 선교단 총무로 일했다. 그런 상황은 그 후로도 변하지 않았다. 결혼 후에도 나는 여전히 교회의 거의 모든 예배에 참석하고 거의 모든 행사와 프로그램에 동원되었다. 스스로 원했던 부분도 없지 않으나, 돌이켜 보면 교회에 의해 혹사당하는 수준이었다.

물론 교회의 각종 예배와 행사 혹은 프로그램은 교회를 위해 필요할 수도 있다. 실제로 그동안 많은 교회가 그런 활동을 통해 복음을 전하고 교회를 세워왔다. 그러나 문제도 있었다. 교회가 워낙 많은 예배와 행사와 프로그램을 운용하다 보니 교우들은 서로 깊은 교제를 나눌 만한 여력이 없었다. 예배나 행사나 프로그램이란 것이 대개 그것을 운용하는 이가 중심에 서고 참여자들은 수동적으로 따라가는 방식일 수밖에 없다. 그로 인해 교우들은 1년 내내 각종 예배와 행사와 프로그램에 참여하면서도 정작 함께 교우된 이들에 대해 잘 알지 못했다. 안다고 해도 아주 피상적인 앎일 수밖에 없었다. 백화점 문화센터에 다니는 이들이 그렇듯이.

새로운 교회를 세우려 했던 이들은 그런 상황이 되풀이되지 않기를 바랐다. 그들은 교회가 교우들이 각종 예배와 행사와 프로그램에 수동적으로 참여하는 곳이 아니라 믿음의 형제와 자매된 자들과 함께 어울려 살아가는 참된 의미의 공동체가 되기를 바랐다. 그러려면 어떻게 해야 할까? 간단했다. 너무 많은 예배와 행사와 프로그램을 줄이는 것이었다. 사실 그것은 어려운 문제가 아니었다. 아니, 더 정확하게 말

교회 민주주의

하자면, 그럴 수밖에 없었다. 주일예배 외에는 다른 예배나 행사를 할 만한 장소를 얻기가 어려워서였다. 결국 교회는 전 교우가 참여하는 공적 예배를 복사골문화센터를 이용할 수 있는 주일에만 드리기로 했다. 실제로 지금도 예인교회에는 주일예배 외에는 온 교우가 함께 모여 예배하는 경우가 거의 없다. '나들목'이라 부르는 교회 사무실 겸 소예배실 공간에서 수요일 성경공부나 금요일 밤기도회가 열리기는 하나, 모임이나 예배에 대한 참여는 권고사항이지 의무가 아니다.

예인교회 초기 멤버들은 그렇게 주일예배를 제외한 다른 모든 예배나 행사나 프로그램을 없애고 소그룹 모임에 집중하려 했다. 그들은 초대교회처럼 서로 유무상통하는 급진적 공동체까지는 아니더라도 교우들이 개인적인 기쁨과 슬픔을 함께 나누며 서로 의지가 되는 공동체를 만들고자 했다. 그러기 위해서는 무엇보다도 교우들이 자주 그리고 오랜 시간 함께 모여 대화할 필요가 있었다. 그리고 모임의 규모가 긴밀한 대화가 가능할 만큼 작아야 했다.

목적과 계획만 있을 뿐 구체적인 실천 방안이 없었던 상황에서 당시 유행하던 '멘토셀'(Mentor Cell)이라는 프로그램을 활용하기로 했다. 그들은 나이 많은 신자들과 젊은 신자들을 섞어 한 그룹을 만들고 그 안에서 멘토와 멘티 관계가 형성되기를 기대했다. 하지만 얼마 가지 않아 그런 기대가 지나치게 이상적이고 당시 교우들이 처해 있던 상황에 적합하지 않다는 것이 밝혀졌다. 모교회에서 경험한 일 때문에 상처도 많고 분노도 많았던 교우들은 누군가의 멘토나 멘티가 되어 무언가를 가르치고 배우기보다는 그저 서로 마음을 털어놓을 수 있는 교우들과 함께 마음껏 대화하기를 원했다.

교우들의 요구 앞에서 정성규 목사는 고민에 빠졌다. 멘토셀이 아니라면 어떤 형태의 소그룹 모임을 만들어야 할까? 그러던 중 어느 교역자 수련회에서 답을 찾았다. 수련회에 초청되어 온 라브리공동체 대표 성인경 목사가 성경의 공동체에 관한 강의를 하던 중 다윗의 아둘람 공동체를 언급했다. 아둘람은 다윗이 사울 왕의 살해 위협을 피해 숨었던 곳이다. 다윗이 그곳에 숨었다는 소식을 들은 그의 형제와 아버지의 온 집이 그곳으로 내려갔고, 이어서 환난 당한 모든 자와 빚진 모든 자와 마음이 원통한 자가 다 그에게로 갔다. 그렇게 모여든 400여 명의 사람들은 그곳에서 사울 왕의 폭정이 나날이 심각해지던 시절을 함께 견뎌냈다(삼상 22:1-2).

정성규 목사는 다윗의 아둘람 공동체를 예인교회의 소그룹 모델로 삼기로 했다. 정 목사의 제안을 따라 멘토셀은 여러 개의 아둘람 조직으로 재편되었다. 아둘람은 라브리(L'Abri, '쉼터'라는 뜻을 지닌 프랑스어)처럼 '피난처'를 의미한다. 예인교회의 아둘람은 다윗의 아둘람 공동체가 그랬던 것처럼 삶에 지친 신자들을 위한 피난 공동체가 되어야 했다. 그때나 지금이나 공동체적 삶을 추구하는 이들은 주로 산촌이나 농촌으로 간다. 하지만 예인교회의 교우들 대부분은 도시에 삶의 기반을 두고 있기에 그럴 수 없었다. 교회는 그들을 위해 여러 개의 아둘람 공동체를 만들고 그 공동체의 식구들이 주중에 한번씩 아둘람 식구들의 가정을 돌아가며 방문해 함께 식사를 나누며 교제하도록 했다. 그 공동체의 구성원들은 헤세드(인애)를 기본으로 삼고, 함께 삶을 나누고, 그 삶을 통해 공의와 진리를 세우고, 성경과 신앙에 관한 의문들을 서로 묻고 답하면서 교제를 이어나가야 했다. 그렇게 함으로써 그들은 다윗의 아둘람 굴과는 조금 다른 모습이기는 하나 '도시 속 피난 공동체'가 되어야 했다.

정 목사는 2012년 2월과 3월에 무려 다섯 주에 걸쳐 아둘람에 관해 설교했다. 그중 첫 번째 설교에서 그는 무엇보다도 아둘람이 교우들끼리 불편한 동행을 감내하면서 신자로서의 우정을 쌓아가는 공동체가 되어야 한다고 강조했다. 상처받은 신자들이 모이는 아둘람은 흔히 생각하듯 안락하고 포근하기만 한 곳이 아니다. 상처받은 이들은 그 상처 때문에 다른 이들에게 적대적이며 상처를 줄 수도 있다. 다윗의 아둘람 굴 자체가 우아하고 너그러운 사람들이 아니라 환난 당한 자, 빚진 자, 그리고 억울한 자들이 모인 곳이었다. 당연히 유쾌한 이야기보다는 우울하고 고통스러운 이야기들이 많을 수밖에 없었다. 서로 상처 주는 일도 많았다. 그럼에도 그들은 함께 부대끼면서 하나가 되었고, 결국 그렇게 형성된 공동체가 속절없이 무너져가던 이스라엘 왕국의 대안 세력이 될 수 있었다. 예인교회의 아둘람 역시 그런 공동체가 되어야 했다. 그러기 위해서는 무엇보다도 아둘람 식구들이 서로의 약점을 감싸 안으며 우정을 나눠야 했다. 정 목사는 교우들에게 민주적인 교회를 이루는 것보다 소중한 것이 동료 신자들과 더불어 우정을 나누는 일이라고 강조하면서 이렇게 물었다.

"지금 우리 안에 세상의 우정보다 나은 관계가 있습니까?"

이는 예인교회의 모든 아둘람이 거듭해서 되물어야 할 질문이다. 예인교회의 설립 멤버들이 교회 성장을 포기하면서까지 이루고 싶었던 것이 세상의 관계보다 나은 교우들 사이의 우정이었기 때문이다.

투명한 재정 운영

교회에 불만이 있거나 교회를 비판하는 이들 대부분은 무엇보다도 교회 운영의 불투명성을 지적한다. 그중에서도 특히 재정 운영의 불투명성은 교인들을 실망과 분노에 빠뜨리는 대표적인 요소다. 새로운 교회를 세우려는 이들 역시 모교회에서 그런 실망과 분노를 경험했다. 그들이 토론 과정에서 지적한 교회 재정 운영의 문제들은 아주 많았다.

우선 장부가 공개되지 않았다. 교회 전체의 재정 상황을 아는 이는 담임목사와 오랜 세월 재정부장 역할을 독점해왔던 장로 한 사람뿐이었다. 심지어 재정부원들조차 교회의 정확한 재정상태를 알지 못했다. 그런 상황에서 교회의 예금 중 일부가 공동의회의 결의 없이 다른 교회에 대출되었다가 이자와 함께 돌아왔다. 교우들의 동의 없이 재정이 집행된 것도 문제지만 더 심각한 것은 그 돈이 사용된 방식이었다.

교우들이 바친 헌금이 돈놀이에 사용되고 있었던 것이다.

리베이트에 대한 의혹도 있었다. 예배당 건축을 완료하고 고가의 음향장비를 구입했는데 나중에 알고 보니 교회가 지출한 금액이 시중가의 4배나 되었다. 교인들이 장비 공급 업체 사장에게 따졌더니 그가 말했다. "교회가 먼저 그러자고 했는데 그걸 왜 나한테 묻습니까?" 명백하게 드러난 사례는 그것 하나뿐이지만 다른 경우에 그런 식의 리베이트가 없었다는 보장이 없었다.

목사가 영수증 없이 쓰는 이른바 '목회비'가 너무 많았다. 각종 경조사, 심방, 식사 모임, 도서 구입 등에 돈을 썼다는데, 항목과 액수만 있을 뿐 영수증이 제시되지 않았다. 목사는 정당하게 썼다고 주장하지만 그 정당성을 입증할 근거는 없었다. 재정 집행을 위한 의사결정 과정도 없었다. 담임목사와 재정부장을 비롯한 장로들 몇이 대화하고 재정을 집행했다. 의문이나 비판을 제기하는 이들에게는 납득할 만한 대답 대신 오히려 모종의 제재가 가해졌다.

사회에서라면 용납될 수 없는 일이었다. 그럼에도 교회에서 그런 일은 늘 '주님의 영광을 위해서'라는 그럴듯한 허울로 덮였다. 새로 교회를 세우려는 이들은 자신들의 교회에서 그런 일이 반복되지 않기를 바랐다. 그들은 아주 상세한 재정 운영 기준을 만들어 교회 규약에 담았다. 예인교회의 설립 때 마련되어 몇 차례 수정을 거쳐 지금까지 시행되고 있는 재정 운영 기준 가운데 몇 가지를 소개하면 다음과 같다.

첫째, 재정 상황을 온 교우에게 공개한다. 교회는 매월 월간재정보고서를 작성해 교회 홈페이지에 공개해야 한다. 분기별로 주일예배 광고시간에 재정 담당자가 교우들 앞에서 그동안의 수입과 지출 상황을 설명하고 질문에 응해야 한다. 연말에는 1년간의 재정 상황을 문서화해 예결보고서에 게재해야 한다.

둘째, 혹시라도 있을지 모를 비리를 막기 위해 재정 담당 사역자들의 임기는 1년으로 하되 사역의 특수성을 감안해 최장 3년까지 연임할 수 있다. 담당 사역자들은 기본적인 재정 보고 외에도 교인들의 요구가 있으면 즉시 그들의 질문에 답해야 한다.

셋째, 통상비 지출의 한도를 정한다. 예를 들어, 목회자들의 식사 비용 한도를 정하고 그 이상의 식사를 할 경우 나머지 금액은 당사자가 부담하도록 한다. 교회 설립 초기에 식사 비용 한도는 4천 원이었고 지금은 7천 원이다. 그리고 모든 비용은 실비 처리한다. 교회 차량을 이용할 경우 운행일지를 작성해야 한다. 혹시 어떤 이가 교회 차량을 개인적 용도로 사용할 경우 그에 따르는 비용(기름값, 도로 이용료)을 지불해야 한다(참고로, 정성규 목사는 개인 차량이 없다. 따라서 정 목사가 예인교회에서 차량 운행일지를 가장 많이 작성한다).

넷째, 모든 비용의 지출을 위해서는 반드시 증빙서류가 첨부되어야 한다. 적격한 증빙서류는 신용카드 영수증, 체크카드 영수증, 현금 영수증, 금융기관 이체 확인서, 세금계산서 등이며 간이영수증은 원칙적으로 사용을 금한다.

교회 규약에 적시된 이런 재정 운영 기준 외에도 예인교회에는 불문법처럼 정착된 몇 가지 재정 운영 관습이 있다.

첫째, 담임목사가 교회 재정에서 영수증 없이 임의로 사용하는 목회비가 존재하지 않는다. 목사들은 설교와 성경공부 준비를 위해 필요한 도서를 구입할 수 있으나 도서 구입에 사용된 비용은 철저하게 실비 처리된다. 목사들이 일정 기간 사용한 도서들은 목록화해 교회 도서실에 비치되며 교우들이 이용할 수 있다.

둘째, 예산이 책정되지 않은 상태에서 5백만 원 이상의 재정을 사용해야 할 경우 교인총회를 통해 승인을 받아야 한다. 내가 교회에 등록한 후에도 5백만 원 이상의 재정 집행 승인을 위한 임시 교인총회가 두 차례 열렸다. 그 중 한 번은 승인되었고 다른 한 번은 부결되었다.

셋째, 전임목사들의 4대 보험 비용을 지급하며 퇴직금을 적립한다. 교회는 목회자들을 특별 대우하지는 않으나, 그들이 우리 사회의 노동자로서 기본적인 권리를 누리도록 하고 있다.

넷째, '예봄 사역'을 통해 교우들 중 경제적 어려움에 처한 이들에게 현금을 지원한다. 예봄 사역 기금은 한 사람이 최대 3백만 원씩 세 차례까지 받을 수 있다. 최근에는 교회가 취준생들에게 실업수당을 지급하기도 했다. 사안이 생기면 소수의 예봄위원회나 교육위원회 소속 위원들과 담임목사가 협의를 거쳐 지급을 결정하되, 집행은 아주 은밀하게 이루어진다. 해당 교우가 자신이 교회의 도움을 받았다는 사실 때문에 위축되지 않게 하기 위함이다.

이런 식의 재정 운영은 규약에만 실려 있는 사문화된 조문이 아니라 현재 예인교회에서 실제로 이루어지고 있다. 지나치다 싶을 만큼 투명한 재정 운영은 교회가 불필요한 분란에 빠지는 것을 막아준다. 덕분에 지금껏 예인교회에서는 재정 운영과 관련해 심각한 문제가 제기된 적이 없다. 오히려 교우들 중에는 분기마다 한 번씩 주일예배 광고시간에 재정 담당자가 나와 그동안의 수입과 지출 상황을 꼼꼼하게 설명하는 것을 불편하게 여기는 이들이 있을 정도다.

투명한 재정 운영은 교회뿐 아니라 목사 자신에게도 유리하다. 많은 목사가 관행을 핑계 삼아 명확하게 설명하거나 증빙할 수 없는 돈을 사용하고 있다. 오래전 교계 기자 시절에 분란에 빠진 어느 교회의 집사를 인터뷰한 적이 있다. 청년 시절부터 담임목사를 존경하고 따랐던 이 집사는 어느 해에 재정부 사역을 맡게 되었는데, 이 과정에서 담임목사에 대한 존경을 거둬들였다. 담임목사 한 사람이 사례비(급여) 외에 다른 항목으로 교회 재정에서 쓰는 돈이 너무 많다는 걸 알게 되었기 때문이다.

"나는 목사님이 얼마 안 되는 사례비만 받으면서 어렵게 교회를 섬기시는 줄 알았어요. 근데 막상 재정장부를 살펴보니 교회의 전체 예산 중 5분의 1이 오직 담임목사 한 사람을 위해 쓰이고 있더군요. 심지어 가족끼리 놀러 갔다가 교통신호 위반으로 물게 된 범칙금까지도 모두 교회 재정으로 처리되었어요. 함께 일하는 부목사와 행정 간사와 사찰 집사가 겨우 아르바이트 비용 정도의 사례비를 받고 일하는데, 담임목사는 중견기업의 오너나 CEO 같았어요. 교회가 이래도 되는 건가요? 전에는 몰랐는데 막상 돈의 쓰임새를 알고 나니 목사님을 더는 존경하기 어렵더군요."

예인교회 교우 중에 담임목사에게 재정이 너무 많이 사용된다고 불평하는 이는 아무도 없다. 오히려 "목사님 사례비를 더 올려 드려야 하는 거 아닌가요?"라고 묻는 이들이 더 많다. 어느 교우는 목사의 월급이 자기네 회사의 평직원보다 못하다며 "그걸 받고 어떻게 사역을 해요?"라고 물었다. 그럴 때마다 몇몇 교우들 특히 교회의 설립 멤버들이 단호하게 반대하고 나선다.

"사례비를 더 올리는 건 어렵습니다. 교회 설립 정신에 맞지도 않고 교회 재정의 규모도 생각해야 합니다. 목사님들이 수입 규모에 맞춰 사셔야지요."

다행히 아직 예인교회에서는 목회자의 재정 문제가 제기된 적이 없다. 제도적으로 불가능할 뿐 아니라 목사들 스스로 엄격하리만큼 절제하고 있기 때문일 것이다. 교회의 건강성을 가늠하는 지표가 여럿 있으나 그중에서도 가장 중요한 것은 재정 운영의 투명성이다. 2012년에 정성규 목사는 어느 목회세미나에서 교회의 재정 운영을 주제로 발표를 하면서 이렇게 말했다.

"시민사회 운동가가 돈 문제에서 투명하지 않으면 그가 이룬 모든 일이 치명타를 입습니다. 마찬가지로 교회도 재정 운영을 잘못하면 하나님의 뜻을 따라 세상을 위해 하는 일이 오히려 하나님의 영광을 가리게 될 수 있습니다."

그러나 예인교회 교우들 특히 운영위원들과 재정 담당자들은 목사의 이런 반듯한 의식과 의지에 기대지 않는다. 돈의 유혹에 넘어지기는 아주 쉽고 어느 누구도 예외일 수 없다. 해서 그들은 목사를 비롯해 교회의 모든 사역자들의 돈 사용을 지나치다 싶을 정도로 감시하고 통제하고 공개한다.

사역의 분산과 독립

교회에 오래 다닌 이들이 농담 반 진담 반으로 하는 말이 있다. 주방 권력. 교회에서는 주일에 주방에서 봉사하는 일조차 권력이 될 수 있다. 어떤 사역이든 한 사람이 오랫동안 틀어쥐고 있어서 다른 이들이 접근조차 할 수 없게 되면, 그게 바로 권력이 된다. 반면에 교회의 사역을 특정한 신자들 몇 사람에게 떠맡김으로써 발생하는 문제도 있다. 그럴 경우 사역자들은 탈진하고, 사역에 임하지 않는 이들은 교회를 위해 아무 일도 하지 않으면서 예배에만 참석하는 종교 소비자가된다.

새로운 교회를 세우려는 이들은 사역이 권력이 되지 않기를 바랐다. 또한 특정인에게 사역이 집중됨으로써 그들을 탈진하게 하거나, 다른 교우들을 의무와 헌신은 없이 자유와 권리만 누리는 종교 소비자로만들지 않기를 바랐다. 그런 이유로 대다수 교회에서 목사 한 사람이

총괄하다시피 하는 교회 사역을 분산하기로 했다. 사역 자체의 특성상 어쩔 수 없는 부분은 빼고 가능한 것들은 분산하기로 했다. 예인교회에서 사역은 크게 다음 네 가지로 나뉜다.

첫째, '행정 사역'으로 7명의 운영위원과 2명의 감사가 담당하는 일이다. 짧게는 1년, 길게는 2년 임기의 운영위원들은 교회의 중요한 문제들을 심의하고 의결하며 각 부서와 팀의 활동을 지원하고 조율한다. 운영위원이 되고자 하는 이는 교우들의 추천을 받아 교인총회에서 투표를 통해 선출되어야 한다. 운영위원장은 위원들 중에서 선임되며 임기 동안 운영위원회와 교인총회의 의장이 된다. 나는 예인교회에 등록하고 얼마 안 되어 교회의 중요한 문제를 결정하는 교인총회를 목사도 장로도 아닌 젊은 운영위원장 집사가 주재하는 것을 보고 놀란 적이 있다. 담임목사는 항존직 운영위원이다. 운영위원회에서 담임목사는 발언권은 있으나 의결권은 없다. 의결권은 선출직 운영위원들에게만 있는데, 이것은 목사가 교회의 일을 결정하지 않는다는 것을 보여주는 상징적인 조치다. 최대 2년의 임기를 마친 운영위원은 자리에서 물러나야 하며 그로부터 2년이 지나야 다시 피선거권을 얻는다. 1년 임기의 감사들은 교회 각 부서와 사역팀의 활동을 평가하고 개선 방안을 제시한다. 감사는 1년 더 연임할 수 있으나 연임 후에는 물러나야 한다. 사역의 성격상 이 운영위원과 감사들이 예인교회의 실질적 리더들이다. 그러나 임기 때문에 이들의 리더십은 제한적이다. 덕분에 예인교회의 리더십은 계속해서 변화한다.

둘째, '교육 사역'으로 유치부, 초등부, 중고등부, 청년부를 포함하는 교회학교를 운영하는 일이다. 교회의 미래 세대를 길러내는 이 사역은 원칙적으로 신학 교육과 목회 훈련을 받은 교역자들의 몫이다. 교회는 이 사역의 중요성을 고려해 교회 규모에 맞지 않을 정도로 교역자들을 두고 있다. 현재 예인교회에는 담임목사 외에 청년부와 유치부 담당 목사, 중고등부 담당 목사, 그리고 초등부 담당 간사를 각 한 명씩 두고 있다. 그러나 담당 교역자들 외에 다수의 성도 교사들이 교육 사역에 참여하고 있으며 각부 책임자인 부장들은 성도들이다. 그들 중에는 현직 교사들도 있다. 담당 교역자들을 포함해 모든 교육 사역자들은 교회학교 교장의 지휘를 받는다. 직전과 현재의 교장은 평생 교육계에서 일하다가 은퇴한 장로들이다.

셋째, '일반 사역'으로 성가대, 복리후생, 시설, 도서, 홍보, 새가족, 예배, 장학위원회, 예봄, 재정 등 교회 운영을 위한 모든 사역이 포함된다. 일반 사역에 속한 각 팀 팀장들은 그 팀을 담당하는 운영위원들과 소통하면서 사역에 필요한 행정적·재정적 도움을 받는다.

넷째는 '독립 사역'이다. 앞서 언급한 세 사역이 '교회 안'과 관련되어 있다면, 독립 사역은 '교회 밖'을 향한다. 예인교회의 사역 중 특히 주목할 것은 바로 이 독립 사역이다. 예인교회에서는 나눔·대외협력·선교 사역을 '독립 사역'이라고 부른다. 세 가지 사역 모두 목회자나 운영위원회의 간섭 없이 전적으로 그 사역에 참여하는 교우들의 독자적인 결정을 통해 이루어지기 때문이다. 각 사역팀 팀장은 교회가 임명하지 않고 사역팀에 속한 이들이 선출한다. 그러다 보니 예인교회에서 30, 40대 집사가 사역팀장이 되고 60대 장로가 팀원이 되는 일은 특별하지 않다.

교회는 세 가지 사역에 일정한 금액을 지원할 뿐 일절 간여하지 않는다. 교회가 지원하는 금액은 연간 1천만 원 안팎이며, 사역에 필요한 재정의 상당 부분은 그 사역에 공감하는 교우들의 목적 헌금이 차지한다. 교회는 해마다 연말에 교우들에게 이 세 사역을 위해 헌금을 작정하도록 유도한다. 각 교우들이 작정해서 드리는 헌금은 오직 그들이 작정한 용도로만 사용된다. 교회의 일반 재정과 교우들의 목적 헌금으로 마련된 재정으로 무엇을 어떻게 할지는 전적으로 사역자들이 판단하고 결정하고 집행할 문제다.

나눔 사역의 경우를 살펴보자. 코로나 이전인 2019년에 나눔사역팀은 총 4,450만 원의 예산을 사용했다. 그 중 교회의 일반 재정에서 지출된 금액은 1,200만 원이었고, 나머지는 교우들의 자발적인 헌금과 교회가 부활절과 한가위 등 각종 절기에 불우이웃을 돕기 위해 제안한 특별헌금을 모아서 마련한 것이었다. 나눔 사역팀은 그렇게 마련된 예산으로 2019년 한 해 동안 여러 가지 일을 했다. 그 중에는 이른바 '세움 사역' 7건이 포함되어 있다. 나눔 사역의 세부 활동 중 하나인 세움 사역은 교회 인근 어려운 이웃들의 생활환경을 개선해 주는 일이다. 어려운 형편에 있는 이웃의 집을 찾아가 도배와 장판을 교체해 주고 전기 시설을 손봐 준다. 교우들이 자발적으로 참여하는 세움 사역을 1년에 두 차례는 범교회적 차원에서 할 때가 있는데, 이것을 '지명 방어'라고 부른다. 나눔 사역팀은 세움 사역 외에도 명절에 불우한 이웃들에게 소고기와 떡국떡을 배달하는 '햇볕 한줌 나눔 사업', 외국인 노동자의 자녀들과 함께 영화를 관람하고 식사를 함께하는 '희망 나들이 사업', 그리고 관내 사회복지 기관들의 요청에 부응해 각종 필요한 물품을 제공하는 '긴급 구호 사업' 등을 수행한다.

물론 이런 일들은 여느 교회들에서도 하는 사역이다. 그러나 다시 말하지만, 예인교회의 나눔 사역은 전적으로 사역팀 소속 사역자들의 계획과 판단으로 이루어진다. 교회 이름으로 진행되는 나눔 행사에 담임목사가 나가서 사진 찍고 한 말씀 하는 경우는 없다. 교회는 필요한 예산을 지원할 뿐 담당 사역자들이 하는 일에 관여하지 않는다. 그럴 가능성은 거의 없지만, 혹시라도 나눔 사역자들이 한 해 예산 전체를 외국인 노동자 자녀들과 함께 제주도 여행을 하는 데 쓰겠다고 할지라도 반대하지 않을 것이다. 다만 사역 보고는 분기별로 철저하게 이루어져야 하고, 그 보고를 교우들이 타당하다고 여기지 않을 경우 교우들의 지원이 끊어질 것을 각오해야 한다. 모든 권한에는 평가와 책임이 따르기 마련이다.

대외협력 사역팀은 주로 한국 교회의 건강성 회복을 위해 일하는 기독교 기관과 단체들에 대한 지원 사업을 맡고 있다. 현재 예인교회 대외협력 사역팀이 매월 일정한 금액을 지원하는 기관 혹은 단체들로는 뉴스앤조이, 느헤미야 기독연구원, 교회개혁실천연대, 교회문제상

담소, 건강한작은교회연합 등이 있다. 대외협력 사역자들은 단순히 재정적 지원만 하는 것이 아니라 그런 기관과 단체의 관계자들과 정기적으로 만나 교회의 건강성 회복을 위한 방안들을 숙의하고 있다.

선교 사역팀은 해외 선교사들과 소통하며 지원하는 역할을 맡고 있다. 현재 선교 사역팀이 지원하고 있는 선교사는 모두 6명이다. 선교 사역자들은 선교사들과 수시로 소통하면서 도움 요청에 응하고 그들의 소식을 교우들에게 전하고 있다.

예인교회가 사역을 분산하고 독립시킨 첫째 목적은 사역이 목회자나 특정한 리더들의 권력이 되지 않게 하기 위함이었다. 둘째 목적은 가능한 한 모든 교우들이 최소한 하나의 사역에 능동적으로 참여하게 하기 위함이었다. 이른바 1인 1사역 제도다. 실제로 교회는 연말에 전 교우들을 대상으로 다음 1년간 참여할 사역을 택하게 한다. 그 결과, 예인교회 교우들 대부분은 매년 적어도 하나의 사역에 참여한다. 예인교회에서 특정한 몇 사람이 사역을 독점하거나 사역의 책임이 몇몇 소수에게만 떠맡겨지는 일은 없다.

이상이 예인교회의 설립 전후에 교우들이 거듭된 토론을 통해 마련한 새로운 교회의 기본적인 틀이었다. 그 틀은 성경이나 신학에 기반한 것이 아니었다. 소극적 측면으로 보면, 모교회에서 겪었던 불합리한 현실을 극복하고자 하는 그들의 열망에 기반을 두고 있었다. 적극적 측면에서는 그즈음 우리 사회 전반에서 정착되어가던 민주주의의 기본 틀과 닮아 있었다. 결국 당시 그들이 알게 모르게 꾸었던 꿈은 '교회 민주주의'에 대한 꿈이었다.

이제 그들이 이뤄낸 교회 민주주의의 여러 모습을 살펴볼 차례다. 우선 예인교회에서 교회 민주주의의 모습을 가장 잘 보여주는 아둘람에 대해 알아보자.

3부
아둘람, 교회 안의 작은 교회

"교회와 아둘람이

어떻게

더 잘할 수 있었을까요?"

아둘람 속으로

예인교회에 등록하는 이는 누구나 하나의 아둘람에 편입된다. 교회는 아둘람 모임을 주일예배와 동등한 공예배로 여긴다. 예인교회에서 주일예배 이외의 다른 예배 참석은 선택이지만 아둘람 참석은 의무다. 그만큼 아둘람을 중요하게 여긴다는 뜻이다. 실제로 교회의 각종 공지와 활동은 철저하게 아둘람을 중심으로 이루어진다. 그러니 아둘람에 참석하지 않고 주일예배에만 참석하는 사람은 교회를 다닌 기간이 얼마가 되든 교회를 제대로 알지 못한다.

우리 부부 역시 등록과 동시에 한 아둘람에 편입되었다. 그러나 아내의 퇴근 시간이 늦어서 모임이 평일 저녁에 이루어지던 그 아둘람에는 참석하기가 어려웠다. 마침 함께 공동과정을 밟던 유혁 집사 부부가 우리에게 소속 아둘람을 자기네 쪽으로 바꾸면 어떻겠냐고 제안했다. 그 아둘람은 주일예배 직후에 모이고 있었다. 그게 좋을 것 같아

교회에 문의했더니 받아들여졌다. 공동과정을 마친 후 우리 부부는 복사골 4아둘람에 편입되었다.

복사골 4아둘람(얼마 후 '예품 아둘람'으로 개명했다)은 모두 어덟 가정으로 이루어져 있었으나 적극적으로 활동하는 이들은 다섯 가정의 부부 열 명이었다. 교회의 방침과 달리 아둘람 참석률이 아주 높지는 않았다. 우리가 참석한 첫 모임에는 우리 부부 외에 10명이 모였다. 이재원·김희숙 집사 부부의 집 거실에서 진행된 모임 분위기는 밝고 따뜻했다. 모임의 첫 순서는 '함께 먹기'였다. 아둘람은 예배가 아니라 교제를 위한 모임이다. 그리고 교제에 꼭 필요한 요소는 함께 먹는 것이다. 이재원·김희숙 집사 부부는 부담스럽지 않은 수준의 저녁식사를 준비했다. 참석자들 중 한 사람이 빵을, 그리고 다른 한 사람이 과일을 가져왔다. 한 시간 이상을 먹고 마시며 대화를 나눴다.

음식을 먹는 동안 자연스럽게 우리 부부를 소개하고 다른 참석자들을 소개받았다. 우리나라 사람은 일단 모이면 어떻게든 연을 찾으려 한다. 서로를 소개하는 과정에서 몇 가지 연을 찾았다. 일단 김광수·황민옥 권사 부부는 우리 부부와 동갑이었고, 그것으로 굉장한 끈 하나가 생겼다. 아둘람 섬김이를 맡고 있던 홍석문 집사(우리 부부가 교회에서 처음 만났던 이)는 나의 고등학교 3년 후배였다. 그것으로 또 하나의 끈이 생겼다. 집주인인 이재원 집사는 어느 기독교 대학에서 직원으로 일하고 있었다. 나 역시 어느 기독교 대학의 자매기관에서 일한 적이 있었기에 그것 또한 대화의 끈이 되었다. 그렇게 몇 개의 끈들이 연결되자 대화가 끝없이 이어졌다.

아둘람의 두 번째 순서는 '말씀 나눔'이었다. 아둘람 식구들은 대화를 마치고 촘촘하게 둘러앉았다. 섬김이 홍석문 집사가 참석자들에게 교회가 준비한 순서지를 나눠주었다. 순서지를 따라 신앙고백을 하고, 찬송을 한 장 부르고, 교회와 아둘람을 위한 기도를 드렸다. 그리고 성경 본문을 읽었다. 성경은 그날 예배의 설교 본문이었다. 목사가 설교한 본문을 아둘람 식구들이 다시 읽는 셈이었다. 본문 읽기가 끝난 후 토론이 이어졌다. 순서지에 토론을 이어가는 데 필요한 몇 가지 질문이 포함되어 있으나 말 그대로 참고용이었다. 참석자들은 자기들이 하고 싶은 말을 거침없이 했다. 목사의 설교 내용에 공감하는 이들이 많았으나, 어떤 이는 설교 내용 중 이해가 안 가는 부분에 대해 물었고, 또 다른 어떤 이는 목사가 한 것과 다른 의견을 제시하기도 했다. 어떤 말을 하든 주저함이 없었다.

사실 모교회의 속회 모임에서도 비슷한 순서가 있기는 했다. 속회 참석자들은 나눔 시간에 주보에 실린 목사의 설교 요약문을 함께 읽은 후 자기 의견을 말해야 했다. 그러나 실제로는 아무도, 아무 말도 하지 않았다. 일단 설교 내용이 너무 뻔해서 그 내용으로 뭔가를 논한다는 것 자체가 적절하지가 않았다. 가끔 나오는 소리는 설교에 관한 빈정거림이었다. 당시 교우들은 목사의 설교를 억지로 들어야 하는 잔소리 정도로 여겼다. 내가 아는 한, 그리고 실제로 경험한 바, 목사의 설교에서 무언가를 얻는 이들은 거의 없었다. 그러니 속회 모임에서까

교회 민주주의

지 그 내용을 다시 떠올려 되새길 이유가 없었다.

반면에 아둘람 모임의 분위기는 달랐다. 참석자들은 목사의 설교 내용을 떠올리며 감탄했고, 질문했고, 이견을 제시했다. 아둘람 식구들은 누가 무슨 말을 하든 모두 그의 의견에 귀를 기울였다. 누구도 자기가 하는 말에 거리낌이 없었다. 꽤 오랜 시간 동안 자유롭게 말하는 데 익숙해진 사람들이 아니라면 보이기 힘든 태도였다. 그즈음 정성규 목사는 창세기 본문으로 연속설교를 하고 있었다. 연속설교 막바지여서 요셉 이야기가 진행되고 있었다. 내가 말할 차례가 되었다. 나는 평소 요셉에 대해 해왔던 생각을 말했다.

"저는 요셉을 이상적인 신앙인으로 생각하지 않아요. 그는 애굽 사회에 동화되어 살았던 철두철미한 세속 정치가였어요. 그는 애굽이 풍년과 가뭄을 겪는 과정에서 백성들의 토지를 모두 애굽 왕에게 넘김으로써 애굽을 전제군주 사회로 만들었지요. 결과적으로 그의 정책 때문에 애굽인 모두가 왕의 노예가 되었고요."

참석자들 중 몇이 내 말을 듣고 놀라는 듯했으나 기존과는 다른 견해를 제시하는 나를 이상한 눈으로 쳐다보는 이들은 없었다. 다행히, 그리고 놀랍게도, 그 다음 주 설교 때 정 목사도 요셉에 대해 나와 비슷한 결론을 내렸다. 예배 후 아둘람 식구들과 식사를 할 때 홍 집사가 나의 해석과 목사의 설교 내용이 같았음을 지적하며 내게 말했다. "선배님 덕분에 아둘람 모임이 점점 재미있어질 것 같습니다."

말씀 나눔 후에는 몇 가지 '광고'가 있었다. 주로 교회 일정에 관한 것이었고, 우리 아둘람에 관한 것도 있었다. 광고를 들으니 지금 교회가 어떻게 돌아가고 있는지 조금은 알 것 같았다. 섬김이는 교회의 이런저런 문제들을 위해 기도해 달라고 부탁했다. 광고 후에는 '헌금'을 드렸다. 아둘람 헌금은 교회 재정부로 들어가기는 하나 그 용처를 각 아둘람이 정할 수 있다고 했다. 헌금 후에는 '공동 축도'가 있었다. 공동 축도는 말 그대로 아둘람 식구들이 서로를 축복하는 시간이었다. 축도의 내용은 이러했다.

> 여호와는 네게 복을 주시고 너를 지키시기를 원하며
> 여호와는 그의 얼굴을 네게 비추사 은혜 베푸시기를 원하며
> 여호와는 그 얼굴을 네게로 향하여 드사 평강 주시기를 원하노라
> (민 6:24-26).

그렇게 해서 우리 부부의 첫 아둘람 모임이 끝났다. 아둘람 식구들은 다음 주에 만날 것을 기약하며 헤어졌다. 집으로 돌아오는 차 안에서 아내가 흥분하며 말했다. "초대교회가 이런 모습이지 않았을까? 교회 잘 선택한 것 같아." 나는 동의한다는 뜻으로 고개를 끄덕였다. 그러나 내 생각은 모교회를 향하고 있었다. 어째서 그때 우리는 이렇게 하지 못했던 것일까? 어째서 우리는 속회 때 모이기만 하면 서로 빈정대고 싸우고 냉소했던 것일까? 어째서 같은 하늘 아래에 있는 교회 모습이 이렇게 서로 다른 것인가?

　　　　　교회 민주주의

가장 중요한 차이는, 조금 추상적으로 들릴 수 있겠으나, 진리의 존재 여부였다. 모교회에서 교우들은 진리를 추구하라는 권면을 받지 못했다. 오히려 그곳에서 교우들은 교회의 유지와 성장을 위해 끊임없이 "아멘"을 강요받았다. 목사와 다른 생각을 하는 것은 위험한 것으로 간주되었다. 그러나 예인교회에서 교우들은 계속해서 "당신의 생각을 말해보라"는 말을 들었다. 그렇게 서로 자신의 목소리를 내는 과정에서 나와 다른 얘기를 하는 이들을 통해 진리를 찾으라는 권면을 받았다. 모교회에서 이견은 위험하다고 여겨진 반면, 예인교회에서 이견은 교회의 건강성을 위해 꼭 필요한 요소였다.

신학자 디트리히 본회퍼는 《신도의 공동생활》(Gemeinsames Leben, 대한기독교서회 역간)에서 교회를 "신자들의 사귐"으로 정의한다. 그가 말하는 신자들의 사귐의 방식은 두 가지다. 하나는 '인간적인 사귐'이고, 다른 하나는 '영적인 사귐'이다. 인간적인 사귐은 설령 그것이 종교적인 모습을 취할지라도 결국 자신의 외로움을 달래거나 자신의 목적을 이루려는 욕망에 불과하다. 반면에 영적인 사귐은 그리스도 안에서 이루어진다. 영적 사귐 안에 있는 이들은 자신들이 그리스도 때문에 모여 있음을 안다. 그리고 기독교 신앙에서 그리스도는 곧 진리를 의미한다. 본회퍼는 인간적 사귐과 영적 사귐에 대한 자신의 논의를 다음과 같이 요약한다.

모든 영적 현실의 터는 예수 그리스도에게서 나타난 똑똑하고도 분명한 하나님의 말씀입니다. 그리고 모든 심리적 현실의 터는 어두컴컴한 인간 넋의 충동과 욕망입니다. 영적인 사귐의 터는 진리요, 인간의 자연적인 사귐의 터는 욕망입니다.

집으로 차를 몰면서 생각했다. 아, 우리가 이제야 비로소 진리의 터 위에서 영적 사귐을 시작하고 있구나! 평생 신앙생활을 했으나 교우들과 함께 그렇게 즐거운 애찬을 나누고 그렇게 깊고 진지하게 신앙적 대화를 한 것은 그날이 처음이었다.

아둘람에서의 교제

　우리 부부가 예인교회에 순조롭게 정착할 수 있었던 것은 우리 아둘람에 속한 동갑내기 부부들 때문이었다. 김광수·황민옥 권사 부부는 예인교회의 기둥이다. 건설회사를 운영하는 김광수 권사는 교회의 운영위원장을 두 번씩이나 맡았던 교회의 핵심 인물 중 하나다. 황민옥 권사는 주변의 어려운 이들을 챙기는 일이 습성화된 따뜻한 사람이다. 또 다른 동갑내기인 유혁·최승연 집사 부부는 탁월한 친화력을 지닌 이들이다. 이 부부는 함께 유치원을 운영하고 있는데 그래서인지 늘 맑고 순수한 동심이 느껴진다.

　김광수 권사와 유혁 집사와 나는 교회 밖에서도 자주 만났다. 두 사람은 사업하는 이들이고 나는 프리랜서 번역가이니 주중 낮시간에도 시간을 낼 수 있었다. 주로 전화를 해서 모임을 만드는 이는 김광수 권사였다. 그는 툭하면 전화를 걸어왔다. "밥 먹읍시다!" 그렇게 해서 종종 셋이 모여 밥 먹고 커피 마시며 놀았다. 대화 내용은 주로 교회에 관한 것이었으나 동갑내기로서 나눌 얘기는 그것 말고도 많았다. 나의 모교회에도 가까이 지내는 친구들이 있었고 지금도 자주 만나고 있다. 그러나 그들과 모여서 나누는 대화 대부분은 부정적이었다. 사람들이 이상해서가 아니라 교회 자체가 건강하지 않아서였다. 모교회의 친구들과 모이면 늘 누군가에 대해 욕을 했다. 그럴 수밖에 없는 상황이었다. 어쩌면 그렇게라도 했기에 겨우 견딜 수 있었을지도 모른다. 사람이 어떤 공동체에 속하느냐는 흔히 생각하는 것보다 훨씬 더 중요한 문제다.

유 집사의 취미는 낚시다. 그것도 그냥 낚시가 아니라 제주 은갈치 낚시다. 한번은 그의 요청으로 동갑내기 셋이서 제주도로 은갈치를 낚으러 간 적이 있다. 제주도에 도착했을 때 바람이 거셌다. 시커먼 밤바다의 파도가 산더미 같았다. 배가 워낙 크게 출렁거려 배낚시 경험이 없는 김 권사와 나는 뱃전에는 서보지도 못한 채 밤새도록 구토를 하거나 선실에 누워 끙끙 앓아야 했다. 베테랑 낚시꾼인 유 집사는 그 와중에 우리 셋이 가져가도 남을 만큼 엄청난 양의 갈치를 낚아 올렸다. 그가 나눠준 갈치로 한 달 이상 갈치를 구워 먹었다. 지금도 우리 아들람에서는 자주 그 얘기를 한다. 그후로 유 집사는 '복수전' 한번 하자고 자꾸 꼬시는데 밤바다에 된통 당했던 김 권사와 나는 복수(?)에 대한 열정이 거의 없다.

유 집사가 운영하는 유치원이 내가 사는 김포에 있어서 언제든 전화만 하면 만나서 수다를 떨 수 있다. 실제로 가끔 둘이 만나서 밥도 먹고 커피도 마시고 당구도 친다. 유 집사는 사람들과 대화하기를 즐긴다. 특히 신앙에 관한 대화를 나누고 싶어 한다. 겉보기에는 마냥 쾌활하고 아무 걱정 없어 보이지만 대화를 해보면 내면의 깊이가 대단하다. 그와 나는 신앙적 색깔에서 차이가 있다. 그러나 그 차이가 또한 우리의 대화에 즐거움을 준다. 좀더 자주 만나 좀더 깊은 대화를 나누고 싶은 마음이 크다. 문제는 늘 원고와 씨름을 해야 하는 내가 그처럼 자주 시간을 내기가 어렵다는 데 있다. 좋은 친구를 곁에 두고 자주 보지 못하는 게 늘 아쉽다.

교회에 정착한 지 얼마 안 되어 동갑내기 부부 세 팀이 강원도에서 1박2일을 하고 왔다. 그냥 또래끼리 한번 어울리고 싶어서였다. 또 한번은 우리 동갑내기 부부 세 팀과 아둘람에 혼자 참석하고 있는 김계완 집사가 함께 강화도에서 1박2일을 했다. 요식업 컨설팅 전문가인 김 집사는 고기 굽는 솜씨가 일품이다. 해서 우리 아둘람은 툭하면 그에게 고기를 구워달라고 하는데, 그날은 공식적인 아둘람 모임이 아니었음에도 그가 구운 고기를 맛볼 수 있었다. 우리보다 몇 살 아래이지만 김 집사는 우리와 스스럼없이 어울리며 잘 지냈다.

어느 해 '흩어지는 예배' 때였다. 우리 아둘람은 예배 장소를 홍천에 있는 아름다운마을공동체로 정했다. 당시 아둘람에 합류한 강대인·엄두정 집사 부부가 그 공동체에 아는 사람이 있다고 해서였다. 흩어지는 예배 전날인 토요일에 아둘람 식구들과 함께 홍천 산골의 어느 펜

션으로 몰려갔다. 그곳에서 함께 밥 지어 먹으면서 밤늦도록 대화를 나눴다. 그 무렵에 혼자 아둘람에 참석하던 이미숙 집사가 끓여 준 닭죽 맛을 아직도 잊지 못한다.

어느 기독교 대학에서 행정직원으로 일하는 이재원 집사는 매우 지적인 사람이다. 그의 신앙은 아주 이성적이다. 그는 처음 예인교회에 왔을 때 자신은 구약을 믿지 않는다고 말했다 한다. 성경을 아무리 읽어봐도 구약의 하나님과 신약의 하나님 사이의 연결고리를 찾기 어렵다는 얘기였다. 그는 이성적으로 이해하기 어려운 것을 쉽게 받아들이지 않는다. 그래서 의문과 질문이 아주 많은 편인데, 바로 그런 점이 나와 통했다. 아둘람 모임에서 그가 무언가 발언을 할 때마다 나는 '아, 이 친구, 나랑 같은 과로구나' 하는 생각을 자주했다. 몇해 전 그는 자신이 일하는 대학에서 노조위원장을 맡아 대학의 재단 이사장과 총장을 상대로 싸웠다. 그는 무능하고 안일한 대학 운영진이 학생들의 등록금을 유용하는 것에 반발해 노조를 조직하고 장기간의 투쟁을 통해 결국 항복을 받아냈다. 그는 자주 자기에게는 전통적 의미의 신앙이 없다고 말한다. 하지만 내가 보기에 그는 누구보다도 온전한 신앙인이다. 그의 아내 김희숙 집사는 우리 아둘람의 보석 같은 존재다. 병원에서 간호사로 일하는 그녀는 늘 환한 웃음으로 사람들을 기쁘게 한다. 아둘람은 물론이고 교회의 궂은일까지 도맡아 하느라 분주하면서도 밝은 모습을 잃어버리는 적이 없다.

홍석문·이경아 집사 부부는 개인적으로 무척 아쉽다. 그들은 우리

교회 민주주의

부부가 예인교회에서 가장 먼저 만나 대화를 나눴던 부부다. 둘 다 예의 바르고 싹싹해서 만날 때마다 기분이 좋았다. 그러나 우리 부부가 교회에 정착할 무렵에 홍 집사가 사업차 춘천으로 이주해야 했다. 그 후에도 한동안 우리 교회에 출석했는데 결국 그쪽에 정착하게 되었다. 그들 부부가 교회를 떠난 후 우리 아둘람 식구들이 한 번 그를 찾아간 적이 있다. 그의 사업장을 둘러보고 함께 막국수를 먹은 게 마지막이었다. 사람은 누구나 만났다가 헤어진다. 교우들 역시 마찬가지다. 어쩔 수 없는 일이다. 그래도 헤어질 때 서로에 대해 좋은 기억을 갖는 것은 아주 중요하다.

아둘람 정착 초기에 교제했던 젊은 부부 중에 김광회·양미영 집사 부부가 있다. 30대 후반의 부부로, 김 집사는 시청 공무원, 양 집사는 어린이집 교사로 일했다. 둘 다 사회생활을 하면서 어린아이 둘을 키우느라 고생이 심했다. 우리 아둘람에서 가장 젊은 부부였는데 실제로는 가장 많이 지쳐 있었다. 신앙 경력도 길지 않아 아둘람 대화 모임에서도 활발하게 발언한 적이 거의 없었다. 그들 부부를 볼 때마다 요즘 우리 사회에서 아이를 키우며 사는 게 얼마나 어려운지 실감할 수 있었다. 집도 교회에서 멀어서 주일예배 참석이 어려울 때도 많았다. 여러모로 안타깝고 마음이 쓰이는 부부였다. 결국 그들은 한동안 교회에 나오지 않았고 이듬해에는 우리 아둘람에서 빠져나갔다. 내외가 모두 연예인만큼이나 잘생기고 예뻐서 보기가 좋았다. 둘 다 착하기도 했다. 좀더 깊이 교제하지 못한 게 여전히 아쉽다.

여기까지가 우리 부부가 예인교회에 정착할 무렵에 교제했던 아둘람 식구들이다. 진부한 말이지만, 교회는 건물이 아니라 신자들의 모임이다. 아름답고 건강한 교회는 멋지고 화려한 예배당 건물이 아니라 신앙 안에서 하나 된 이들이 누리는 교제의 아름다움과 건강함에서 나온다. 내가 경험한 예인교회에는 그런 아름다움과 건강함을 지닌 이들이 아주 많았다.

이쯤에서 한 가지 의문이 생길 수 있다. 예인교회는 좋은 사람들이 모였기에 좋은 교회일까? 그럴 수도 있고, 아닐 수도 있다. 이 질문에 대해 내가 갖고 있는 결론은 이렇다. 좋은 사람들이 좋은 교회를 만들기도 하지만, 좋은 교회가 좋은 사람들을 만들기도 한다. 교회는 신앙을 위해 절대적으로 중요한 환경이다. 그 환경이 좋으면 어지간한 사람은 좋은 신자가 된다. 모자란 사람도 좋은 환경에서는 좋은 사람이 될 가능성이 크다. 반면에 아무리 좋은 사람일지라도 오랫동안 나쁜 환경에서 살다 보면 나쁜 사람이 되기 쉽다. 건강한 교회가 건강한 신자를 만든다.

교회 안의 작은 교회

메르스 사태가 한창이던 2015년 6월 중순 어느 날, 예인교회의 모든 교우에게 공지 문자 한 통이 전송되었다. 오는 주일에 복사골문화센터에서 예배를 드릴 수 없다는 것이었다. 교회는 매주 문화센터의 방 몇 개를 빌려서 예배를 드리고 있는데, 정부가 메르스 확산을 막기 위해 모든 공공건물의 대관을 불허하기로 했다는 것이었다. 정부로서는 당면한 문제에 적절한 조치를 취한 것이었으나 덕분에 예인교회 교우들은 주일예배 장소를 잃어버렸다. 교회는 공지문에 이런 내용을 덧붙였다. "이번 주일예배는 각 아둘람별로 드리시기 바랍니다."

우리 아둘람은 김광수 권사의 사무실에서 모였다. 예배를 따로 드리지는 않고 아둘람 모임 순서지를 따라 모임을 진행했다. 모임을 마친 후 인근에 있는 어느 콩국수집으로 몰려갔다. 콩국수와 파전으로 점심을 먹은 후 다시 커피숍으로 몰려가 수다를 떨었다. 수다 중에 어떤 이가 교회 초기에 있었던 일을 얘기했다. 그때도 문화센터에서 갑자기 주일에 대관할 수 없다는 통지가 왔단다. 교회는 갑자기 주일예배를 야외예배로 드리기로 결정하고 전교인이 인천대공원으로 몰려가 예배를 드렸단다. 그 얘기를 하면서 그가 말했다.

"예인교회 교우들은 언제든 그렇게 메뚜기 신세가 될 수 있어. 오늘도 우리는 메뚜기야."

그 말에 모두 깔깔거렸다.

하지만 예인교회 교우들이 메뚜기 신세가 되는 건 그렇게 특별한 날에만 국한되지 않는다. 교회는 1년에 두 차례 문화센터에서 주일예배를 드리지 않는다. 그런 날 중 하나는 '아둘람 주일'이다. 아둘람 주일에는 각 아둘람이 나름의 장소를 마련해 자기들끼리 예배를 드린다. 그날에는 사회는 물론이고 기도와 설교와 성찬과 축도까지 예배의 모든 순서를 아둘람 식구들이 맡는다. 아둘람 주일에는 목회자들도 각 아둘람으로 흩어져 목회자가 아닌 '교우 중 하나'로서 예배에 참석한다. 나는 내가 드렸던 두 번째와 네 번째 그리고 다섯 번째 아둘람 주일 때 설교를 맡았다(다섯 번째는 예정되었던 설교자에게 일이 생겨서 갑자기 맡게 되었다). 아내는 세 번째 아둘람 주일 때 성찬 배분을 맡았다. 예인교회의 아둘람 주일 때 성직자와 성도의 구분은 말 그대로 완전하게 사라진다. 목회자들이 성도가 하는 설교를 들을 뿐 아니라 심지어 성도가 배분하는 성찬을 받는다.

교우들이 메뚜기 신세가 되는 또 다른 경우는 '흩어지는 예배'다. 흩어지는 예배 때 각 아둘람은 다른 교회를 찾아간다. 대상은 주로 농어촌 지역의 형편이 어려운 교회들이다. 흩어지는 예배의 목적은 우리와 같은 도시 교회의 모체라고 할 수 있는 농어촌 교회와의 교류다. 흩어지는 예배 때 찾아갔던 교회들 중 두 곳에서 깊은 인상을 받았다. 한 곳은 홍천에 있는 아름다운마을공동체 교회였고, 다른 하나는 강화도에 있는 어느 감리교회였다. 주로 40대 젊은 부부와 자녀들로 이루어진 아름다운마을공동체 교회에서는 희망을 보았고, 주로 70-80대 노인 교우들로 이루어진 강화도의 교회에서는 절망을 보았다. 아둘람 식구들은 흩어지는 예배 행사를 마치면 한동안 교회의 하나 됨에 관한 이야기를 나눈다.

예인교회에서는 예배와 상관없는 행사들도 모두 아둘람별로 이루어진다. 대표적인 경우가 '지명방어'다. 앞서도 언급했고 나중에 더 자세히 얘기하겠지만, 지명방어는 불우한 이웃들의 생활환경을 개선해 주는 봉사 활동이다. 지명방어 때 각 아둘람은 교회가 정해준 지명방어 대상을 찾아가 온종일 땀을 흘리며 일한다. 지명방어에 참여할 때마다 아직도 우리 곁에 이렇게 힘겨운 삶을 사는 이들이 있구나 하는 생각에 마음이 무거워진다. 늘 책상머리에 앉아 있는 나로서는 그 행사가 육체적으로도 고되다. 그럼에도 매번 빠지지 않고 참석하는 것은 아둘람 식구들 때문이다. 나 한 사람이 빠지면 나머지 사람들이 그만큼 고생한다. 하지만 단순히 책임감 때문만은 아니다. 온종일 아둘람 식구들과 땀을 흘리고 나면 얻는 게 있다. 아둘람 식구들과 먼지 뒤집어쓰고 일을 함께 하며 쌓는 친분은 교회에서 우아하게 함께 예배를 드리면서 쌓는 그것보다 훨씬 더 끈끈하다.

이런 정기 행사 외에도 교회의 많은 행사가 아둘람을 중심으로 이루어진다. 봄 가을에 한 차례씩 있는 야외예배와 체육대회는 물론이고 간혹 1박2일 코스로 이루어지는 전교인 수련회의 기본 단위 역시 아둘람이다.

그렇게 모이는 것이 습관이 되다 보니 주일예배 후 식당으로 밥 먹으러 가서도 늘 아둘람 식구들끼리 둘러앉는다. 식탁에 앉았는데 누군가가 보이지 않으면 즉시 전화를 건다. "우리 식당에 있는데 지금 어디에 있어요?" 그로 인해 예인교회 교우들은 교회에 나오면, 자기가 의도적으로 멀리하지 않는 한, 늘 아둘람 식구들과 함께 모여 앉는다. 그렇게 모여서 떠들면서 밥을 먹고 난 후에는 으레 문화센터 1층에 있는 커피숍이나 빈 예배실로 몰려가 커피를 마시며 수다를 떤다. 우리 부부는 아둘람에 편입된 이후 지금껏 교회에서 혼자서 밥을 먹은 경우가 없다.

예인교회의 각 아둘람은 아둘람 헌금의 사용처를 스스로 정한다. 교회 재정부는 각 아둘람이 드리는 헌금을 아둘람별로 따로 보관한다. 그리고 아둘람이 지출을 결의하면 토를 달지 않고 집행한다. 얼마 전까지도 우리 아둘람은 질병 때문에 사지가 절단된 장애인 한 명과, 김포에서 다문화 가족 구성원들을 위해 야학을 운영하며 그들이 검정고시를 치르도록 돕는 사역을 하는 어느 개척교회 목사에게 후원금을 보냈다. 매주 10명 남짓 모이는 아둘람이 매달 일정한 금액의 생활비와 후원금을 보내는 것은 그리 만만한 일이 아니다. 교회는 아둘람의 지출 결의에 토를 달지 않으나 지출에 필요한 금액은 각 아둘람이 스스로 마련해야 한다. 그래서 아둘람 식구들은 모일 때마다 부지런히 헌금한다. 형편이 어려운 이들로서는 부담이 없지 않으나 대부분 힘껏 헌금한다. 그 돈이 어떻게 쓰이는지 잘 알기 때문이다.

이렇듯 아둘람은 예인교회에서 교회 생활을 하기 위한 중요한 기초 단위다. 방금 열거한 것들 외에도 교회의 거의 모든 공식적 혹은 비공식적 활동이 아둘람을 중심으로 이루어진다. 예컨대, 전 교우의 의견을 모아야 할 일이 있을 때 교회는 섬김이를 통해 각 아둘람에 토론 주제를 제시한다. 그러면 각 아둘람은 제시받은 주제를 토론하고 그 내용을 종합해 운영위원회에 올린다. 운영위원회는 각 아둘람에서 올린 보고서를 종합해 문제의 해결 방안을 마련한다. 그러므로 아둘람은 교회 민주주의를 표방하는 예인교회에서 이루어지는 모든 논의의 기초 단위가 된다. 그것이 무엇이든 교회와 관련된 중요한 문제가 각 아둘람에서의 논의 없이 결정되는 일은 없다.

나중에 좀더 상세히 살펴보겠지만, 현재 예인교회는 지금까지와는 조금 다른 모습의 교회를 만들기 위해 고민 중이다. 물론 그 모습의 밑그림은 목사에게서 시작되었다. 하지만 예인교회에서 목사가 교회의 중요한 변화와 관련된 무언가를 혼자 구상하고 결단하는 일은 불가능하다. 운영위원 몇 사람이 그럴 수도 없다. 설령 목사 홀로, 아니면 운영위원회나 TF(Task Force:특별전담) 팀에 속한 몇 사람이 함께 무언가를 구상할지라도, 그것을 실행에 옮기기 위해서는 교인총회의 승인을 얻어야 하고, 교회총회의 결정에 앞서 반드시 각 아둘람에서의 논의를 거쳐야 한다. 따라서 아둘람에 참석하는 이들은 누구나 지금 교회에 무슨 문제가 있는지, 목사나 운영위원들이 무엇에 대해 고민하고 있는지 알 수 있다. 반면에 교회를 아무리 오래 다녔다고 할지라도 아둘람 모임에 참석하지 않는 이들은 교회가 어떻게 돌아가고 있는지 정확하게 알지 못한다. 교회의 변화와 관련해 자신의 생각을 말할 기회도 물론 얻지 못한다.

교회 설립 초기에 아둘람(당시에는 '멘토셀')은 1년 단위로 재편되었다. 모든 교우가 가능한 한 더 많은 교우들과 긴밀하게 교제할 수 있게 하기 위해서였다. 하지만 두 가지 문제가 발생했다. 우선 1년 단위 교제로는 깊은 교제를 이루기가 어려웠다. 교우들 중에는 곧 헤어질 다른 교우들과 깊이 교제하려 하지 않으려는 이들이 있었다. 의미 있는 교제권이 형성되기 위해서는 좀더 많은 시간이 필요했다. 게다가 2013년에 있었던 교회 분립 이후 다음 분립은 더욱 긴밀하고 깊은 관계를 형성한 아둘람을 중심으로 해야 한다는 의견이 제시되었다. 분립에 참여한 교우들은 소속 아둘람과 상관없이 개인적으로 교회 분립 자체에 동의하는 이들이었다. 한데 막상 분립해 교회를 운영하다 보니 참여자들 사이의 화합이 문제가 되었던 것이다. 이 경험을 통해 교회는 '차기 분립 시에는 아둘람을 중심으로 해야 한다'는 지적이 적절하다고 보았

교회 민주주의

고, 지금은 아둘람 모임을 3년 단위로 운영하고 있다. 이것은 아둘람을 새로운 분립을 위한 기초 단위로 여긴다는 것을 의미한다. 다시 말해, 결국 예인교회에서 아둘람은 훗날의 분립까지 염두에 두고 운영되는 '교회 안의 작은 교회'인 셈이다.

철이 철을 날카롭게 하듯이

어느 날 아둘람에서 논쟁이 벌어졌다. 아둘람 식구 중 몇 사람이 정성규 목사의 설교에 대해 불만을 드러냈다. 그들은 정 목사가 신자로서의 바른 삶을 강조하느라 하나님의 은혜나 천국 소망에 대해서는 말하지 않는다고 투덜거렸다. 세상살이에 시달리다 주일에 교회에 나오는 이들 중에는 설교를 통해 지친 영혼을 위로받고 싶어 하는 이들이 있는데 정 목사의 설교는 그런 영적 위안을 제공하지 않는다는 것이었다. 그들은 정 목사가 영성이 부족하다고 여겼고 그로 인해 자신들의 신앙이 메말라가고 있다고 주장했다. 그들의 불만은 제법 심각했다.

이러한 문제 제기와 달리, 다른 교우들은 그렇게 생각하지 않았다. 그들은 정 목사의 설교가 매우 올바르다고 여겼다. 그들은 자기들이 목사의 설교를 통해 세상에서 신자로 살아가는 데 필요한 양분을 충분히 얻고 있다고 주장했다. 그들에게 목사의 설교는 성경에 근거해 삶의 현실을 분석하고 길을 제시하는 귀한 가르침이었다. 그들은 목사가 영성이 부족하다는 지적에도 반발했다. 그들 생각에 정 목사는 설교를 통해 교우들에게 '사회적 혹은 공동체적 영성'을 가르치고 있는데, 그것은 자신들이 지금껏 보수적인 교회에서 배웠던 '개인적 영성'보다 훨씬 더 귀하다고 말했다. 그들은 목사의 영성에 문제가 있다기보다 설교를 통해 값싼 위로나 자신들의 중산층적 삶에 대한 지지를 얻고자 하는 이들에게 문제가 있다고 공박했다.

논쟁이 치열해지면서 양쪽 모두에서 위험한 발언이 등장했다. 저쪽 사람들은 이쪽 사람들을 기독교 신앙의 신비를 알지 못하는 메마른 '사회주의적 도덕론자들'로 여겼다. 반면에 이쪽 사람들은 저쪽 사람들을 싸구려 위로에 집착하는 '문자주의적 신비주의자들'로 여겼다. 대다수 논쟁이 그러하듯, 우리의 논쟁 역시 감정이 섞이면서 과열되었고, 결국 그날 우리가 모여 있던 카페의 다른 손님들에게 피해를 줄 정도로 목소리를 높이며 다퉜다. 어느 쪽도 물러서려고 하지 않았다. 나중에는 서로 얼굴을 붉히며 소리를 높이는 바람에 다소 중립적인 입장에 서 있던 이들이 양쪽으로 손짓을 해가며 발언의 수위를 조절해야 할 정도가 되었다. 물론 그날 논쟁에서 승자는 없었다. 양쪽 모두 같은 신앙 공동체 안에서 살아가는 우리가 서로 얼마나 다른 생각을 하며 살고 있는지 확인했을 뿐이다.

아둘람에서 논쟁은 신앙적인 주제에 국한되지 않는다. 한번은 어떤 이가 GM대우가 군산 공장을 폐쇄하기로 한 뉴스를 거론하며 노동자들을 비난했다. 생산성 없는 노동자들이 노조를 등에 업고 너무 많은 임금을 받아 왔기에 결국 공장이 망하게 되었다는 것이었다. 아둘람 식구들 중 사업을 하는 이들 몇이 그런 비난에 동조하며 우리나라 경제가 나아지려면 귀족 노조부터 없애야 한다고 얘기했다. 그러자 다른 이들이 즉각 반발했다. 어째서 GM 경영진의 잘못에 대해서는 눈을 감는 것이냐, 미국에 있는 GM 본사의 정책 자체가 잘못되었을 가능성도 있는 것 아니냐는 것이었다. 그러자 노조를 비난한 이들이 다시 반박했다. 모든 사업적 판단에는 실수의 위험이 따른다. 그런 실수를 했다고 책임을 물으면 그 누구도 사업을 하지 못한다. 사업상 그릇된 판단은 그 사업을 접는 것으로 귀결되는 것이니 따로 책임을 물을 필요가 없다. 그러자 노조를 옹호하는 측에서 재반박했다. 노동자가 더 많은 임금을 받고자 하는 것은 자연스러운 일이다. 그것은 사업가가 이윤을 많이 남기고자 하는 것과 같은 이유로 존중되어야 한다. 그러니 노동자들의 고임금은 비난의 대상이 될 수 없으며, 설령 그것이 문제가 되었을지라도 임금협상을 통해 결정된 것이므로 전적으로 노조의 책임이라고 할 수만은 없다. 옥신각신 논쟁이 이어졌음에도 이번에도 결론은 나지 않았다. 같은 교회 공동체에 속해 있으면서도 서로 다른 사회적 계층에 속한 이들의 입장은 좀처럼 하나가 될 수 없었다.

물론 아둘람에서 이뤄지는 모든 논의가 매번 이처럼 치열한 논쟁으로 이어지지는 않는다. 아둘람은 대화하고 교제하는 곳이지 논쟁을 통해 옳고 그름을 가리는 곳이 아니기 때문이다. 그럼에도 때로 아둘람의 논의는 매우 가팔라질 수 있다. 이유는 두 가지다. 하나는, 방금 언급한 경우처럼, 논의의 대상 자체가 어느 한쪽 주장만 옳다고 하기 어려운 복잡한 문제이기 때문이다. 그럴 경우 논의는 대개 서로 다른 견해를 지닌 두 진영 사이의 치열한 논리 싸움이 된다. 다른 하나는 말하는 이들의 인격적 모자람 때문이다. 때로 아둘람 식구들은 정말 하찮은 문제에 목숨을 건다. 결국은 이래도 좋고 저래도 좋은 문제임에도 일단 내가 주장한 내용에 누군가 시비를 걸면 죽기 살기로 맞서 싸운다. 한번은 아둘람 식구들 중 두 사람이 가족을 대하는 올바른 태도의 문제를 두고 설전을 벌였다. 서로 이견이 있으면 그런가 보다 하고 넘어가면 될 터인데 어느 쪽도 물러서려고 하지 않았다. 그날 아둘람 식구들은 도대체 그들이 서로 왜 그렇게 다투는지조차 알지 못한 채 한참 동안 그들의 날선 논쟁을 지켜보아야 했다. 그 날 이후 그 두 사람은 한동안 꽤 서먹한 관계를 이어갔다.

논쟁은 불편하다. 특히 서로 식구처럼 지내는 이들 사이의 논쟁은 더욱 그러하다. 그럼에도 사람들의 관점과 생각은 서로 다르기에 논쟁은 피할 수 없다. 특히 정치나 경제와 관련된 논쟁이 그렇다. 신자도 신자이기 이전에 우리 사회의 시민이다. 우리 사회의 시민들 대부분이 그러하듯이 신자들 역시 자신들의 정치적·경제적 견해를 어지간해서는 굽히지 않는다. 그러니 말이 풀려 있는 아둘람 안에서 격렬한 논쟁을 피하는 것은 불가능하다. 그런 논쟁을 겪고 나면 아둘람 안에 미묘한 긴장이 발생한다. 전에는 친근한 아둘람 식구였던 이들이 갑자기 서로 다른 가치와 목표를 지닌 낯선 타인으로 다가온다. 그래서 때로 아둘람 식구들은 이렇게 말한다.

"이제 교회에서 정치 얘기는 하지 맙시다."

정성규 목사도 몇 차례 교우들에게 정치 얘기는 그만하고 가능한 한 신앙적인 얘기를 나누라고 권했다. 그러나 교회도 사람들이 모이는 곳인지라 정치 얘기가 안 나올 수는 없다. 때로는 이제 정치 얘기는 하지 말자고 제안했던 바로 그 사람이 저도 모르게 그런 얘기를 시작하기도 한다. 그리고 일단 그런 얘기가 나오면 어김없이 뜨겁고 치열한 논쟁이 시작된다.

그런 상황이 반복되면서 아둘람 식구들은 중요한 무언가를 배우고 있다. 바로 우리가 '서로 다르다'는 사실이다. 아둘람처럼 긴밀한 공동체 안에서도 도저히 좁힐 수 없는 이견이 나타날 수 있다. 그런 이견은 우리가 함께 고백하는 신앙을 통해서도 좁혀지지 않는다. 조금 극단적인 예를 들자면, 아둘람 모임에서 함께 찬양하고 기도하고 신앙을 고백하던 이들 중 어떤 이는 '촛불 집회'에 참가하고 어떤 이는 '태극기 집회'에 참가하는 일이 일어나기도 한다. 솔직히 말해, 살짝 진보적인 성향을 지닌 나는 한동안 그런 상황이 무척 당혹스러웠다. '이렇게 개혁적인 교회에 다니면서 어떻게 저토록 보수적인 정치적 입장을 가질 수 있단 말인가?' 그래서 처음에 얼마 동안은 나와 다른 정치적 견해를 가진 아둘람 식구들의 신앙을 의심하기도 했다. 심지어 그들을 위선적인 신자들이라고 여기기도 했다.

그러나 그런 이들과 대화를 계속하면서 생각이 조금씩 바뀌고 있다. 그들은 여러 면에서 나와는 분명히 다르다. 그럼에도 그들 중 어떤 이들은 나로서는 따라가기 어려울 만큼 훌륭한 삶을 살아간다. 그런 대화 경험을 통해 조금씩 깨달을 수 있었다. 어떤 이들은 나와 성향과 견해가 크게 다르지만 그들 역시 나만큼이나 참된 신자일 수 있으며 내가 할 수 없는 방식으로 교회를 섬기고 있다는 사실을.

그렇다면 어떻게 해야 할까? 우리의 다름을 애써 무시해야 할까? 아니면 그런 다름을 버무리고 뒤섞어 조화로운 무언가를 만들어야 할까? 불가능한 일이고 바람직하지도 않다. 인간은 공장에서 찍어낸 인형이 아니다. 하나님은 모든 인간을 서로 다르게 창조하셨다. 그러므로 하나님의 창조질서 안에서 '다름'은 공동체를 해치는 악이 아니라 오히려 공동체를 건강하게 만드는 소중한 요소일 수 있다. 그렇다면 관건은 그 다름을 다루는 방식이다.

내가 지난 몇 년간 아둘람 식구들과 교제하면서 배운 방식은 절제다. 서로 다르기에 어쩔 수 없이 부딪히지만, 서로 절제함으로써 그 부딪힘이 상대에게 너무 깊은 상처를 주지 않게 하는 것이다. 부딪힘을 두려워하거나 회피하면 아무도 발전하지 못한다. 모교회에서 나는 논쟁은 교회를 해치는 악이라고 배웠다. 목사는 솔로몬이 예루살렘 성전을 지을 때 성전 경내에서 방망이나 도끼나 철 연장 소리가 들리지 않게 했다는 구절을 자주 인용했다. "이 성전은 건축할 때에 돌을 그 뜨는 곳에서 다듬고 가져다가 건축하였으므로 건축하는 동안에 성전 속에서는 방망이나 도끼나 모든 철 연장 소리가 들리지 아니하였으며"(왕상 6:7). 그러면서 교회에서는 논쟁을 해서는 안 된다고 가르쳤다. 그러나 논쟁이 없는 공동체는 위선이지 현실일 수 없다. 아름다운 성전을 세우는 데 필요한 목재나 돌을 가다듬기 위해서는 어떤 식으로든 나무를 깎고 돌을 쪼고 망치질을 하는 과정이 필요하다. 그리고 그런 과정은 늘 시끄러울 수밖에 없다.

나로서는 열왕기의 그 구절보다는 잠언의 한 구절이 훨씬 더 매력적이다. 잠언의 저자는 동료 교우들 사이의 논쟁이 얼마나 강렬한 아름다움을 만들어낼 수 있는지를 멀리 내다보며 이렇게 말했다.

철이 철을 날카롭게 하는 것 같이
사람이 그 친구의 얼굴을 빛나게 하느니라
(잠 27:17)

때로 실패하기도 하지만, 아둘람에서의 논쟁은 교회를 세우고 동료 교우들의 얼굴을 빛나게 하는 건강한 부딪힘이다.

서로 가르치고 배우기

한번은 요나단과 다윗의 우정이 아둘람 논의의 주제가 되었다. 그날 예배 때 목사는 요나단이 다윗에게 사울이 죽이려 한다는 소식을 알리고 다윗의 피신에 관한 이야기를 하는 본문(삼상 20장)으로 설교하면서 교우들간의 우정의 소중함에 대해 말했다. 익숙한 본문이었고 설교의 요점도 본문에 부합하는 것이어서 별 이견이 없을 듯했다. 한데 아둘람 식구 중 하나가 이견을 제시했다. 목사의 성경 해석이 지나치게 순진하다는 것이었다.

"왕위 계승권자인 요나단이 다윗을 그렇게 사랑했다는 건 달리 생각해 볼 문제가 있는 것 아닐까요? 혹시 다윗이 승기를 잡은 것을 알아차리고 살 길을 모색했던 것 아닐까요?"

교회에서 듣기 어려운 주장이었다. 다른 이가 반박했다.

"그건 지나친 해석 같은데요. 요나단은 정말로 다윗의 인품에 감복

했던 것일 수 있어요. 동굴에서 사울을 죽일 수 있었음에도 그냥 살려서 보낼 정도로 충직하고 통이 큰 사람이었잖아요. 그렇다면 요나단이 그를 흠모할 수도 있지 않을까요?"

그 말을 듣고 또 다른 이가 한마디 했다.

"다윗이 사울을 살려준 걸 그렇게 순수하게만 해석할 수 있을까요? 혹시 그는 자기가 사울을 죽이고 왕위를 찬탈할 경우 발생할 수 있는 정통성 문제에 대해 고민했던 게 아닐까요?"

그렇게 우리는 다윗의 성품과 정치적 처세에 대해 한동안 옥신각신했다.

언젠가는 예수님의 오병이어 기적에 관한 논쟁이 벌어졌다. 어떤 이가 도대체 예수님은 어떻게 그런 일을 하실 수 있었던 것일까, 하는 매우 원시적인 질문을 던졌다. 잠깐 침묵이 흐른 후, 다른 이가 이미 꽤 알려진 해석을 제시했다. 오병이어 사건은 한 소년이 예수님의 말씀을 듣고 자기 도시락을 내놓자 그걸 본 어른들이 각자 꿍쳐 놓았던 도시락을 꺼내 놓음으로써 모두가 먹고도 남게 되었다는 얘기였다. 약간 보수적인 신앙을 지닌 다른 이는 성경을 그런 식으로 해석하면 안 된다는 주장을 폈다. 그렇게 하나씩 양보하다 보면 결국 모든 걸 양보할 수밖에 없게 된다는 것이었다. 그에게는 그 사건에 대한 해석보다 그 사건이 지닌 사실성이 더 중요한 듯 보였다. 나는 그 이야기에서 문자적 사실성보다 중요한 것은 그 이야기가 가진 의미, 즉 그리스도가 중심이 된 공동체가 누리는 풍요와 평화에 대한 인식이나 갈망이라고 주

교회 민주주의

장했다. 이번에도 아둘람 식구들은 어느 한쪽으로 결론을 내리지 못한 채 옥신각신했다.

또 한번은 이런 일도 있었다. 출애굽한 이스라엘 백성이 광야에서 먹었던 만나에 관한 이야기를 나누던 중에 어떤 이가 불쑥 말했다.

"혹시 만나가 요즘 말하는 '기본소득' 같은 것 아니었을까요?"

아둘람 안에 잠시 정적이 흘렀다. 그가 말을 이었다.

"그렇잖아요? 국민이라면 누구나 아무런 조건 없이 당연히 얻을 수 있는 기본적인 소득, 만나가 그런 거 아니었을까 하는 거죠."

꽤 그럴듯했다. 그의 말이 기점이 되어 갑자기 아둘람 안에서 기본소득에 관한 논쟁이 벌어졌다. 어떤 이들은 그러고 보면 기본소득이 매우 성경적인 개념이라고 했다. 반면에 다른 이들은 만나와 기본소득의 차이에 집중했다. 만나는 하나님이라는 무한한 자원으로부터 값없이 내려왔던 반면, 기본소득은 결국 공동체 내의 다른 누군가의 소득을 취해 분배하는 형태이므로 같은 개념일 수 없다고 했다. 기본소득의 필요성에 주목하는 이들은 우리 사회의 극단적 양극화라는 위기를 지적했고, 기본소득의 위험성에 주목하는 이들은 선한 뜻을 지닌 제도가 사회의 기본적인 도덕성을 허물 수도 있음을 지적했다. 아무도 전문가가 아니었기에 토론은 그 자리에서 떠오르는 이런저런 생각을 나누는 수준에서 마무리되었다. 그럼에도 출애굽기의 만나 이야기를 기본소득이라는 주제와 연결시켜 논의했던 그 시간은 매우 인상 깊었다.

종종 아둘람의 대화는 이렇게 옥신각신 진행되며 대개는 명확한 결론이 없이 끝난다. 그렇다면 아무런 결론이나 모두가 수긍할 만한 교훈 하나 없이 끝나는 대화는 무익한가? 더 나아가 전통적 해석과는 다른 의견들이 여과 없이 오가는 그런 상황은 무익한 정도를 넘어 해로운가? 물론 그렇게 믿는 이들이 있을 수 있다. 대개 그런 이들은 성경은 신학을 공부한 목사가 철저한 주해를 바탕으로 정확하게 해석해 주어야 한다고 주장한다. 교회가 늘 이단들 때문에 어지러웠음을 감안한다면 그런 주장이 옳게 보일 수도 있다.

그럼에도 예인교회는 설립 초기부터 교우들이 아둘람에서 다른 교우들과 함께 자유롭게 그리고 거침없이 자기 생각을 드러내도록 권해 왔다. 어째서일까? 그동안 정 목사가 여러 기회를 통해 한 말을 종합해 보면 그에 대한 답이 나온다. 간단히 말해 그것은 교회의 건강성을 위해서다. 자기 말을 할 기회를 얻는 이들은 그렇지 못한 이들보다 훨씬 더 깊고 진지하게 사고할 수 있으며 그런 사고로 인해 건강해질 수 있다. 그동안 한국 교회는 지나치게 목사 위주였다. 교회에서 마이크는 늘 목사들이 독차지했고 교우들은 목사가 하는 말에 "아멘"이나 했을 뿐이다. 그러다 보니 수십 년 교회에 다닌 장로나 권사나 집사 중에도 저 혼자 성경을 읽고 해석할 능력이 없는 이들이 부지기수다. 그것은 성도가 존재론적으로 목사보다 못해서가 아니다. 단지 그들에게 목사들처럼 다른 이들 앞에서 자기 생각을 펼칠 기회가 주어지지 않았기 때문이다. 그리고 자기 생각이 없는 이들은 쉽게 다른 이들에게 휘

둘린다.

미국의 종교철학자이자 신학자인 달라스 윌라드는 《하나님의 모략》(*The Divine Conspiracy*, 복있는사람 역간)에서 멕시코의 빈민가에서 선교 활동을 벌였던 어느 목사 이야기를 전한다. 그 목사는 빈민층을 상대로 성경공부를 시작했다. 어느 날 그는 성경공부에 참석한 이들에게 성경 한 구절을 읽어 준 후 그들에게 물었다.

"이 구절에 대해 어떻게 생각하십니까?"

아무도 답하지 않았다. 그는 이 질문에는 정답이 없으니 무슨 말이든 해보라고 재차 권했다. 그럼에도 참석자들은 입을 굳게 다물었다. 몇 차례 같은 상황을 되풀이한 후, 그 목사는 엄중한 사실 하나를 깨닫는다. 그것은 바로 "가난한 이들에게는 아무도 그들의 생각을 묻지 않는다"는 사실이었다. 그 가난한 사람들은 지금껏 아무도 자신들에게 의견을 물어본 적이 없기에 그 어떤 문제에 대해서도 자기 의견을 갖고 있지 않았던 것이다. 윌라드는 그 목사가 마주했던 가난한 이들의 상황을 "심령이 가난함"으로 표현했다. 사는 동안 누군가로부터 질문을 받은 적이 없어서 자기 생각을 말할 기회가 없었던 이들은 어떤 문제에 관한 의견이나 생각을 말해보라는 요청을 받았을 때 내놓을 만한 것이 정말로 아무것도 없었다. 그들은 문자 그대로 심령이 가난한 자들이었다.

오늘날 많은 기독교 신자들의 상황이 그러하다. 예수 믿는 이들이 말을 잘한다는 풍문이 있기는 하나, 정작 그들이 쏟아내는 말들 대부분은 교회에서 오래도록 들어서 익숙해진 정형화된 문구들뿐이다. 교회가 세상이 귀를 기울일 만큼 건강하고 풍요로운 사고를 하기 위해서는 신자들이 좀더 폭넓고 자유롭게 사고하고 자신들의 생각을 드러낼 필요가 있다. 어떤 이들이 우려하는 일, 즉 신자들이 목사의 가르침을 넘어서 자기 생각을 펼치다 보면 이단적 사상이 나타날 수 있다는 것은 실제 현실과 동떨어진 허황한 주장이다. 사실 지금껏 교회사에 나타난 이단들 대부분은 성도의 입을 풀어놓아서가 아니라 어느 한 공동체 안에서 특정인이 말을 독점함으로써 나타났다.

한 명의 지도자가 세상의 모든 문제에 답을 제시하고 구성원 전체가 그 답을 외워서 읊어대는 공동체는 건강한 공동체일 수 없다. 아니, 매우 위험한 공동체일 가능성이 크다. 공동체 구성원들이 거의 같은 일을 하고, 거의 같은 목표를 지니고, 거의 같은 방식으로 살았던 시절에는 혹시 그런 게 가능했을지도 모른다. 그러나 지금은 공동체 구성원들의 성장 배경, 삶의 목표와 가치와 방식, 그리고 지적 수준과 관심사 등이 헤아리기 어려울 만큼 다양한 포스트모던 시대다. 이런 상황에서는 어느 한 사람이 모두가 수긍할 만한 답을 내놓는 게 불가능하다. 그보다는 여러 가지 의견과 답들이 제시되고 구성원 각자가 자신의 답을 선택하는 게 자연스럽다. 그런 현실을 인식하고 받아들여서였을까? 언젠가 정 목사는 아둘람에서 교우들이 목사의 지도 없이 자기들끼리 성경을 해석하고 신학을 논하는 것에 대해 이렇게 말했다.

전에는 목사가 대부분의 교인보다 지식이 많았습니다. 그런 시절에 목사는 곧 스승이고 어버이였습니다. 하지만 그런 시절에 만들어진 패턴을 지금도 유지하는 것은 답이 아닙니다. 목사를 가르치는 자의 위치에 올려놓고 그것이 교회의 유일한 형태라고 주장하는 것은 잘못입니다. 목사 개인의 한계로 인해 교회의 한계가 올 수 있습니다. 이제는 서로 가르치고 배우는 교회가 되어야 합니다. 그리고 그렇게 서로 배우는 교회를 넘어 사귐의 교회로, 또한 사귐의 교회를 넘어 세상을 위한 교회로 나아가야 합니다. 교우들이 서로 가르치고 배우고 사귀는 모임인 아둘람이 그런 교회로 나아가기 위한 초석이 되기를 바랍니다.

서로 견디기

다름에 관한 얘기를 좀더 해보자. 아둘람 식구들이 어떤 사안에 대해 서로 다른 주장을 하는 것은 한편으로는 긴장되지만, 다른 한편으로는 흥미로운 일이기도 하다. 종종 우리는 나와 다른 생각을 하는 이들을 통해 세상을 새롭게 이해하고 자신의 견해를 수정한다. 그런 의미에서 아둘람 식구들의 견해차는 건강한 공동체를 위해 필요한 요소일 수 있다. 그러나 모임을 하다 보면 단순한 견해차가 아니라 공동체 자체를 위태롭게 만드는 심각한 차이가 나타나기도 한다.

아둘람 모임은 교회에서 제공한 순서지를 중심으로 이루어진다. 순서지에는 그날 아둘람 식구들이 함께 논의할 주제들이 들어 있다. 하지만 종종 대화는 주제에서 벗어난다. 심지어 모임 전에 시작된 잡담이 그날의 대화 전체를 대신할 때도 있다. 교회는 아둘람의 대화가 그날의 주제에서 벗어나는 것을 문제 삼지 않는다. 애초에 아둘람의 목

교회 민주주의

적이 예배나 토론이 아니라 교제였기 때문이다. 문제는 주제에서 벗어나는 게 아니라 그런 벗어남이 교제를 해치는 방향과 수준으로까지 나아가는 것이다.

다양한 이들이 모인 아둘람에서 잡담이 나오는 것은 자연스러운 일이다. 그리고 그런 잡담의 주제는 대개 그즈음 아둘람 식구들의 주된 관심사일 수밖에 없다. 우리 부부가 아둘람에 참여하던 초기에 우리 아둘람 식구들 중에는 해외여행을 즐기는 이들이 있었다. 그들은 적게는 1년에 한두 차례, 많게는 두세 차례씩 해외여행을 다녀왔다. 그들의 여행지는 미국, 유럽, 일본, 중국, 중동, 심지어 아프리카까지 다양했다. 낯선 나라들을 다녀왔으니 할 이야기가 넘치는 것은 당연했다. 자연스럽게 아둘람 모임 때 자주 해외여행에 관한 이야기가 나왔다. 탓할 일도 잘못된 일도 아닌 아주 자연스러운 일이었다.

다만 문제는 그런 이야기가 너무 잦은 데 있었다. 여행을 다녀온 이들이야 그런 이야기가 신이 났겠으나 다른 이들에게 그런 얘기는 그들이 생각하는 것만큼 재미있지는 않았다. 아니, 아주 지루했다. 그건 마치 여자들이 남자들이 온갖 허풍과 과장을 섞어 늘어놓는 군대 얘기를 듣는 것과 같았다. 남자들은 신이 나서 떠들어대지만 군대 경험이 없는 여자들에게 그런 이야기는 아무런 감흥이 없는 소음일 뿐이다. 여행을 다녀온 이들이 하도 신이 나서 말을 하니 들어주기는 하는데, 자신이 한 번도 가본 적 없는 곳의 풍경이나 먹어본 적 없는 음식의 풍미를 상상하며 장단을 맞추는 것은 말 그대로 곤욕일 수밖에 없다. 때로는 도대체 내가 왜 주일에 교회에 나와서 이런 얘기를 들어야 하나 싶을 정도였다.

그러나 지루함보다 심각한 것은 해외는커녕 제주도도 못 가본 이들이 그런 이야기를 들으며 느끼는 상대적 박탈감이었다. 다행스럽게도 어찌 된 일인지 나와 아내는 둘 다 여행에 대한 열정이나 에너지가 거의 없다. 여름휴가 때도 짐을 싸서 여행을 떠나기보다 거실에서 뒹굴거리며 영화를 보거나 바빠서 못 읽었던 책을 찾아 읽는 쪽이다. 가족이나 친구들이 여행계획을 짜놓고 함께 가자고 졸라야 마지못해 따라나설 정도다. 그러니 우리 부부는 어떤 이가 우리가 다녀오지 못한 나라에 관한 얘기를 늘어놓아도 그로 인한 열등감이나 박탈감을 느끼지 않는다. 어차피 여행은 우리의 관심사가 아니기 때문이다. 우리 부부에게 그런 이야기는 그저 지루할 뿐이다. 그러나 모든 사람이 우리 같지는 않다. 자기가 한 번도 못 한 일을 남들이 밥 먹듯 하는 것에 열등감이나 박탈감을 느끼는 이들이 분명히 있다. 그러니 아둘람에서 해외여행이 화제가 될 때 해외여행 경험이 없는 우리 부부나 다른 부부들은 그 지루한 혹은 힘겨운 시간을 얼굴에 미소까지 지어가며 견뎌야 했다.

나는 지루함은 그럭저럭 견디는데 동의할 수 없는 주장은 못 견딘다. 한번은 아둘람 모임에서 어떤 이가 내가 수긍하기 어려운 주장을 했다. 나는 그의 주장이 옳지 않으며 심지어 위험하기까지 하다고 얘기했고, 그가 대뜸 반박했다. 그는 말솜씨가 좋은 사람이었다. 좀더 정

교회 민주주의

확하게 말하자면, 자신의 말솜씨를 과신하는 사람이었다. 그는 한번 말을 시작하면 꽤 논리적으로 그리고 장황하게 말을 했다. 그러나 말솜씨가 좋은 것과 주장이 옳은 것은 전혀 다른 문제다. 특히 상당한 전문지식이 필요한 주제에 대해 함부로 단언하는 것은 문제가 될 수 있다. 요즘은 저 혼자만의 생각을 공식적이고 객관적으로 검증된 사실인 양 말한다는 의미에서 '뇌피셜'(뇌와 official의 합성어)이라고 부른다. 나는 평소에도 그의 뇌피셜이 못마땅했으나 모임의 분위기를 해치지 않으려고 그냥 넘겼다. 그런데 어쩐 일인지 그날은 살짝 뾰족한 마음이 들었다. 그래서 작심하고 그가 한 반박을 다시 조목조목 재반박했다.

예기치 않게 거센 반박을 받은 그는 크게 당황했다. 아마도 그는 여태껏 그런 경험을 해보지 못한 듯했다. 세상에는 그런 사람들이 있다. 어느 곳에서든 다른 이의 말을 듣기보다는 자기의 말을 하는, 그리고 말을 하면 늘 정교하고 장황한 논리로 상대방을 압도하는 이들이. 그러나 나 역시 말로는 다른 이에게 지는 편이 아니었다. 게다가 나는 꽤 오랫동안 기독교계에서 일하면서 잔뼈가 굵은 사람이었고, 대학원 시절에는 목사들과 함께 공부하면서도 늘 상위권 성적을 유지했던 성실한 신학도였으며, 10년 넘게 우리나라 최고 수준의 신학서적을 번역하는 일로 밥을 먹고 살고 있는 나름 전문가였다. 그러니 다른 문제라면 모를까 성경과 신학 혹은 교회에 관해서라면, 나는 최소한 미들급이었고 그는 플라이급도 어려웠다. 그런 내가 작심하고 그의 논리를 하나하나 반박해나가자 아둘람 식구들은 얼음이 되었다. 나의 집요한 공격에 결국 그가 꼬리를 내렸다. 그러면서 말했다.

"그런 식이라면 나는 이 자리에 있을 필요가 없어요."

그 말을 듣고 감정이 상한 내가 또 한 번 강하게 받아쳤다.

"서로 생각이 다르면 함께할 필요가 없다고요? 그런 식이라면 나는 이미 오래전부터 이 자리에 없었을 거예요."

일촉즉발이었다. 다행히 다른 이들이 끼어들어 분위기를 가라앉혔다.

승패는 누가 봐도 명백했다. 그날 논쟁에서 나는 이겼고 그는 졌다. 그럼에도 왠지 개운치가 않았다. 아둘람 모임을 마치고 집으로 돌아오는 차 안에서 아내에게 핀잔을 들었다.

"당신, 오늘 꼭 그렇게 해야 했어? 설령 그 집사님이 틀리고 당신이 옳다고 하더라도, 오늘 당신의 옳음은 불필요한 거였어. 그렇게 이기니까 좋아?"

아내의 말이 옳았다. 그날 나는 이기고도 졌다. 논쟁에서는 이겼을지 모르나 공동체를 유지하는 일에서는 졌다. 단순히 진 정도가 아니라 공동체를 위기에 빠뜨렸다. 나의 패배는 그다음 주일에 아주 분명해졌다. 주일 아침에 나는 지난주에 나와의 논쟁에서 패배한 그가 어쩌면 교회에 안 나올지도 모른다고 여겼다. 워낙에 자존심이 강한 사람인데 공개적으로 망신을 당했으니 그럴 가능성이 충분히 있었다. 나는 두려웠다. 그런데 예배실 성가대석에 앉아서 회중석을 둘러보니 다행히 그가 나와 있었다. 가슴을 쓸어내렸다. 그로부터 몇 주 후에 아둘

　　　　　교회 민주주의

람 식구들이 커피숍에 둘러앉았을 때 그가 나에게 말했다.

"나, 그때 권사님 때문에 상처 많이 받았어요."

자신이 상처받았다고 말하는 이는 이미 상처를 극복한 것이다. 그가 이겼다. 나는 논쟁에서 이겼으나 공동체를 유지하는 데 실패했고, 그는 논쟁에서는 졌으나 공동체를 지켜내는 일에서 이긴 것이다. 교회 공동체는 강하고 잘난 이들에 의해 유지되지 않는다. 오히려 어려운 상황에서도, 심지어 자기가 졌음을 인정해야 하는 상황에서도 자신의 자리를 지키며 다른 이들을 포용하는 이들에 의해 유지된다.

그로부터 몇 달 후 정 목사가 설교를 통해 이런 말을 했다. 나에게 아주 큰 깨달음을 준 말이어서 그날 페이스북에 기록해 두었다. 그대로 옮긴다.

서로 다른 이들이 모여 교회를 이루는 데 필요한 것이 세 가지가 있습니다. 첫째, 다름을 인정해야 합니다. 둘째, 나와 생각과 주장이 다른 사람을 너무 쉽게 마음에서 지우지 말아야 합니다. 셋째, 견뎌야 합니다. 끝까지 견뎌야 합니다. 내가 견뎌줘야 그가 존재하고, 그가 견뎌줘야 내가 존재합니다.

아둘람은 동료 교우들과 깊고 풍성한 교제를 나누는 즐겁고 행복한 곳이다. 그러나 또한 그 모임은 다른 이들을 견디고 그들에게 나를 맞춰야 하는 훈련의 장소이기도 하다. 성서학자인 박영호 포항제일교회 담임목사는 《다시 만나는 교회》(복있는사람)에서 철학자 쇼펜하우워가 말했던 '고슴도치 딜레마'를 인용한다. 추운 겨울에 고슴도치들이 서로의 온기로 추위를 이기기 위해 밀착한다. 하지만 서로의 가시에 찔려 이내 서로에게서 물러난다. 이처럼 서로 필요로 하면서도 서로에게 상처를 주는 딜레마 상황은, 불완전하고 이기적인 사람들의 모임인 아둘람에서도 언제든 나타날 수 있다. 그럴 때 필요한 것이 서로 견뎌주는 것이다. 아직도 많이 부족하지만, 지난 몇 년간의 아둘람 모임을 통해 나는 나의 날카로운 가시를 뭉뚱그리고 낮추는 법을 배웠다.

교회 민주주의

지명방어, 아둘람과 함께 이웃을 향해

세계복싱협회(WBC) 규정에 의하면, WBC 챔피언들은 해마다 랭킹 1위와 지명방어전을 치러야 한다. 챔피언이 편안하게 자리를 지키려는 목적으로 강적의 도전을 피하지 못하게 하는 제도적 장치다. 예인교회는 그 규정을 교우들의 삶에 적용하기로 했다. 믿음의 챔피언인 신자들은 편안하게 예배의 자리나 지키고 있으려 해서는 안 된다. 그들은 자신들이 참된 챔피언임을 입증하기 위해 정기적으로 링에 올라 지명방어전을 치러야 한다. 그들이 맞서 싸워야 할 지명방어전의 상대는 가난한 이웃들의 고통스러운 삶이다.

예인교회의 지명방어는 어려운 환경에서 살아가는 이웃들을 위한 생활환경 개선 프로그램이다. 지명방어 시기가 되면 각 아둘람은 지역 행정복지센터나 사회복지 기관의 도움을 받아 대상자를 정한다. 대개 열악한 주거 환경에서 살아가는 이들이다. 그들이 신자인지 아닌지는 고려 사항이 아니다. 대상자가 정해지면 아둘람 섬김이가 그의 집을 방문해 무엇을 어떻게 개선해야 할지 살피고 개선 작업에 필요한 물품들을 준비한다. 지명방어에 소요되는 일체의 비용은 교회가 지불한다. "나눔은 최대한"을 모토 중 하나로 삼고 있는 예인교회는 지명방어를 교회의 주된 사역들 중 하나로 여긴다.

그러나 지명방어에서 중요한 것은 단지 물질의 나눔만이 아니다. 그것 못지않게 시간과 노동의 나눔이 중요하다. 지명방어일이 되면 각 아둘람은 자신들에게 특정된 대상자의 집 앞으로 모인다. 아둘람 식구들이 다 모이면 이른바 '노가다'가 시작된다. 남자들은 그 집의 가구들을 밖으로 빼내고 도배와 장판을 교체한다. 기술이 있는 이들은 전기시설과 싱크대를 손본다. 여자들은 이불 빨래를 하거나 부엌살림을 꺼내 깨끗이 닦는다.

어려운 환경에서 살아가는 이웃을 돕는 가장 쉬운 방법은 그들에게 돈을 건네는 것이다. 반면에 가장 어려운 것은 시간을 내서 그들을 찾아가 그들에게 필요한 일을 해주는 것이다. 현대 사회에서 시간은 곧 돈이다. 그러나 나처럼 일하는 시간만큼 돈을 버는 직종에 있는 사람이 아니더라도, 하루하루 정신없이 살아가는 현대인들이 주말 하루를 낯선 이의 지저분한 집을 청소하며 보내는 일은 결코 쉽지 않다.

예인교회는 그 쉽지 않은 일을 교우들에게 요구한다. 개인이 하기에는 어려운 일이기에 아둘람에 요구한다. 지명방어에 참가한 아둘람 식구들은 온종일 먼지를 뒤집어쓰고 일하면서 대상자 가족과 그리고 그

교회 민주주의

들과 비슷한 처지에 있는 이웃들과 대화를 나눈다. 그 과정에서 분명히 우리 곁에 있으나 항상 그늘에 숨어 있기에 보이지 않았던 이웃들의 민낯을 만난다. 그러면서 새삼 깨닫는다. 우리가 지나치게 풍요롭게 살고 있다는 것을, 애써 눈감아 왔으나 우리 곁에는 늘 우리의 도움이 필요한 약한 이웃들이 있다는 것을.

그러나 지명방어가 아둘람 식구들에게 그런 새삼스러운 깨달음만 제공하는 것은 아니다. 온종일 함께 먼지를 뒤집어쓰고 같은 일을 하다 보면 사람들 사이의 차이가 별 게 아닌 것처럼 느껴진다. 지명방어 장소에서는 비싼 옷과 값싼 옷의 차이가 없어진다. 가방끈의 차이도 없어진다. 외려 많이 배운 이들이 별 쓸모가 없어서 이리저리 치이며 눈치를 보는 경우가 많다. 실제로 교회에서 먹물 행세 좀 하는 나는 지명방어 현장에서는 할 수 있는 게 거의 없다. 그래서 매번 눈치를 살피다가 결국 쓰레기 치우는 일을 한다.

흥미로운 것은 그렇게 먼지 구덩이 속에서 함께 일하다 보면 아둘람 식구들 사이에 묘한 유대감이 생긴다는 거다. 실제로, 예인교회에 와서 지명방어에 참여했던 첫날, 나는 온종일 우리 아둘람의 이재원 집사와 함께 아파트 옥상에서 도배지를 자르고 그 위에 풀칠하는 작업을 했다. 이 집사는 나이는 나보다 아래지만 꽤 진중한 사람이어서 쉽게 말을 트기가 어려웠다. 그런데 그날 종일 그 작업을 함께 하면서 서로 꽤 친해졌다. 일종의 전우애라고 할까.

지명방어 현장의 모습을 어떻게 전할까 고민하다가 내가 지명방어 때마다 페이스북에 끄적여 놓았던 글들을 떠올렸다. 그 중 몇 개를 인용하는 것으로 현장 묘사를 대신한다.

오늘 우리 아둘람의 지명방어전 상대는 심곡동에서 홀로 사시는 팔순의 할머니셨다. 자식들은 있으나 모실 형편이 못되고 영감님은 몇 년 전에 돌아가셨다. 지금 살고 계신 집은 몇 해 전 어느 이웃이 해외로 떠나면서 어렵게 사시는 할머니 내외에게 그냥 사시라며 맡기고 간 거란다. 30년 된 낡은 아파트인데 할머님 말씀으로는 짓고 나서 한 번도 도배를 한 적이 없다고 했다. 영감님 돌아가신 후에는 밥도 해 드시지 않고 인근 교회에서 제공하는 급식으로 끼니를 해결하신다 했다. 전기료 아끼느라 불도 거의 켜지 않고 사신다 했다. 실제로 가스레인지는 사용한 흔적이 없을 정도로 낡아 있었고, 싱크대에서는 물이 새고, 집안에 전구 중 불이 들어오는 것은 거실 등 하나뿐이었다. 아침 일찍부터 모여든 아둘람 식구들과 함께 LED 전구 사다가 설치하고, 철물점에서 수도꼭지와 싱크대 호스 사다가 갈고, 방마다 산더미처럼 싸여 있는 물건들 모두 들어낸 후 도배를 하고, 싱크대 위에는 예쁜 시트지까지 부착했다. 섬김이는 작업이 간단해 오전 중에 끝내고 점심 먹고 흩어질 거라고 했는데, 정작 해보니 저녁 6시가 넘어서 겨우 끝났다. 다들 온 몸에 먼지 뒤집어쓰고 녹초가 될 정도로 열심히 일했으나 일을 마친 참가자들 모두의 얼굴이 밝았다. 지명방어전에서 승리한 챔피언의 얼굴처럼. (2015년 10월 25일)

교회 민주주의

오늘은 소사구에서 혼자 사시는 남자 어르신 집을 찾아가 세간 들어내고 도배와 장판을 교체하고 페인트칠을 했다. 일꾼들이 많아서였는지 좁은 골목길이 시끌벅적했다. 이런 일에 경험이 없는 나는 오늘도 보조 노릇만 했다. 역시 별 경험이 없는 아내는 구경나온 동네 주민들과 종일 수다만 떨다 왔다. 구청 사회복지과에서 일하는 아내는 형편이 어려운 주민들에게 공공기관의 도움을 얻는 방법에 관해 설명해 주었다. 나는 오늘 아내가 한 일이 집을 수리하는 일 못지않게 이웃에게 도움을 주었다고 믿는다. (2016년 4월 23일)

춘의동 반지하 빌라에서 젊은 엄마 혼자서 올망졸망한 아이 넷을 키우며 살아가는 집을 찾아가 도배와 장판을 교체하고 전등을 갈아주고 왔다. 벽지를 뜯어내는 순간 바퀴벌레들이 쏟아져나와 온 집안을 휘젓고 다녔다. 신혼 초에 반지하에서 살 때의 상황이 떠올라 마음이 짠했다. 힘든 시기인데 잘 이겨내기를 바란다. 이웃을 위해 노가다 할 기회를 준 교회에 감사한다. (2016년 10월 8일)

인천 부평에서 홀로 사시는 83세 할머니 댁에서 지명방어전을 치르고 왔다. 할머니의 집은 이른바 '쓰레기집'이었다. 동네에서도 유명한 분이셨다. 동네 사람들이 버린 물건들을 모조리 자기 집으로 끌어와 쌓아 놓았다. 빌라 1층에 있는 공용 공간도 할머니가 가져다 놓은 쓰레기로 가득 차 있었다. 낡은 장판을 거둬내고 세간을 옮길 때마다 바퀴

벌레들이 쏟아져 나와서 여자들이 비명을 지르며 달아났다. 쓰레기나 다름없는 세간을 버릴 때마다 할머니는 이건 안 된다, 저건 절대 안 된다고 하며 고집을 피우셨다. 동네 주민들과 구청과 동사무소에서 나온 사회복지사들이 어르고 달래서 겨우 물건들을 버릴 수 있었다. 도배와 장판 갈고, 침대 매트리스 바꾸고, 전기선 교체하고, 가스레인지 교체하고, 쓸 만한 장롱과 속옷과 겉옷 몇 벌 구입해 드렸다. 오늘 내가 맡은 일은 집에서 나오는 어마어마한 쓰레기를 정리해 버리는 일이었다. 특히 집안 곳곳에서 썩어가던 음식물 쓰레기들을. 집에 돌아와 샤워를 했음에도 아직도 몸에서 음식 썩는 냄새가 난다. 지명방어전을 치를 때마다 도시의 삶의 누추함에 진저리가 쳐진다. 그래도 억지로라도 그 누추함을 바라보아야 한다. 예배의 아름다움에만 취해서는 안 된다. 관악산이 아름다운 때여서 오늘은 한번 빠질까 하다가 마음 다잡고 참석했는데, 참석하길 잘했다는 생각이 든다. (2018년 10월 20일)

교회 민주주의

마지막 피난처

"남편이 암이래요."

2016년 10월 첫째 주일, 우리 아둘람의 이미숙 집사가 어두운 표정으로 말했다. 그 무렵에 이 집사의 남편 오석현 집사는 직원 몇 사람을 데리고 전국의 공사장을 돌며 토목일을 하고 있었다. 직업의 특성상 주일예배 참석이 어려웠다. 그래서였는지 가끔 예배에는 참석했으나 교회에 등록은 하지 않았다. 나는 그때까지도 오 집사와 인사를 나눈 적이 없었다.

다음 주일예배 후에 아둘람 식구들이 오 집사가 입원한 현대아산병원 암센터를 찾아갔다. 오 집사는 우리를 반갑게 맞았다. 마치 맹장염 때문에 잠시 입원한 사람처럼 보였다. 그날 처음 만났음에도 나는 그가 꽤 마음에 들었다. 나이는 나보다 두 살 위였으나 어딘지 모르게 소년 같은 순수함이 있는 멋진 사내였다.

몇 주 후에 오 집사는 처음으로 우리 아둘람 모임에 참석했다. 병이 깊어져 더는 일을 할 수 없게 된 그는 매주 주일예배를 드리기 시작했다. 예배 후에는 아둘람 예배에도 참석했다. 아둘람에서 교제를 나눌수록 나는 그에게 호감을 느꼈다. 그의 어머니는 인천 어느 큰 교회의 장로였다. 재산이 많고 손도 커서 가난한 교우들을 많이 도왔다. 하지만 합리적인 신앙을 추구하는 오 집사는 그 교회와 자기 어머니의 신앙이 마음에 들지 않았다. 해서 그 교회에 문제가 생겼을 때 그 교회를 떠났다. 그는 비록 등록은 하지 않았으나 예인교회와 정성규 목사를 무척 좋아했다. 그래서 전국의 공사장을 떠돌다가도 짬이 나면 주일예배에 참석했다.

　　오 집사는 우리 아둘람에서 나이가 가장 많았음에도 다른 이들과 스스럼없이 어울렸다. 일을 잃고, 몸은 말라가고, 낯빛은 점점 더 검게 변해가면서도 위축되지 않았다. 그렇다고 나이와 신앙 경력을 앞세워 고집을 피우거나 다른 이들을 가르치려고 하지도 않았다. 그저 오랫동안 아둘람 식구 중 하나였던 것처럼 편안하게 웃고 떠들고 자기 생각을 드러냈다. 자기 병에 대해서도 방어적이지 않았다. 그는 병증에 관해 묻는 아둘람 식구들에게 솔직하게 답했다.

　　"힘들어요. 몸이 가려워요. 잠을 잘 못 자요."

　　가끔 죽음에 관해서도 말했다.

　　"죽는 건 두렵지 않은데 나 떠나고 나면 아내와 딸이 어떻게 살아갈지 그게 걱정이에요."

오 집사는 간혹 통증이 심해지거나 검사를 위해 병원에 입원할 때를 제외하고는 아둘람 모임에 빠지지 않았다. 한번은 아둘람 식구들이 야외에서 고기를 구워 먹었는데 그때도 불편한 몸을 이끌고 그 자리에 나왔다. 내가 연기가 피어오르는 불판 옆에 서 있던 그에게 물었다.

"집사님, 고기 먹어도 돼요?"

그가 농담하듯 말했다.

"살 날이 얼마 남지도 않았는데 고기까지 못 먹으면 억울하지 않겠어요?"

말은 그렇게 했지만, 그날 그는 고기를 몇 점 먹지 못했다.

2017년 9월 24일, 우리 아둘람은 흩어지는 예배를 위해 강화도 교동에 있는 화동감리교회를 찾아갔다. 대개 흩어지는 예배 때는 아둘람 식구들이 찾아간 교회에서 특송을 부른다. 그 날도 우리는 화동교회 교인들 앞에서 특송을 했다. 한데 오 집사는 특송하는 자리에 서지 않았다. 특송을 끝낸 후 자리에 앉으면서 슬며시 물었다.

"아니, 왜 안 나왔어요?"

그가 나직이 말했다.

"내 병든 모습이 찬양을 망칠까 봐……."

그날 예배 후에 우리 아둘람은 강화도의 여행지 몇 곳을 찾아갔다. 그 과정에서 어떤 이가 부부 사진을 찍자고 했다. 오 집사도 이 집사와 함께 부부 사진을 찍었다. 그들이 사진을 찍을 때 어색한 모습을 보이자 아둘람 식구들이 외쳤다.

"좀더 에로틱하게!"

그 소리에 두 사람이 파안대소했다. 내 핸드폰에는 그때 찍은 그 부부의 사진이 아직도 남아 있다. 그 사진이 내가 기억하는 오 집사의 가장 아름다운 모습이다.

그해 12월 24일, 성탄절과 아둘람 방학을 기념하기 위해 어떤 이가 케이크 하나를 가져왔다. 우리는 케이크에 불을 밝힌 후 오 집사에게 촛불을 끄게 했다. 그가 말했다.

"케이크 촛불 끄는 건 난생처음이에요."

그러자 그의 아내가 공격했다.

"뭔 소리야? 당신 생일 케이크 자른 게 몇 번인데?"

그러자 오 집사가 반격했다.

"잘라 먹기만 했지, 꺼본 건 오늘이 처음이라고."

아둘람 식구들이 까르르 웃었다.

이듬해 봄부터 오 집사의 상태가 악화되기 시작했다. 교회에 나오지 못하는 경우가 많아지다가 결국 아예 못 나오게 되었다. 이 집사도 간병 때문에 아둘람 모임에 참석하지 못하는 경우가 잦았다. 아둘람 식구들은 모임을 가질 때마다 오 집사와 이 집사를 위해 간절하게 기도를 드렸다. 여자들은 점점 아둘람 참석이 어려워지는 이 집사에게 전화를 걸어 격려하거나 가끔 밖으로 불러내 함께 밥을 먹었다.

그러나 오 집사의 투병 과정에서 그들 부부에게 가장 큰 힘이 되었던 것은 정성규 목사였다. 정 목사는 정기적으로 오 집사를 심방했다.

처음에 오 집사는 정 목사가 자꾸 집으로 찾아오는 것을 불편해했다. 정 목사에게 폐를 끼치는 것 같기도 하고 자신의 초라한 모습을 보이는 것도 싫어서였다(사실 우리 아둘람 식구들도 몇 차례 심방을 하려 했으나 오 집사 자신이 원치 않았다). 그러나 정 목사는 계속해서 그를 찾아갔다. 사실 병원이 포기한 환자에게 목사가 해줄 수 있는 건 거의 없었다. 그저 오 집사와 이 집사의 말을 들어주고 간단하게 기도를 하는 게 전부였다. 그러나 그런 꾸준한 심방이 오 집사와 이 집사에게는 아주 큰 힘이 되었다. '아, 목사가 우리를 잊지 않고 있구나.'

가장이 병상에 누워 있는 집의 가장 큰 문제는 돈이다. 교회는 재정이 허락하는 선에서 최선을 다해 오 집사 부부를 도왔다. 우리 아둘람 식구들은 두 차례에 걸쳐 오 집사 부부를 위해 모금을 했다. 우리는 한 날을 정해 헌금 봉투에 각자의 형편에 맞게 돈을 넣어 헌금 주머니에 넣었다. 당시 내가 아둘람 서기여서 모금액을 총합했다. 두 가정이 꽤 큰 금액을 넣었다. 어느 가정인지 짐작은 했으나 그들이 누구인지는 밝히지 않았다. 우리 아둘람이 그렇게 하는 동안 교우 중 몇 사람이 오 집사 부부를 위해 목적 헌금을 했다. 아직도 누구인지 알려지지 않은 어느 교우 하나는 우리 아둘람 식구들이 두 차례에 걸쳐 모금한 액수보다 큰 금액을 교회를 통해 보내왔다.

오 집사는 교우들의 도움을 받는 것을 못마땅하게 여겼다. 언젠가 그는 이 집사에게 불편한 심기를 드러냈다.

"아무리 어렵더라도 우리가 그런 도움까지 받아야 해?"

그 말을 들은 이 집사가 남편에게 말했다.

"당신 어머니가 생전에 어려운 교우들을 많이 도우셨잖아. 그러니까 당신도 이런 도움 받아도 돼. 어려울 때 교회의 도움을 받는 것도 믿음이야."

2018년 11월 초, 오 집사의 상태가 급격하게 악화되었다. 정 목사는 수시로 오 집사의 상황을 체크했고 우리 아둘람은 저녁에 시간을 정해 놓고 오 집사를 위해 한 마음으로 기도를 드렸다. 그러던 어느 날 오 집사가 정신을 잃었다. 당황한 이 집사는 정 목사에게 도움을 요청했다. 정 목사는 부리나케 달려갔다. 그리고 운전면허가 없는 이 집사와 운전할 정신이 없는 딸 대신 차를 몰아 오 집사를 호스피스 병동으로 옮겼다.

오 집사가 호스피스 병동에 입원한 이튿날 밤, 우리 아둘람 식구들이 그 병동을 찾아갔다. 우리가 갔을 때 오 집사는 혼수상태였다. 우리는 오 집사의 손을 잡고 마지막 기도를 드렸다. 그리고 두려움에 지친 이 집사를 위로하고 돌아왔다. 그로부터 이틀 후인 2018년 11월 17일. 오 집사가 주님의 품에 안겼다.

이 글을 쓰느라 이 집사와 통화를 했다. 아픈 기억을 들춰내는 게 미안해서 조심스러웠는데 이 집사는 담담했다. 아니, 오히려 적극적이었다. 나는 이 집사에게 혹시라도 어려움을 겪는 과정에서 교회에 섭섭함을 느낀 게 있느냐고 물었다. 그러자 이런 답이 돌아왔다.

"섭섭함이요? 물론 때때로 '아, 결국 혼자로구나' 하는 마음이 들지 않았던 건 아니에요. 그러나 솔직히 교회가 어떻게 더 잘할 수 있었을까요? 가족도 친지도 친구도 그 이상으로 할 수는 없었을 거예요. 내 삶이 무너지고 나면 가까운 친구에게도 그 모습을 드러내기가 쉽지 않아요. 세상의 만남 대부분에 허세가 있잖아요? 다들 자신의 그럴듯한 모습만 보이고 싶어 하지 무너진 모습을 보이고 싶어 하지 않아요. 우리도 그랬어요. 그리고 대부분의 사람들은 타인의 고통에 공감하는 척하다가도 결국은 일정한 지점에서 선을 긋지요. 그러나 교회는 안 그랬어요. 특히 아둘람 식구들은 우리 가족의 아픔을 끝까지 품어주었어요. 제가 못나서 그런 건지는 모르겠는데, 오 집사가 떠난 후에도 제가 의지할 수 있었던 것은 교회와 아둘람밖에 없었어요. 교회와 아둘람이 어떻게 그 이상 더 잘할 수 있었겠어요?"

4부
민주적인 교회의 풍경

국도 여행은
고속도로 여행 못지않게
좋은 여행이 될 수도 있다.

말의 해방

대개 교회에서 말은 담임목사가 독점한다. 물론 이때의 '말'은 일상
적인 말이 아니라 무언가를 주장하거나 누군가를 설득하려는 목적을
지닌 말이다. 대다수 교회에서 그런 말은 거의 전적으로 담임목사가
도맡고, 교우들은 "아멘"으로 응답하면서 그 말을 되풀이할 뿐이다.
교회에서 목사와 다른 말을 하는 것은 문제가 될 수 있다. 특히 이것은
성경 해석과 관련해 그러하다. 교회에서 성경 해석이 교우들의 자율에
맡겨지는 경우는 거의 없다.

예인교회의 사정은 조금 다르다. 얼마 전까지도 교회는 매월 〈등빛
일상〉이라는 책자를 편집해 배포했다. 그 책에는 교우들이 매일 읽어
야 할 성경 본문이 실려 있다. 읽어야 할 본문이 많지는 않다. 대신 같
은 본문을 세 가지 번역으로, 즉 개역개정역, 새번역, 그리고 유진 피터
슨의 《메시지》로 읽도록 배열해 놓았다. 목사는 특별한 일이 없는 한

그 본문의 순서를 따라 설교한다. 예컨대, 이번 토요일의 성경 본문이 요한복음 1장이라면, 다음 날인 주일의 설교 본문이 요한복음 1장이 된다. 따라서 교우들은, 교회의 성경 읽기 순서를 따르기만 한다면, 주일 설교를 듣기 전에 이미 그 설교의 성경 본문을 적어도 3번은 읽고 오는 셈이 된다.

설교를 듣는 동안 교우들은 스스로 성경을 읽으며 생각했던 것과 목사의 해석을 비교한다. 그리고 특별한 일이 없는 한 아둘람 모임의 대화 주제는 주일 설교의 본문이다. 즉, 요한복음 1장을 아둘람 식구들과 다시 읽고 대화를 나누는 것이다. 아둘람 모임에서 대화는 문자 그대로 자유롭다. 목사의 설교에 동의해도 되고, 의문을 제기해도 되고, 목사와 다른 해석을 해도 상관없다. 심지어 설교를 비판해도 아무런 문제가 되지 않는다. 그 누구도 그런 비판을 하는 이를 나무라거나 제재하지 않는다. 정성규 목사는 혹시 교우들의 그런 발언이나 주장 때문에 교회에 문제가 생기면 어쩌냐는 질문에 이렇게 답한다.

"교우들이 목사를 믿듯이 목사도 교우들을 믿어야 합니다. 건강한 교회는 교우들의 이견 때문에 흔들리지 않습니다."

간혹 아둘람 식구들 사이에서 특정 성경 본문에 대한 의문이나 서로 다른 해석이 제기되면, 아둘람 섬김이가 그 문제를 목사에게 가져간다. 그러면 목사는 그 문제에 대한 자신의 해석을 제시한다. 하지만 그 해석을 정답이라고 주장하지 않는다. 예인교회에서 목사들은 정답을 제시하는 자들이 아니다. 그들은 신학 전공자로서 설교나 성경공부를 통해 자신의 견해를 밝히지만, 그런 견해를 수용할지 말지는 교우들 각자의 몫이다. 교우들은 목사와 다른 견해를 갖는 일에 대해 두려움이나 죄책감을 느끼지 않는다.

성경 해석의 자유만 있는 게 아니다. 예인교회에서는 흔히 목사 전용(pastors only)으로 여겨지는 주일예배 설교조차 성도에게 개방되어 있다. 아니, 좀더 정확하게 말하자면, "성도도 설교할 수 있다"는 선언에 그치지 않고 교회의 관례를 통해 성도들이 주일예배 설교를 하도록 강제한다. 그 관례란 '아둘람 주일'이라는 행사다. 아둘람 주일이 되면 교회는 문을 닫는다. 그날 각 아둘람은 독자적으로 혹은 한두 아둘람이 연합해서 예배를 드린다. 아둘람 예배 때는 사회와 기도와 성찬은 물론이고 설교도 아둘람 식구 중 한 사람이 맡는다. 예인교회에 등록한 지 이제 겨우 8년째인 나도 이미 세 차례나 아둘람 주일예배에서 설교했다. 첫 번째는 교회에 등록한 기념으로, 두 번째는 청년 아둘람과의 연합예배 때 청년부장 자격으로, 그리고 세 번째는 애초에 설교를 맡았던 이가 예배 전날 모친상을 당하는 바람에 갑자기 대타가 되어야 했다.

아둘람 주일에 교회는 설교 준비에 부담을 느끼는 교우들을 위해 샘플 설교를 마련해 제공한다. 하지만 그것은 말 그대로 샘플일 뿐이다. 세 번째 설교 때 교회가 보내준 샘플 설교는 아브라함에 관한 내용이었다. 그 샘플 설교에 의하면, 아브라함은 믿음의 모험을 감행한 이였고 바로 그런 모험 때문에 위대한 믿음의 조상이 될 수 있었다. 하지

교회 민주주의

만 나는 그런 견해에 동의할 수 없었다. 그래서 설교 때 아브라함이 저지른 몇 가지 잘못을 열거하며 비판한 뒤, 이렇게 말했다.

"샘플 설교를 보니 아브라함을 위대한 믿음의 모험을 했던 이로 칭송하더군요. 하지만 저는 조금 달리 생각합니다. 제 생각에 아브라함 이야기에서 모험하는 이는 아브라함이 아닙니다. 모험하는 이는 따로 있습니다. 아브라함을 끝까지 붙들고 이끄셨던 하나님이십니다. 그분은 실패의 가능성에도 불구하고 아브라함을 인내하며 이끄셨습니다. 하나님의 모험 때문에 아브라함이 믿음의 조상이 될 수 있었습니다. 하나님은 우리를 위해서도 모험하실 것입니다. 그러니 그분을 의지해 우리도 실패의 위험을 무릅쓰고 믿음의 모험을 합시다. 우리가 실패하더라도 모험하시는 하나님은 우리를 포기하지 않으실 것입니다."

그날 우리 아둘람은 '주성공'(주일성경공부) 아둘람과 함께 연합으로 예배를 드렸다. 그로부터 몇 주 후에 내가 쓴 책 《거룩하지 않은 독서》(올리브북스)가 출판되었다. 그러자 주성공 아둘람 식구들이 그 책을 구입해 한 달간 함께 읽으며 토론을 벌였다. 그리고 담임목사와 나에게 그 책으로 교회에서 북토크를 열자고 제안했다. 정 목사는 흔쾌히 응했다. 덕분에 나는 책을 낸 출판사에서도 주춤거리던 북토크를 교회 행사로 치를 수 있었다. 북토크에는 꽤 많은 교우가 참여했다. 나는 참석자들과 함께 두 시간이 넘도록 열띤 대화를 나눴다. 대화 과정에서 교회로서는 위험하게 여길 만한 발언들이 꽤 나왔다. 그 책이 교회의 전통적인 성경 읽기 방식인 '거룩한 독서'(*Lectio Divina*)를 넘어설 것을 제안하고 있기 때문이다. 북토크 행사를 마친 후 정 목사가 그날의 행사 사진들과 함께 짤막한 글을 보내왔다. 교우들이 성경 읽기에 대해 새롭게 생각할 수 있게 해주어서 고맙다는 것이었다.

사실 정 목사는 그 전에도 몇 차례 나에게 북토크를 제안했었다. 우리 부부가 예인교회에 등록한 이듬해에 내가 번역한 《하나님 나라의 비밀》(*Kingdom Conspiracy*, 새물결플러스 역간)이 출판되었다. 교회는 그 책을 '이달의 권장도서'로 선정하고 한 달간 주보의 반면을 사용해 책 광고를 하고 직접 판매까지 해주었다. 모교회에서는 단 한 번도 경험하지 못한 일이었다. 그 책이 출간된 직후에 나는 어느 신학대학 학생들의 초청을 받아 북콘서트를 했다. 소식을 접한 정 목사가 나에게 교회에서도 행사를 하자고 제안했는데 정중하게 거절했다. 당시에 나의 상식으로는, 목사가 하는 그런 말은 영혼 없는 인사치레였기 때문이다. 하지만 정 목사의 제안은 그 후로도 계속되었다. 나의 새로운 번역서 《유배된 교회》(*The Church in Exile*, 새물결플러스 역간)가 나왔을 때 정 목사가 정색하며 말했다.

"권사님, 이번 겨울방학 때 교회에서 특강을 준비하겠습니다. 이번에는 꼭 하셔야 합니다."

더는 못한다고 할 수가 없었다. 인사치레가 아님을 알았기 때문이다.

2018년 1월 28일, 나는 "유배된 교회와 한국 교회"라는 주제로 2회에 걸쳐 진행된 '예인 특강'의 첫 번째 강연자로 나섰다. 그날 나는 교우들 앞에서 두 시간에 걸쳐 현재의 한국 교회가 처한 상황과 그 상황을 타개할 방법과 관련해 내가 갖고 있던 생각을 상세하게 밝힐 수 있었다. 내가 예인교회에 등록한 지 고작 4년째 되던 해였다.

그날 특강을 마치고 돌아오는 차 안에서 50년 넘게 다녔던 모교회의 목사가 교우들에게 자주 했던 말을 떠올렸다.

"교회에서는 늘 입을 조심해야 합니다. 특히 공부 많이 하신 분들은 한 마디 한 마디 조심하셔야 합니다."

묘한 게, 말을 철저하게 묶고 규제하던 모교회에서 교우들의 입은 아주 거칠었다. 입만 열면 불평과 비판과 독설이 쏟아졌다. 반면에 말을 풀어놓은 예인교회에서 교우들은 말을 참 예쁘게 했다. 심지어 독설이라면 누구에게도 지지 않는 나조차 꽤 점잖게 그리고 가능한 한 은혜롭게 말을 하려고 한다. 어떤 환경에서 사느냐는 흔히 생각하는 것보다 훨씬 더 중요하다.

언젠가 어느 목회자 세미나에서 정 목사는 예인교회가 교우들에게 자신의 생각을 자유롭게 말할 기회를 제공하는 것에 대해 말했다. 그 세미나에 참가한 목사들로서는 의문이 들었을 것이다. 혹시라도 교회에서 목사보다 말을 더 잘하는 이가 나타나면 어떡하나? 정 목사는 그런 의문에 대해 이렇게 답했다.

"교우들에게 어떤 문제가 생기면, 그분들은 운영위원이나 말 잘하는 다른 교우들이 아니라 담임목사를 찾아옵니다."

말은 목회를 위한 절대적 수단이다. 하지만 그것은 목사가 교회에서 말을 독점해야 한다는 것을 의미하지 않는다. 말은 목회를 위한 수단이기 이전에 교회가 그 위에 서 있는 토대이기도 하다. 교회의 토대를 오직 목사 한 사람이 독점하는 말로 이루려는 것은 위험할 뿐 아니라 망상이기까지 하다. 다양한 음성[多音]이 어우러지는 교회가 건강한 교회다. 민주적인 교회는 건강함을 위해 다양한 음성을 용인할 뿐 아니라 적극적으로 부추기는 교회다.

누구나 하는 대표기도

　'설교권'이라는 게 있다. 성경적이지도 신학적이지도 않으나 현실의 교회에는 그런 게 있다. 꽤 열려 있다는 평을 받는 교회들에서도 설교는 늘 목사들의 몫이다. 간혹 수요예배 때 장로나 권사들에게 설교를 맡기는 교회들이 있기는 하나 그런 교회들조차 주일예배 설교는 반드시 목사가 맡는다. 목사가 특별한 일이 있어서 강단을 지키지 못하면 이웃 교회의 다른 목사라도 불러서 세운다. 주일예배 설교를 목사에게 국한하는 것은 상당히 강고한 전통이다.

　목사들에게 '설교권'이 있다면, 장로들에게는 '기도권'이 있다. 나의 모교회와 30대 초반에 한동안 다녔던 영락교회에서도 주일예배 대표기도는 늘 장로들의 몫이었다. 장로가 아닌 이가 주일예배 대표기도를 한 경우는 한 번도 없었다. 내가 모교회를 떠날 즈음 장로는 여덟 명이었다. 주일마다 그들이 돌아가면서 대표기도를 했기에 교우들은 주보가 없어도 이번 주일 대표기도자가 누구인지 알 정도였다. 게다가 너무 오랜 세월 그들의 기도를 들었기에 장로들의 기도에서 신선한 감동이나 통찰을 얻는 이들은 거의 없었다. 대부분의 교우들은 장로들의 기도를 어쩔 수 없이 들어야 하는 주문 정도로 여겼다.

그런데 그보다 더 심각한 것은 대표기도의 오용이었다. 어떤 장로들은 대표기도를 정치적으로 이용했다. 그런 사정은 교회에서 여당 노릇을 하는 이나 야당 노릇을 하는 이나 마찬가지였다. 그들은 번번이 하나님이 아닌 회중을 향해 혹은 목사를 향해 기도했다. 해서 그들의 기도에는 늘 날이 서 있었다. 그래서였는지 목사는 자주 '기도는 사람이 아닌 하나님께 올려드리는 것'이라고 강조했다. 하지만 장로들이 주일예배 대표기도를 그렇게 이용하는 것은 다름 아닌 목사에게서 배운 것이었다. 목사의 설교가 정치적이었으니 장로들의 기도 역시 그럴 수밖에 없었다.

사실 한국 교회에서 이런 현상은 특별하지 않다. 많은 교회에서 목사들은 설교를 통해 교우들을 다그친다. 때로는 자기를 불편하게 하는 장로를 설교로 공격하기도 한다. 그렇게 표적 설교를 당한 장로가 가만히 있을 리 없다. 자기가 대표기도 순서를 맡은 날, 그는 표적 기도를 통해 목사를 비난한다. 물론 양쪽 다 나름 '예언자적 심정'으로 그렇게 한다. 덕분에 예배는 목사와 장로 사이의 날 선 공방의 장이 된다. 교계 기자 시절에 목사와 장로들이 서로 대립하며 분쟁하던 어느 교회 교인들을 인터뷰한 적이 있다. 그때 목사 편에 서 있던 젊은 집사

하나가 한탄하듯 말했다.

"예배드리기가 괴로워요. 장로들의 기도가 시작되면 예배가 엉망이
돼요."

예인교회에서 주일예배 대표기도는 장로들이 아니라 전 교우가 가
나다순으로 돌아가면서 맡는다. 개척 단계의 작은 교회들이야 그렇다
치더라도, 등록 교인이 350여 명에 이르고 장로가 여덟 명이나 되는
교회에서는 흔치 않은 일이다(예인교회의 규모는 내 모교회의 '실제' 규모와
거의 같다. 주일예배 참석 인원은 예인교회가 더 많은 편이다). 대표기도의 기
회는 본인이 고사하지 않는 한 교우들 누구에게나 주어진다. 부활절이
나 성탄절 같은 특별한 절기에도 장로나 목사가 기도를 맡지 않는다.
그저 가나다순으로 차례가 된 교우가 맡는다.

전통적인 교회에서 성장한 나로서는 주일예배 때 풋풋한 청년이 나
와서 대표기도를 하는 모습이 낯설었다. 낯설면서도 신선했다. 사람마
다 다르기는 하나, 기도를 맡은 이는 몇 주 전부터 기도하면서 기도문
을 준비한다. 그렇게 준비한 기도문은 어지간한 설교보다 나을 때가
있다. 덕분에 지난 몇 해 동안 나는 교우들이 드리는 대표기도를 들으
면서 자주 큰 감동을 받았다. 나에게 감동을 주었던 기도문 중 하나를
소개한다. 2018년 4월 22일에 신혜진 자매가 드렸던 기도다.

선하신 하나님, 매섭게도 추웠던 겨울을 보내고는 꽃샘추위와 미세먼지로 씨름하다 이제야 조금씩 파랗게 물드는 하늘과 그 사이로 내리쬐는 따스한 햇살을 누리며 정말 봄이 찾아왔음을 실감합니다. 만물이 움트고 찬란하게 꽃이 피어나는 4월을 얼마나 기다려왔는지 모르겠습니다.

그러나 한편 우리에게 4월은 참 아픈 달이기도 합니다. 70년 전 4월 3일, 제주에서는 제주 인구의 10분의 1에 해당하는 시민들이 국가 권력에 의해 무고하게 희생당했습니다. 당시 정부는 제주 전체를 빨갱이 섬이라 규정했고, 토벌대는 밤낮없이 제주 전역의 평범한 시민을 폭도로 몰아 사살했습니다. 이 잔혹한 학살은 7년여 동안 이어졌고, 희생자 중 상당수는 어린이, 노인, 여성과 같은 약자들이었습니다. 이때 거리낌 없이 잔혹 행위를 저지른 서북청년단이 열혈 기독청년들로 이뤄져 있다는 사실도 우리는 기록과 증언을 통해 알게 되었습니다.

지난 4월 16일에는 세월호 참사 4주기를 지냈습니다. 생명보다 돈과 권력을 중히 여기는 이들은 참사 직전에는 희생자들에게 가만히 있으라 했고, 참사 이후엔 우리에게 계속 잊으라고 이야기합니다. 정부는 4년이 지난 지금에야 진상규명과 4·16 안전공원 건설에 대해 약속했고, 어떤 탐욕스러운 정치인들은 여전히 세월호 납골당 설치에 결사 반대를 외치고 있습니다.

국가 폭력은 제주 4·3과 세월호의 희생자 유가족의 입을 막고 우리에게 잊기를 강요하는 방식으로 참사 이후에도 오랜 시간 작동해왔습니다. 우리는 쉽게 망각하나, 고통받으며 떠도는 이스라엘 민족을 잊지 않으시고, 해방과 회복까지 함께하신 하나님을 기억합니다. 거짓과 불의가 4·3과 세월호를 가리려 아무리 애써도, 하나님의 정의는 진실이며 그 진실은 결코 가려질 수 없음을 믿습니다. 고통받는 사람들과 함께 우시는 하나님, 이들의 눈물을 닦아주시고 하나님의 새 소망으로 가득 안아주시기를 기도합니다.

2003년 4월에는 독실한 그리스도인이었고 인권활동가였고 성소수자였던 육우당이 스스로 목숨을 끊은 일이 있었습니다. 당시 한국기독교총연합회는 '동성애자를 소돔과 고모라의 유황불로 심판해야 한다'는 성명서를 발표했고, 스무일 후 육우당은 '몰지각한 편견으로 한 사람을, 아니 수많은 성소수자를 낭떠러지로 내모는 것이 얼마나 잔인하고 반성경적인가'라는 유서를 남기고 세상을 떠났습니다. 15년이 지난 지금도 교회의 편견과 낙인 속에서 수많은 성소수자들이 죽음을 택합니다. 육우당을 추모하며 혐오와 차별은 하나님 나라의 원리가 아님을 믿고, 율법을 폐하고 오로지 사랑으로 오셨던 예수님을 기억합니다. 선하신 하나님, 우리가 교회의 이름으로 자행되는 폭력에 강하게 저항하게 하시고, 미움을 버리고 사랑에 이르게 해주시기를 기도합니다.

우리 사회를 가만 돌아보면 이 사회에서 실로 작동하고 있는 것은, 진실한 사랑보다는 값싼 동정이, 선한 협력과 연대보다는 권력을 힘입은 폭언과 무시가, 존중과 이해보다는 혐오와 배제가 아니었나 하는 생각이 듭니다. 하나님, 그리스도인이 하나님 나라를 꿈꾸지 못하고, 경쟁과 착취로 지지되는 구조에 패배하고, 힘과 부를 추구하며, 가난한 사람과 억압받는 사람을 나와 관계없는 사람으로 여기고 냉대하였다면 우리의 약함과 연약함을 용서하시고, 더 이상 같은 죄를 짓지 않도록 도와주십시오. 이 어두움에서 밝은 빛으로 나아가 공의와 사랑의 하나님을 바라보고 참 그리스도인으로 살도록 도와주십시오.

늑대가 새끼 양과 함께 살고, 표범이 새끼염소와 함께 누우며, 송아지가 어린 사자와 더불어 살쪄 가고, 어린아이가 이 모두와 함께 뛰노는 하나님 나라를 생각합니다. 어린아이가 독사와 장난치며 놀아도 해를 입지 않는 하나님 나라를 생각합니다. 세상으로부터 지탄받아 이상할 게 없었던 세리와 창녀, 장애인, 사마리아인을 사랑하셨던 예수님을 생각합니다.

매년 4월쯤이면 교회에서는 예수님의 부활을 기념합니다. 오늘, 부활 제4주일을 보내며 십자가에 매달려 죽음으로 로마라는 국가 권력에 희생당하면서 실패한 예수님을 생각합니다. 실패를 승리로 믿는 우리는 예수님이 살아내셨던 그 여정이 참 하나님 나라의 현현이었음을 고백합니다. 하늘에서와 같이 땅에서도 하나님의 나라가 이뤄지게 하여 주십시오. 그리고 억울하게 희생당한 4월의 사람들이 하나님 품 안에서 평안히 쉬게 해주십시오.

하나님, 우리가 언제나 어디서나 그리스도인으로 살기를 소망합니다. 예수님의 이름으로 기도합니다. 아멘.

"요즘 어떻게 지내세요?"

무슨 까닭인지 그동안 나와 대화를 하고 싶다며 찾아온 교우들이 몇 있었다. 그들이 나를 찾아온 이유는 둘 중 하나였다. 하나는 정말로 대화를 하고 싶어서였다. 그런 이들은 글쟁이라는 조금 특별한 직업을 가진 내가 무슨 생각을 하며 사는지 궁금해했다. 다른 하나는 대화를 핑계로 자기 말을 하고 싶어서였다. 그런 이들은 그저 누군가 자기 말을 들어줄 사람이 필요했던 것이다.

작년과 재작년에 나를 찾아왔던 두 사람이 생각난다. 두 사람 모두 같은 말을 했다.

"왠지 권사님과는 말이 통할 것 같아서요."

그러나 잠시 말을 섞어 보니 금세 알 수 있었다. 그 두 사람 모두 대화가 아니라 자기 말을 하고 싶어 했다. 나는 기꺼이 입을 닫고 귀를 열었다. 내 인격이 훌륭해서가 아니라, 그게 서로 유익했기 때문이다. 그들은 자기가 하고 싶은 말을 했고, 나는 그들의 생각을 듣는 게 나름 흥미로웠다. 두 사람 모두 각각 세 시간가량 우리 집에 머물렀다. 그 세 시간 중 내가 말한 시간은 30분도 안 되었다. 자기들도 그걸 의식해서였을까? 두 사람 모두 우리 집을 떠나면서 거의 같은 말을 했다.

"오늘 대화 아주 즐거웠습니다. 근데 오늘은 제가 너무 말이 많았네요. 다음에 뵙게 되면 그때는 권사님 말씀 좀 들려주십시오."

나는 허허거리는 웃음으로 대답을 대신했다. 나는 그런 식의 대화 아닌 대화도 제법 즐기는 편이다. 늘 혼자 일하느라 외로워서인지 나는 누군가 자기 말을 하고 싶어서 찾아오는 것도 괜찮다. 기꺼이 들어줄 의향이 있다.

그러나 이런 상황이 공동체의 모임 안에서 벌어지면 문제가 될 수 있다. 언젠가 동료 성가대원 몇 사람과 잡담하던 중에 교우들에 대한 얘기가 나왔다. 어떤 이가 자기네 아둘람의 집사 한 사람 때문에 머리가 아프다고 투덜거렸다. 그가 언급한 집사는 교회의 모든 일에 앞장서는 아주 헌신적인 교우였다. 그는 꽤 오랫동안 자기 사업을 해온 이였고 그래서인지 성격이 적극적이고 말도 꽤 잘했다. 장점이 많은 그 집사에게 딱 하나의 문제가 있었으니, 그것은 바로 그 잘하는 말을 너무 많이 한다는 것이었다. 처음에 아둘람 식구들은 그의 지식과 지혜와 말솜씨에 감탄했다. 그러나 언제나 넘침은 모자람만 못하다. 시간이 흐르면서 아둘람 식구들 사이에서 불만이 터져 나왔다. 그럴 만도 한 것이 그 집사는 아둘람 모임 때마다 말을 독점하면서 다른 모든 이들을 청중으로 만들었다. 어떤 이가 아둘람 섬김이에게 투덜거렸단다.

"제발 그 집사님 발언 좀 통제해 주세요. 모임 때마다 그분 설교 듣느라 죽겠어요."

그 이야기에 성가대원들이 까르르 웃었다.

2016년 4월 8일. 우리 부부가 예인교회에 등록하고 처음으로 담임 목사의 심방을 받은 날이다. 등록 직후에 정 목사는 아둘람 식구들과 한번 우리 집을 다녀갔다. 하지만 목사의 공식적인 심방은 그날이 처음이었다. 우리 부부는 모교회에서 받았던 심방을 떠올리며 거실 중앙에 앉은뱅이 식탁 하나를 놓고 예배드릴 준비를 했다. 약속한 시간에 정 목사와 안태훈 목사 그리고 이웃 아둘람의 교우 두 분이 찾아왔다.

거실에 들어선 정 목사가 앉은뱅이 식탁을 보며 씩 웃었다.

"왜요? 예배 드리시려구요?"

아차 싶었다. 얼른 "아, 뭐 좀 먹고 시작할까요?"라고 묻자 "그러죠"라는 답이 돌아왔다. 허둥거리며 상을 폈다. 저녁식사는 이미 하고들 왔다는 것을 알았기에 준비해 놓은 간단한 음료와 과일을 내놓았다. 그러고 나서 대화가 시작되었다. 우리 부부에게 정 목사의 질문이 쏟아졌다. 교회 적응은 잘하고 있느냐? 성가대 활동은 재미있느냐? 아둘람 식구들은 잘 대해 주느냐? 따님 결혼 준비는 잘 되어가느냐? 요즘은 어떤 책을 번역하느냐? 두 분은 어떻게 만났느냐? 부모님들은 건강하시냐?

가끔 교우들 얘기도 해가면서 웃고 떠들다 보니 두 시간이 훌쩍 넘어갔다. 우리 부부의 얼굴에서 예배는 언제 드리나 하는 표정을 보았는지 정 목사가 웃으며 말했다.

"오늘은 두 분 권사님 말씀 들으러 온 거예요."

그리고 나서 또 대화가 이어졌다. 정 목사는 나와 아내에게 궁금한 게 참 많았다. 우리 얘기를 듣는 도중에 자기 얘기도 가끔 섞었다. 그렇게 두 시간 반이 흘렀다. 묻고 답하기가 얼추 끝났을 때 비로소 정 목사가 성경을 펼쳤다. 심방 설교는 딱 3분이었다. 설교 후에 동석했던 교우 한 분이 우리 집을 위해 축복기도를 했다. 심방이 끝나고 자리에서 일어나면서 정 목사가 말했다.

"오늘 두 분이 많은 말씀을 해주셔서 감사해요. 필요할 때 목사들을 부르는 것을 부담스러워하지 마세요. 목사들은 그런 일 하라고 있는 거예요. 저희를 사용하는 걸 미안해하지 마세요."

심방 왔던 이들을 배웅한 후 거실을 정리하던 아내가 상기된 표정으로 말했다.

"와, 심방이 이럴 수도 있네!"

그러면서 우리가 모교회에서 받았던 마지막 심방에 대한 기억을 떠올렸다. 몇 년간 심방을 회피하다가 속장(구역장)의 간곡한 권면을 더는 모른 척할 수가 없어서 억지로 심방을 받았다. 3년 만에 우리 집에 발을 들여놓은 목사는 찬송을 한 장 부르더니 이렇게 말했다.

"이 댁 사정이야 내가 이미 다 아는 거고, 오늘은 담임목사로서 내가 두 분께 부탁하고 싶은 말씀을 드릴게요."

그러고는 설교를 빙자한 질책이 이어졌다. 왜 좀더 열심히 봉사하지 않느냐, 헌금도 좀더 하셔야 하지 않겠느냐, 두 분이 우리 교회의 뿌리인데 뿌리가 모범을 보여야 다른 이들이 본받지 않겠느냐. 그렇게 떠들더니 집에 온 지 30분 만에 다른 약속이 있다며 자리를 떴다. 목사가 떠난 후 아내가 붉으락푸르락하면서 말했다.

"이런 심방, 이제 다시는 안 받을 거야."

아둘람에 새 식구가 들어오거나 기존의 식구들 중 누가 새 집으로 이사를 가면 아둘람 식구 전체가 정 목사와 함께 그 집을 찾아간다. 이른바 '아둘람 심방'이다. 그때도 비슷한 일이 벌어진다. 우선 모여서 음식을 먹는다. 식사가 끝나고 찻잔을 하나씩 들고 모여 앉으면 정 목사의 질문이 시작된다. 첫 번째 질문 대상자는 그 날의 주인공인 새 식구 혹은 이사한 사람이다. 질문은 거의 언제나 같다.

"집사님, 요즘 어떻게 지내세요?"

질문을 받은 이가 답을 하고 나면 아둘람 식구들이 그 답을 두고 왁자지껄하게 떠든다. 그렇게 떠들고 나면 정 목사 다음 사람에게 묻는다.

"권사님은 요즘 어떻게 지내시나요?"

그리고 같은 일이 반복된다. 질문받은 이가 답을 하고, 답의 내용에 따라 아둘람 식구들이 깔깔거리거나, 심각하게 걱정하거나, 이런저런 얘기를 나눈다. 그렇게 해서 참석했던 모든 이가 자기 얘기를 하고 그 얘기에 대한 동료 교우들의 반응을 접한다. 해서 아둘람 심방은 매번 아주 풍성한 말의 잔치가 된다. 자기가 의도적으로 입을 다물지 않는 한 그 누구도 대화에서 제외되지 않는다. 모임 참석자들 중 다른 이의 말만 듣다가 돌아가는 이는 아무도 없다.

신학자 디트리히 본회퍼는 현대의 고전 중 하나가 된 《신도의 공동 생활》에서 신자들이 건강한 공동체를 이루기 위해 말하기보다 듣기에 힘써야 할 것을 강조한다.

그리스도인들 특히 설교자들은 다른 사람들과 함께 있을 때면 언제나 그들에게 무언가를 제공해야 한다고 생각한다. 그러나 그들은 듣는 것이 말하는 것보다 더 큰 섬김이 된다는 사실을 망각하고 있다. 세상에는 자신에게 귀를 기울여줄 사람을 찾는 사람이 많다. 그러나 그리스도인 가운데 들을 귀를 가진 사람을 찾기란 그리 쉽지 않다. 왜냐하면 그들은 들어야 할 때도 입을 열기 때문이다. 형제에게 귀를 기울이지 않는 사람은 머지않아 하나님께도 귀를 기울이지 않을 것이요, 하나님 앞에서도 언제나 말만 할 것이다.

우리 아둘람은 몇 차례 아둘람 회식 때 정 목사 부부를 초대한 적이 있다. 그런 비공식적인 모임에서 정 목사는 주로 다른 이들이 하는 말을 듣는다. 누가 일부러 말을 시키지 않으면 그냥 밥만 먹다가 갈 정

교회 민주주의

도다. 누가 그에게 말을 시켜도 자기 말을 하다가 결국 슬그머니 화제를 돌린다. "근데, 집사님은 요즘 어떻게 지내세요?" 그런 목사에게 보고 배워서일까? 예인교회 교우들은 나의 모교회 사람들보다 훨씬 자주 서로에게 묻는다.

"요즘 어떻게 지내세요?"

설교, 교회를 지탱하는 힘

믿기지 않겠지만, 아내와 내가 예인교회를 찾아갔을 때 우리는 정성규 목사에 대해 아무것도 몰랐다. 심지어 그의 이름도 몰랐다. 설교 역시 들어본 적이 없었다. 나에게 설교는 교회를 선택하는 기준이 아니었다. 아닌 말로, 모태 신자일 뿐 아니라 대학 졸업 후 줄곧 기독교 분야에서 일하면서 성경과 신학책을 읽고, 늦게나마 대학원에서 신학을 공부하고, 성경에 관한 책을 쓰고, 어지간한 목사들도 읽기 어려운 신학책 번역하는 일로 밥을 먹고 사는 사람이 자신의 신앙을 목사의 설교에 의존한다는 건 우스운 일이다. 교만이었겠으나, 나는 내 신앙은 스스로 지킬 수 있다고 믿었다. 나에게 목사의 설교는 '못 들어 줄 정도'만 아니면 되었다. 우리 부부가 예인교회를 택한 이유는 목사의 설교가 아니라 그 교회의 민주적인 운영 방식 때문이었다. 실제로 예인교회를 찾아간 첫날 우리는 담임인 정성규 목사의 설교가 아니라 당시 초등부를 담당하던 안태훈 목사의 어린이 설교를 듣고도 교회에 등록했다.

한데, 교회에 등록한 후 정 목사의 설교를 듣다 보니 기대 이상으로 좋았다. 처음에는 일종의 기저효과, 즉 모교회에서 들었던 설교가 워낙 형편없었기 때문인 줄로 알았다. 그러나 들으면 들을수록 설교가 좋았다. 무엇보다도 그의 설교에서는 성경 본문에 대한 충실한 해석과 오늘의 현실에 대한 분석과 통찰이 적절하게 조화와 균형을 이루고 있었다. 그의 설교는 성경의 자구를 해석하느라 따분해지지도, 지나치게 강력한 발언을 하느라 과열되지 않는다. 굳이 비유하자면, 그의 설교는 깊고 고요한 호수나 거센 파도가 휘몰아치는 바다가 아니라, 늘 같은 모습으로 힘차게 마을 앞을 지나가는 시냇물 같은 느낌이다.

정 목사의 설교는 화려하지 않다. 아주 재미있거나 감동적이지도 않다. 그는 수천 혹은 수만 명의 청중을 들었다 놨다 하는 강력한 언변의 소유자가 아니다. 오히려 그는 그저 매주 예배처에 모이는 2백여 명 안팎의 사람들에게 조곤조곤 그러나 때로는 살짝 용기를 내어 자기 생각을 전하는 스타일이다. 정 목사는 자기가 하나님의 말씀을 대언한다고 주장하지 않는다. 아니, 설교를 하나님의 말씀이라고 여기질 않는다. 그에게 설교는 신학 훈련을 받은 목사가 성경을 읽고 깨달은 것을 교우들과 나누는 시간일 뿐이다. 그래서 그는 설교를 통해 무언가를 강력하게 선언하거나 선포하지 않는다. 오히려 '이래야 하지 않겠느냐?'며 설득할 뿐이다. 그런데 그런 설교에 많은 교우들이 낮은 목소리로 "아멘"을 외친다.

조금 자조적인 표현이긴 한데, 요즘 예인교회 교우들은 "교회에 설교만 남았다"는 말을 자주 한다. 실제로 최근에 교회를 찾아와 등록하는 이들 중에는, 우리 부부와 달리, 정 목사의 설교에 이끌려 온 이들이 많다. 그들 중에는 교회의 민주적 운영 같은 문제에는 아무런 관심이 없는 이들도 있다. 그들에게 중요한 것은 예배 특히 예배의 핵심을 이루는 목사의 설교다. 그래서 오래된 교우들 중에는 새 교우들이 건강한 교회를 이루려는 관심이나 열정은 없이 목사의 설교만 소비하고 있는 것 아니냐고 걱정하는 이들이 있다.

그러나 한편으로 이것은 희망적인 현상이기도 하다. 어차피 모든 제도와 관습은 시간의 흐름과 더불어 변하거나 효용 가치를 잃게 마련이다. 예인교회가 설립 초기부터 지금까지 견지해온 민주적인 교회 운영이라는 제도와 관습은 이제 더는 전처럼 매력적이지 않다. 아마 그런 현상은 사회의 민주화가 공고해짐에 따라 점점 더 심해질 것이다. 그럴 때 교회는 무엇으로 유지될 수 있을까? 원론적인 답일 수 있겠으나, 교회 용어로 답하자면 '말씀'뿐이다. 어떤 모습이 되든 교회의 미래를 형성할 가장 기초적인 자원은 성경과 성경에 대한 충실한 해석에 근거한 설교뿐이다. 그런 점에서 교회에 목사의 설교가 아직도 의미 있는 요소로 남아 사람들을 끌어들이고 있다는 사실은 꽤 희망적인 요소일 수 있다.

예인교회의 예배에 참여하는 이들은 예배실에 들어갈 때 주보와 함

교회 민주주의

께 그날 설교를 맡은 목사가 작성한 간략한 '설교안'과 '삶을 나누기 위하여'라는 메모지 한 장을 받는다. 설교안은 설교를 맡은 목사가 그날 자신이 할 설교를 요약해 놓은 것이다. 교우들은 그 설교안을 참고하며 설교를 듣는다. 설교안은 두 가지 역할을 한다. 하나는 목사들이 준비된 혹은 절제된 설교를 하게 한다. 예인교회에서 설교는 목사가 무절제하게 입담을 자랑하는 시간이 아니다. 다른 하나는 교우들이 설교에 집중하게 한다. 교우들은 설교안을 보면서 목사의 설교가 어떻게 시작되어 어떤 과정을 거쳐 어떤 결론에 도달하는지를 짐작할 수 있다. 또 설교안에는 보통 몇 개의 성구나 목사가 읽은 책의 몇 문장이 들어 있는데, 교우들은 설교 시간에 목사와 함께 그 성구와 문장들을 소리내어 읽는다. 형식적으로라도 설교자와 청중이 함께 호흡하는 것이다.

설교가 끝나면 '삶을 드리기 위하여'라는 시간이 있다. 피아노 반주자가 찬송가 한 장을 반주하는 동안 그날 들은 설교의 내용을 요약하거나 설교 시간에 깨달았거나 결심한 것을 메모지에 적는 시간이다. 그 시간은 설교를 마친 목사가 이렇게 말하는 것으로 시작된다.

"'삶을 드리기 위하여' 하겠습니다. 오늘 들은 말씀을 여러분의 말로 옮겨 적으시기 바랍니다. 말씀 가운데 받았던 도전, 질문, 혹은 의문을 적으시고, 그것들을 기도 제목으로 삼아 일주일간 묵상하시기 바랍니다."

지난 몇 년 간 나는 비교적 꾸준하게 정 목사의 설교를 나의 말로 옮겨 적었다. 그리고 그 내용을 페이스북에 올려 친구들과 공유했다. 그 중 몇 개를 인용한다.

기독교적 믿음의 징표는 성공이 아니라 어려운 시절에 낙심하지 않고 견디며 행동하는 것이다. 우리가 팬데믹 상황에서 낙심하지 말고 해야 할 일은 이웃을 챙기는 것이다. 나보다 어려운 이에게 전화 한 번 하고, 밥 한번 같이 먹고, 커피 한잔하며 서로를 격려하는 것이다. (2020년 11월 22일)

개신교에서 긴급하게 해체되어야 할 것이 두 가지가 있다. 하나는 '신앙이 교회 안에 머무는 것'이다. 교회가 세상과 상관없는 신자들만의 모임으로 살아가는 것이다. 다른 하나는 '목사 중심의 교회'다. 이건 종교개혁 때부터 주장해온 것인데 아직도 우리는 그런 상황에서 벗어나지 못하고 있다. 교회가 앞으로도 의미 있는 존재로 살아남으려면, 끝나가는 세대가 제대로 해체되어야 하고, 새로운 세대가 이전과 다른 모험을 시작해야 한다. 그런 의미에서 기존 질서의 해체는 기쁜 소식이 될 수 있다. (2019년 11월 24일)

예수의 신성이 극명하게 드러난 사건은 부활이다. 그런데 부활한 예수는 초월적 신의 모습으로 나타나지 않는다. 부활한 예수는 낙심한 상태로 바닷가에서 고기를 잡던 제자들을 찾아가 아침식사를 마련해 주셨다. 또한 자신이 저지른 잘못 때문에 절망하던 베드로를 권면해 교회를 섬기게 하셨다. 거룩을 추구하는 우리도 그래야 한다. 우리의 거룩은 낙심한 자들과 약한 자들을 향한 돌봄과 섬김의 형태로 나타나야 한다. 우리는 우리의 인성을 통해 신성에 참여한다. (2019년 8월 18일)

예수에게 영생의 길을 물었던 젊은 부자 관원은 자신의 삶을 바꾸지 않은 채 구원에 이르기를 기대했다. 그러나 자기의 재산과 권력을 나누는 현장을 갖고 있지 않은 이들은 하나님의 나라에 들어가지 못한다. 하나님의 나라는 기대하는 자들이 아니라 참여하는 자들이 들어가는 나라다. 우리에게 하나님 나라에 대한 기대만 있고 참여는 없는 것은 아닌지 돌아보아야 한다. (2018년 5월 6일)

성경에는 '믿음으로 구원받는다'는 말씀보다 '행한 대로 갚으신다'는 말씀이 더 많이 나온다. 그럼에도 우리는 성경을 읽을 때 '믿음으로 구원받는다'는 가르침에만 열중한다. 그게 부담스럽지 않고 편리하기 때문이다. 영혼에 대한 집착 역시 같은 맥락에서 나온다. 우리는 예수가 영혼 구원을 가르쳤다고 믿는다. 하지만 예수는 영혼 구원만이 아니라 현실의 구원을, 그리고 내적 구원만이 아니라 정치, 경제, 문화적인 구원을 가르쳤다. 예수의 그런 뜻을 가장 잘 따른 자들 중 하나는 삭개오였다. 그는 믿음을 행위로 표현한 자였다. 그런데 우리는 그렇게 부담스럽고 불편한 것에 대해서는 눈을 감은 채 편리한 것에만 주목한다. 믿음으로 얻는 구원 같은 것에만. (2017년 4월 3일)

오늘 우리 사회가 점점 더 어려워지고 있는 것은 경제 상황이 나빠져서가 아니라, 지금 우리 사회에서 억울한 사람들이 점점 더 늘어나고 있기 때문이다. 하나님의 시선은 억울한 사람들에게 고정되어 있다. 한 사람의 억울함이 풀리지 않으면, 하나님은 나라를 위한 우리의 기도를 듣지 않으신다. 지금 신자인 우리가 할 일은 억울해서 쓰러져 있는 이들을 발로 차며 기도를 드리는 것이 아니라 억울한 이들을 양산하고 있는 정부를 향해 '아니오'라고 말하는 것이다. (2016년 10월 23일)

교회 민주주의

새로운 사유의 공간을 만드는 설교

설교 애기를 좀더 해보자. 2019년 가을에 정성규 목사는 여덟 차례에 걸쳐 욥기에 대한 연속 설교를 했다. 그동안 욥기 설교는 여러 번 들었으나 연속 설교는 처음이었다. 연속 설교도 처음이었으나 본문에 대한 해석 역시 그전에 들었던 것과 크게 달랐다. 그전에 내가 들었던 욥기 설교 대부분은 욥처럼 고난 속에서도 끝까지 하나님을 신뢰하라는 내용이었다. 청년 때부터 신학이 아니라 문학적 이유로 욥기에 관심이 있었던 나로서는 목사들의 그런 설교가 아주 못마땅했다. '저 깊고 풍부한 자료에서 고작 저 정도 교훈밖에 끌어내지 못하는 건가?'

정 목사의 설교는 달랐다. 그해 9월 29일에 있었던 첫 번째 설교에서 그는 욥이 이스라엘이 아닌 우스 사람이라는 점에 주목했다. 우스는 에돔에 속한 땅이다. 즉, 욥은 하나님의 백성 이스라엘이 아니라 이방인이었다. 이 설교에서 정 목사는 이렇게 물었다.

"왜 하나님이 이스라엘이 아닌 이방인 욥을 그토록 자랑스러워하셨을까요?"

그러고 나서 이렇게 답했다.

"하나님은 이스라엘만의 하나님이 아니라 온 세상의 주님이십니다. 그 주님이 자기 뜻을 가장 잘 받들어야 할 이스라엘 안에서 자기에게 흡족한 이를 찾지 못하셨습니다. 그분의 뜻에 가장 부합하는 이는 이스라엘 바깥에 있었습니다. 우리가 욥기의 첫 단어인 '우스 땅'에서 읽어야 할 내용이 그것입니다."

그러면서 정 목사는 그즈음에 한국 교회의 주류 교단인 합동과 통합 총회에서 벌어진 일을 비판했다. 당시 두 교단은 사회적으로 큰 물의를 일으킨 사랑의교회와 오정현 목사 그리고 명성교회와 김삼환 목사의 잘못을 덮거나 정당화하는 결정을 함으로써 사회로부터 비난을 받고 있었다. 이 첫 번째 설교에서 정 목사는 우리가 욥기를 '신자의 고난의 문제'가 아니라 자기 역할을 하지 못하는 '하나님의 백성 공동체의 문제'로 읽을 필요가 있음을 강조했다. 즉, 욥기는 단순히 신정론의 문제가 아니라 교회론의 문제일 수 있다는 뜻이었다.

그해 10월 20일에 있었던 네 번째 설교에서 정 목사는 욥과 그의 친구들 사이에 오간 논쟁을 다뤘다. 그는 친구들이 욥을 위로하러 왔다가 오히려 그의 고통을 가중했던 것을 지적했다. 그들은 욥의 상황을 안타까워했다. 하지만 그들은 자신의 상황을 제대로 이해하지 못해 당황하고 절망하던 욥에게 인습적 지혜를 들이대며 충고한다. 즉, 어쨌거나 네가 하나님께 죄를 지어서 이런 벌을 받는 것이니 회개하라는 것이었다. 욥이 회개를 거부하자 그들의 권면은 비난으로 바뀌었다. 정 목사는 이것이 오늘날 많은 신자에게서 자주 나타나는 현상이라고 지적했다. 자신에 대한 확신으로 가득 찬 이들은 다른 이들의 고통에 둔감하다. 대개 그들은 긍휼과 동정이 필요한 이들에게 해답을 제시하며 충고한다. 하지만 그런 해답과 충고가 고통당하는 이들에게 도움이 되는 경우는 없다. 도움은커녕 고통을 가중할 뿐이다.

정 목사는 신자들이 고통당하는 동료들에게 보여야 할 태도는 해법을 제시하며 충고하는 것이 아니라 그들을 편드는 것이라고 했다. 그는 예수가 간음하다 잡혀 온 여인에게 보였던 태도를 예로 들었다. 간음하다 붙잡힌 여자를 어찌해야 하느냐고 묻는 이들에게 예수는 답했다. "너희 중에 죄 없는 자가 먼저 돌로 치라"(요 8:7). 정 목사는 이 구절을 "너희 중에 죄 없는 자가 '첫 번째 돌'을 던지라"고 다시 번역했다. 첫 번째 돌을 던지기는 쉽지 않다. 그러나 누군가 첫 번째 돌을 던지면 그다음 사람들은 별 죄의식 없이 돌을 던진다. 그리고 결국에는 모두가 돌을 던진다. 심지어 정의를 구현한다는 명분을 내세우면서. 그러나 바로 그런 정의감 때문에 어쩌면 무고한 혹은 달리 어쩔 수가 없어서 잘못을 저지른 가여운 이가 죽을 수도 있다. 네 번째 설교의 결론은 이러했다.

정의보다 훨씬 더 중요한 것은 동료 인간에 대한 긍휼과 자비와 이해입니다. 긍휼과 자비를 경험한 이들은 정의를 실현할 수 있습니다. 그러나 그런 경험 없이 정의에 대한 요구만 받는 이들에게서는 정의가 아닌 분노가 나오기 쉽습니다. 그러므로 무엇보다도 교회는 긍휼하고 자비로운 곳이 되어야 합니다. 우리는 동료 인간과 신자들에게 함부로 '첫 번째 돌'을 던져서는 안 됩니다.

정 목사는 욥기를 설교하면서 계속 공동체와 교회에 관해 말했는데 나는 그것이 꽤 마음에 들었다. 그는 욥기를 설교하는 다른 목사들처럼 고난을 겪는 이가 세상에 없는 굳센 믿음으로 그 고통을 이겨내야 한다고 가르치지 않았다. 사실 아무리 보아도 욥의 고난은 현실적이지 않다. 내가 아는 한, 대다수 성서학자는 욥기를 실제 이야기가 아니라 신앙적 교육을 위해 지어낸 이야기라고 여긴다. 만약에 실제로 하나님이 욥의 믿음을 시험할 목적으로 그의 자녀들을 죽이셨다면, 과연 우리는 그런 하나님을 신뢰할 수 있을까? 더 나아가, 욥과 같은 고통을 당하고도 욥처럼 끝까지 하나님께 대한 믿음을 지켜낼 수 있는 이가 있을까? 믿음의 인내를 강조하는 설교자들 자신은 과연 그렇게 할 수 있을까?

욥기는 신자 개인이 믿음으로 고난을 견디는 것에 관한 책이 아니다. 오히려 그것은, 해방신학자 구스따보 구띠에레스의 주장처럼, 독자들에게 욥의 고통을 통해 세상의 모든 고통 당하는 이들과 연대

하는 길을 열어 주는 책이다. 구띠에레스는 《욥에 관하여》(*Hablar de Dios desde el sufrimiento del inocente*, 분도출판사 역간)에서 이렇게 말한다.

> 욥의 무죄는 '또 다른 무죄한 인간들'이 있을 수 있음을 사실적으로 가능하게 한다. 그가 당하는 고통의 부당성은 다른 인간들 역시 부당하게 고통받을 수도 있는 가능성을 시사하며 그의 사심 없는 안목은 다른 사람들 또한 사욕 없는 신앙을 실천할 수도 있음을 지적해 준다.

욥기에서 옳고 그름을 따지는 '정의'라는 개념은 인간의 사유를 넘어서는 창조주 하나님의 '자유'와 대비된다. 결국 자신의 무죄를 항변하던 욥을 굴복시키는 것은 친구들의 세련되고 합리적인 논리가 아니라 자신의 자유로운 창조에 대한 하나님의 설명이다(욥 38-41장). 그 설명을 통해 욥은 하나님이 인과응보나 권선징악 같은 협소한 개념적 틀에 갇혀 계시지 않고 인간이 이해할 수 없는 방식으로 온 세상을 지탱하시는 분임을 깨닫는다. 그런 깨달음을 통해 그는 하나님이 자기에게 하신 일이 옳으냐 그르냐를 따지는 상태를 넘어 자신의 고통을 있는 그대로 받아들인다. 이야기의 주인공인 욥이 더는 항의하지 않고 자신의 고통을 받아들인다는 것은 성경의 독자들 역시 그리해야 함을 의미한다. 즉, 욥이라는 인물로 대표되는 타인의 고통을 그들의 죄나 잘못이라는 측면에서 분석하려 할 것이 아니라, 고통 가운데 있는 동료 인간을 불쌍히 여기며 용납하고 연대해야 할 계기로 삼아야 한다는 뜻이다.

정 목사의 욥기 설교가 진행되던 석 달 동안 각 아둘람에서는 정 목사의 설교를 두고 치열한 토론이 벌어졌다. 흥미롭게도, 평소에 말이 없던 이들이 그 기간에 꽤 많은 말을 했다. 평소에 아둘람의 대화는 주로 자랑거리가 풍성한 이들이 주도했다. 한데 욥기 설교가 진행되는 동안에는 자랑할 게 거의 없었던 이들이 자신들의 속내를 털어놓았다. 그들이 가장 억울해했던 것은 자신이 겪는 고통이 자신의 무지나 게으름이나 고집 때문이라는, 다른 이들의 편견이었다. 사실 사람들은 악할 정도로 자기중심적이다. 해서 결정적인 순간에는 늘 가장 약한 이들에게 모든 잘못을 전가한다. '네 탓이야. 네가 그렇게 사니 그렇게밖에 못 사는 거야.' 늘 그런 처지에서 억울한 소리를 들어야 했던 이들이 욥기 설교를 들으며 용기를 냈다. '나도 최선을 다해서 살았어요. 그럼에도 어쩔 수가 없었을 뿐이에요.' 그리고 늘 자신을 자랑하던 이들이 움찔했다. '아, 내가 자랑하는 삶이 나의 능력이 아니라 하나님의 은혜 때문이었구나. 그러니 자랑할 것이 아니라 섬겨야겠구나.'

여덟 번째이자 연속 설교 마지막 날인 11월 17일, 정 목사는 너무 일찍 사랑하는 가족을 잃거나 어린 자식의 질병 때문에 고통을 당하는 교우들을 언급했다. 그러면서 어떤 이들의 실존적 고통은 다른 이가 자기 지혜와 경험에 의지해 던지는 한두 마디의 충고로 해결될 수 없음을 지적했다. 결론 부분에서 정 목사는 우리의 협소한 사고 너머에 계신 하나님, 그런 하나님 앞에서 우리가 취해야 하는 피조물로서의 겸손, 그리고 고통당하는 동료 피조물에 대한 지속적인 연민과 자비와 연대에 대해 언급했다. 그는 설교하면서 몇 차례 목이 메었고 회중석 곳곳에서도 훌쩍이는 소리가 들렸다. 내가 지금껏 들었던 가장 인상적인 설교들 중 하나였다.

평소 나는 한국 교회가 목사들의 설교 때문에 망했다고 믿는 사람이다. 그럼에도 여전히 나는 교회를 세우고 유지하는 데 목사들의 설교 이상으로 강력한 다른 수단을 알지 못한다. 건강한 설교 없이 건강한 교회를 세우는 것은 불가능하다. 어느 교회에 문제가 있다면 십중팔구 설교에 문제가 있을 수 있다. 아니면, 지금의 설교자로서는 그 교회의 문제를 해결할 수 없는 상태일 수 있다. 개인적으로는 청중에게 정답을 제시하기보다 청중이 설교자의 말을 받아 자기 말을 하도록 자극하는 설교가 필요하다고 믿는 쪽이다. 21세기 도시 교회에서 신학적 답을 찾는 능력은 목사들에게 국한되어 있지 않다. 그렇다면 설교는 신자들 스스로 고민하며 답을 찾도록, 즉 교회 안에 새로운 사유의 공간이 나타나도록 자극하는 역할만 해도 충분하다.

목사의 결단?

2012년 7월 1일, 이찬수 분당우리교회 담임목사는 주일예배 설교 중에 놀라운 선언을 했다. 그때부터 준비해서 10년 후에는 전체 교인의 절반 혹은 4분의 3을 작은 교회로 파송하겠다는 내용이었다. 이 목사가 그런 선언을 한 이유는 급속한 교회 성장에 대한 부담 때문이었다. 그즈음 분당우리교회는 무서운 속도로 성장하고 있었다. 매주 수십 수백 명씩 새로운 교인들이 몰려왔다. 그러던 중 이 목사는 2012년 6월 4일 새벽에 하나님의 언짢아하시는 말씀을 들었단다.

"한국 교회가 이렇게 어려운데 네 교회만 성장하는 게 옳은 일이냐?"

그 말씀을 듣고 찔림을 받은 그는 하나님께 교회를 분립하겠다고 약속했다. 한 달 후, 이 목사는 교인들에게 자신이 그 새벽에 하나님께 약속했던 교회 분립에 대해 말했다. 그것은 교회가 계획하고 준비한 일이 아니었다. 그의 말을 그대로 옮기자면, 그 새벽에 이 목사는 "얼떨결에 약속했다. …… 뭔지도 모르고 막 얘기했다." 그리고 하나님께 한 그 약속을 교우들에게 공표했다. 어떤 이들에게 그 선언은 청천벽력이었다. 모처럼 만난 건강한 교회를 떠나야 한다니! 교인들에게는 충격이었으나 언론에는 호재였다. 그 일에 대한 보도가 나가자 교회는 물론 사회까지도 일제히 이 목사의 선한 결단에 찬사를 쏟아냈다. 너나 할 것 없이 교회 성장에 목을 매고 그런 성장 욕구 때문에 교회 곳곳에서 부작용이 일어나던 상황에서 스스로 교회의 규모를 줄이겠다는 결심은 찬사를 받을 만했다.

그러나 교회 일각에서는 그런 찬사에 동의하지 못하는 이들이 있었다. 목사 중심과 교회 중심의 신앙생활에 익숙한 한국 교회 신자들에게 소속 교회는 아주 중요하다. 신자들이 '철새'라는 비난을 감수하면서까지 자신에게 맞는 교회를 찾아 이리저리 옮겨 다니는 것은 그런 이유에서다. 그런 이들에게 교회 분립은 심각한 고민거리가 될 수밖에 없다. 한데 이 목사는 그렇게 중요한 문제를 교우들의 동의는커녕 예고조차 없이 예배 설교를 통해 선포했다. 분명히 그것은 조심스러운 '제안'이 아니라 비장한 '선포'였다.

산업화 시대에 교회는 기업과 유사한 방식으로 운영되었다. 카리스마를 지닌 목사가 깃발을 들고 앞장서서 길을 인도하면 교우들이 "아멘" 하며 따르는 식이었다. 그럴 수밖에 없기도 했다. 그 시기에는 목사들 대부분이 성도보다 많이 배운 이들이었다. 그뿐 아니라 아직 충분히 세속화되지 못했던 신자들은 목사들에게 자신들에게는 없는 영적 통찰이나 능력이 있다고 여겼다. 그로 인해 많은 교회에서 목사는 교우들의 영적 스승이나 아버지로 여겨졌다. 그런 목사가 주님 앞에서 기도하며 결단했다고 하면, 교우들은 그의 결단에 "아멘" 할 수밖에 없었다. 그런데 놀랍게도 산업화 시대에나 가능할 법한 일이 우리 사회의 대표적인 중산층 밀집 지역 중 하나인 분당에서 일어난 것이다.

분당에서 그런 떠들썩한 소식이 들려올 즈음 예인교회는 이미 몇 달에 걸쳐 아주 조용하게 교회 분립 작업을 진행하고 있었다. 이제 겨우 등록 교인 250명을 넘긴 작은 교회가 전교인의 3분의 1을 내보내는 굉장한 일이었다. 하지만 그 일은 담임목사의 결단으로 시작된 것이 아니었다. 교회는 설립 당시부터 등록 교인이 250명이 넘으면 교회를 분립하기로 결정하고 그 내용을 규약에 명시해 두었다.

2011년 10월 마지막 주에 등록 교인이 250명을 넘어서자 교회는 규약에 따라 분립추진위원회를 구성했다. 추진위는 운영위원회와 협의하면서 분립 시기와 방법 등에 관한 안을 마련했다. 분립안은 교인총회에 부쳐졌고 다수의 교인이 찬성함으로써 확정되었다. 분립안이 확정되자 분립을 위한 실행위원회가 조직되었다. 그후 분립이 이루어지기까지 모든 것은 철저하게 교우들의 자발적 참여와 주도로 이루어졌다. 그 과정에서 담임목사가 무언가를 결단한 적은 한 번도 없었다. 단지 그는 운영위원회의 일원으로서 이런저런 사안에 대해 자신의 의견을 제시했을 뿐이다. 그러나 운영위원회에서 담임목사는 발언권은 있으나 의결권은 갖고 있지 않다. 칭찬받을 만한 것이든 비난받을 만한 것이든, 담임목사가 혼자서 무언가를 결단할 여지 자체가 없는 것이다.

앞서 언급했듯이 예인교회의 온전한 구성원이 되고자 하는 이들은 '공동과정'을 이수해야 한다. 우리 부부가 공동과정을 밟던 기간에 정 목사가 이런 말을 한 적이 있다.

> 목사는 여러분과 하나님 사이에서 양쪽을 중재하는 사람이 아닙니다. 저는 여러분과 똑같은 이 교회의 교우입니다. 다만 제가 신학을 공부하고 목회자로서 훈련을 받았기에 교회가 저에게 목회라는 사역을 맡겼을 뿐입니다. 저는 하나님으로부터 직통 계시를 받지 않습니다. 그저 신학도로서 성경과 신학 서적을 읽으며 깨달음을 얻고 신자로서 기도하면서 주님의 도우심을 간구할 뿐입니다. 그러니 저를 특별한 영적 능력을 갖춘 지도자로 여기지 마시기 바랍니다. 저는 여러분과 마찬가지로 우리 교회의 '교우들 중 하나'일 뿐입니다.

자신을 그렇게 규정하는 이가 중요한 교회 일과 관련하여 개인의 결단을 말하는 것은 불가능하다. 단언하건대, 예인교회에서 교회 전체에 영향을 줄 만큼 중대한 일이 담임목사 한 사람의 결단을 통해 이루어지는 경우는 없다. 담임목사가 새벽에 혼자 기도하다가 교회와 관련해 무언가를 결심하거나 하나님께 약속한 후 예배 설교 시간에 교우들에게 그 내용을 선포하는 것은 꿈조차 꾸지 못한다.

물론 교회의 모든 일이 분립의 경우처럼 규약에 규정된 대로만 이루어지는 것은 아니다. 교회는 생물이기에 예상치 못했던 변화에 직면하며 그럴 때마다 무언가를 급하게 결정해야 할 때가 있다. 2020년 2월 코로나 바이러스 때문에 팬데믹이 시작될 무렵이 그런 경우였다. 간간이 교회발 전염에 대한 보도가 이어지고는 있었으나 아직은 정부나 지방자치단체로부터 종교모임을 금하라는 권고가 나오지는 않았던 때였다.

그해 2월 21일 금요일 오후 5시 30분, 도서관에서 책을 읽다가 교회가 보낸 문자 메시지 한 통을 받았다. 오는 주일에 예배는 일정대로 진행되지만 혹시라도 코로나 의심증상이 있는 교우들은 가정예배를 드리라는 것이었다. 주일예배 참석 여부를 두고 고민하는 교우들에게 스스로 판단해서 결정하라는 메시지였다. 그 문자를 받은 직후에 성가대 지휘자인 윤철구 집사에게서 전화가 왔다.

"권사님, 이번 주일에 성가대 특송을 어떻게 해야 할까요?"

지휘자는 요즘 분위기상 성가대 연습과 특송을 강행하는 게 어렵지 않을까 생각했단다. 그래서 정 목사에게 의견을 물었더니 예배가 정상적으로 진행되니 성가대도 특송을 해야 하지 않겠냐 했단다. 그런데 자기 생각에는 아무래도 성가대 연습은 무리라는 생각이 들었고, 전현직 성가대장들에게 의견을 묻는 중이라고 했다. 내가 이번 주 성가대 특송은 안 하는 게 좋을 것 같다고 얘기하자 지휘자는 자기가 정

교회 민주주의

목사와 다시 통화를 해보겠다고 했다.

지휘자가 그렇게 몇 사람과 통화하는 동안 장로들이 운영위원들에게 전화를 걸어 주일예배에 대한 우려를 표명했다. 운영위원들도 이미 각 아둘람 섬김이들과 통화하면서 의견을 수렴하는 중이었다. 그런 과정을 거친 후 토요일 밤늦게 운영위원회가 긴급 소집되었다. 운영위원들은 비록 정부와 지자체의 공식적인 권고나 명령이 있는 것은 아니지만 혹시 모를 위험을 방지하기 위해 주일예배를 드리지 않기로 결정했다. 운영위의 결의는 즉시 전 교우들에게 문자로 발송되었다. 문자가 발송된 것은 2월 22일 토요일 밤 11시 53분이었다. 그날 이후 한동안 교회는 대면 예배를 드리지 못했고, 그러는 사이에 지자체로부터 종교시설에 대한 집합금지 명령이 떨어졌다.

그렇게 긴급한 경우가 아니더라도, 예인교회는 교회의 중요한 문제들에 대해 수시로 교우들의 의견을 묻는다. 형식적으로가 아니라, 아주 진지하게, 지속적으로 묻는다. 요즘 교회는 코로나 이후를 준비하는 TF 팀을 운영하고 있다. TF 팀의 주된 임무는 교회가 처한 어려운 상황을 타개하기 위한 안을 만들어 의제화하는 것이다. 그렇게 의제화된 안은 한동안 각 아둘람에서 치열한 토론의 주제가 된다. 운영위원회는 각 아둘람의 토론 과정에서 나온 의견들을 취합해 최종안을 만들고, 그렇게 만들어진 최종안은 교인총회에 회부된다. 요즘 예인교회의 각 아둘람은 줌모임을 통해 교회의 미래에 관한 논의에 열중하고 있다.

물론 이런 식의 교회 민주주의가 늘 최상의 결과를 보장해 주지는 않는다. 아니, 때로는 교우들의 토론과 합의가 목사 한 사람의 결단보다 못할 수도 있다. 그럼에도 민주적인 토론과 합의라는 절차는 교회의 건강성을 위해 매우 중요하다. 그런 토론과 합의를 통해 결정된 일은 원망이나 분노가 아니라 이해와 용납의 대상이 되기 때문이다. 예컨대, 2013년에 있었던 교회 분립은 유감스럽게도 실패로 끝났다. 교회 분립은 지금껏 예인교회가 했던 일 중 가장 규모가 크고 가장 인상적인 일이었다. 그런데 바로 그 일이 실패하고 말았다. 그럼에도 교우 중 그 누구도 그 일 때문에 목사를 원망하지 않는다. 목사 혼자 결단하거나 밀어붙여서 이루어진 일이 아니었기 때문이다.

목사의 결단이 설 자리가 없는 상황은 하고 싶은 일이 많은 목사에게는 불편할 수 있다. 그러나 그런 불편함은 교회 전체로서는 꽤 유익하며 목사 자신에게도 그러할 수 있다.

분립, 작은 교회의 자기 비움

　말이 나온 김에 분립 얘기를 해보자. 교회 분립은 예인교회 이전에
도 있었다. 서울영동교회, 안산동산교회, 높은뜻숭의교회, 그리고 예인
교회와 같은 부천 지역에 있는 복된교회 등이 모두 분립의 모범을 보
였다. 2013년에 있었던 예인교회의 분립은 분명히 그런 선례들의 연장
이었다. 그럼에도 예인교회의 분립은 다른 교회들과 대비되는 몇 가지
다른 점이 있다.

　첫째, 예인교회의 분립은 목사의 결단이 아닌 교회 규약에 따른 분
립이었다. 특수한 상황이 있기는 했으나, 2009년에 있었던 높은뜻숭
의교회의 분립은 철저하게 담임인 김동호 목사의 결단에 의한 것이었
다. 2008년 높은뜻숭의교회는 설립 이후 줄곧 예배 장소로 사용해
온 숭의여자대학교 대강당을 연말까지 비워달라는 통보를 받았다. 재
적 교인이 5천 명이나 되고 재정적 여력도 충분했던 교회는 마음만 먹

으면 얼마든 예배당을 건축할 수 있었다. 건축이 아니더라도 몇몇 학교들로부터 자기네 강당을 사용해 달라는 러브콜도 있었다. 그러나 김 목사는 2008년 9월 7일 주일예배 설교를 통해 교회의 분립을 선언했다. 2009년 1월에 교회를 네 개로 분립한 후 자신이 1년간 그 교회들을 순회하며 예배를 드리다가 교회들이 안정되면 완전히 물러나겠다는 것이었다. 당연히 많은 반대가 있었다. 하지만 그는 뜻을 굽히지 않았고, 결국 이듬해 1월에 교회는 4개로 분립되었다. 김 목사는 교회 분립을 확정한 후 가졌던 어느 신문사와의 인터뷰에서 이렇게 말했다.

"높은뜻숭의교회 분립, 제 고집 때문입니다."

반면에 예인교회의 분립은 교회 설립 때 교우들이 함께 약속한 것이었다. 교회를 설립하기 전 토론 과정에서 교우들은 교회의 무한 성장을 지양하기로 했다. 할 수 있는 한 교인 수를 늘리고, 늘어난 교인들을 수용하기 위해 건물을 짓고, 그 건물을 활용해 각종 프로그램을 운용하고, 그런 프로그램을 통해 더 많은 사람들을 끌어모으고, 그 사람들을 수용하기 위해 다시 건물을 세우는 식의 무한 반복을 하지 않기로 했다. 그래서 교우들은 교인 수가 고작 수십 명에 불과했던 시절에 교회가 일정한 규모 이상으로 커지면 분립하기로 결의하고 그 내용을 교회 규약에 명시해 두었다. 문안 중 일부가 개정되기 전 예인교회의 규약 제8장 31조의 내용은 이러했다.

교회 민주주의

본 교회는 복음전파의 목적과 교회의 부패를 방지하기 위해 등록회원이 250명을 초과한 때로부터 교회 분립을 위한 추진 기구로 운영위원회 산하에 분립추진위원회를 운영한다. 분립에 대한 시기, 방법 등은 분립추진위원회에서 안을 만들고 운영위원회가 최종안을 확정해 교인 총회에서 의결해 확정 시행한다.

2011년 10월 마지막 주에 등록 교인 수가 250명을 넘었고, 교회는 규약에 따라 7명으로 이루어진 분립추진위원회를 꾸렸다. 그리고 설립 11주년 기념일인 2013년 7월 21일에 교회는 교우들 중 자원한 이들 81명을 분립 교회로 파송했다. 교회는 교우들을 보내는 것 외에도 분립 교회의 초기 운영 자금으로 7천만 원을 지원했다. 이 모든 일은 교회의 현실적 필요나 목사 한 사람의 목회 철학이 아니라 교회 설립 당시 교우들이 약속하고 명문화한 규약에 따른 것이었다.

둘째, 예인교회의 분립은 목사의 추진력을 통해서가 아니라 교우들이 철저하게 민주적 절차를 밟아나가면서 이뤄낸 것이었다. 2011년 11월 20일에 임명된 분립추진위원 7명은 모두 성도였다. 나중에 분립준비위원회(분준위)에 정성규 목사가 그리고 최종 단계인 분립준비팀(분준팀)에 분립 교회를 담임할 목사가 들어오기는 했으나, 그들은 분립을 주도하기보다 목회적 측면에서 보조했을 뿐이다. 분준위와 분준팀은 모두 운영위원회와 긴밀하게 소통하며 일했다. 그리고 운영위는 늘 그래왔듯이 각 아둘람을 통해 분립에 관한 의견을 모으고 조율했다. 분립 교회의 이름과 장소를 정하고, 정체성을 규정하고, 담임목사를 청빙하고, 분립에 참여할 교우들을 모으고, 분립 교회에 대한 재정 지원의 규모를 정하는 일 모두가 교인총회의 승인을 얻어 시행되었다. 그 모든 과정에서 정 목사가 주로 했던 역할은 설교를 통해 교우들에게 분립에 참여하라고 권하는 일이었다.

셋째, 예인교회의 분립은 중대형교회의 다운사이징(규모 줄이기)이나 프랜차이징(가맹점 만들기)이 아니라 작은 교회의 희생적인 자기 비움이었다. 예인교회가 분립할 당시 규모는 이제 겨우 등록 교인 250명을 넘긴 상태였다. 즉 하나의 공동체로서 이제야 비로소 본격적인 성장을 시작할 만한 단계에 이르러 있었다. 그런데 바로 그 단계에서 예인교회는 분립을 시행했다. 공교롭게도 그 무렵 교회 안에는 단순한 분립이 아니라 더욱 긴밀한 생활공동체를 이루고 싶어 하는 이들이 있었다. 교회는 그들의 꿈과 시도를 기꺼이 응원했고 20여 명의 교우가 그 움직임에 동참했다. 그러니 분립에 참여한 이들 80여 명뿐 아니라 그런 이들까지 합해 모두 1백여 명이 한꺼번에 교회를 떠난 셈이 되었다.

교회 설립 11주년 기념일인 2013년 7월 21일, 예인교회는 감격적인 분립 파송 예배를 드렸다. 한국 교회에 모범적인 선례가 될 만한 사안이었기에 여러 매체가 당시 예배를 취재해 보도했을 정도다. 그러나 감격은 순간이었고 곧바로 엄중한 현실이 시작되었다. 일주일 후, 여느 때처럼 주일예배를 드리기 위해 문화센터로 모여든 교우들은 문자 그대로 멘붕 상태에 빠졌다. 예배실 회중석의 절반 가까이가 비어 있었다. 지난 몇 년간 함께했던 교우들이 보이질 않았다. 매주 함께 밥 먹고 커피 마시며 수다를 떨던 아둘람 식구가, 연습 때마다 화음을 맞추던 동료 성가대원이, 밤늦게까지 머리를 맞대던 교회학교 동료 교사가, 지명방어 때 먼지를 뒤집어쓰고 땀을 흘리던 교우들이 보이질 않았다. 어느 정도 예상은 하고 있었으나 현실은 예상했던 것보다 훨씬 더 충격적이었다.

교회는 꽤 오랫동안 그 충격에서 헤어나오지 못했다. 정 목사는 종종 "회복하는 데 1년 걸렸다"고 말한다. 그때의 충격이 너무 커서였는지 교우들은 분립에 관한 규정을 고쳤다. 분립 이듬해에 교회는 규약 제8장 31조의 문구 중 '등록 교인'을 '정회원'으로 바꿨다. 두 번째 분립의 시기를 조금이라도 늦추기 위함이었다. 그러나 그후로도 교회는 계속해서 성장했다. 2022년 초에 교적부를 정리한 결과에 따르면, 예인교회의 등록 교인은 모두 355명이고, 정회원은 202명이다. 2020년에 팬데믹 상황이 발생하지 않았다면, 아마도 지금쯤 교회는 두려운 마음으로 두 번째 분립을 위한 준비에 들어갔을 것이다. 실제로 팬데믹 직전에 교회 일각에서는 이미 두 번째 분립에 관한 말들이 나오기 시작했다.

그렇다면 도대체 왜 예인교회는 그렇게 큰 충격을 경험하고도 여전히 분립을 고집하는 것일까? 2014년에 교회에서 자체 발행한 자료집 〈예인교회-더작은교회 분립백서〉에 그 질문에 대한 답이 실려 있다. 정성규 목사는 백서에 기고한 "분립의 가치"라는 글에서 교회가 분립해야 할 이유를 다음 세 가지로 제시했다.

첫째, 분립은 '하나님의 나라'를 위한 것이다. 모든 교회는 그 자체를 위해서가 아니라 하나님의 나라를 위해 존재한다. 그런 존재 목적을 위해서는 한 교회의 무한 성장이 아니라 작은 교회들이 마을마다 세워지는 것이 필요하다.

둘째, 분립은 '다음 세대'를 위한 것이다. 그 어떤 교회도 영원할 수 없다. 모든 교회는 언젠가는 소멸한다. 교회가 소멸하지 않고 남아서 다음 세대에게 신앙을 물려주기 위해서는 그들이 선택할 수 있는 다수의 건강한 교회들이 필요하다. 그러나 오늘날 개척 교회들은 너무 약해서 기존의 교회들보다 빨리 소멸하는 경향이 있다. 교회가 지속적으로 존립하기 위해서는 개척보다는 기존의 교회가 자립 가능한 규모의 훈련된 신자들과 목사들을 내보내는 방식으로 분립할 필요가 있다.

셋째, 분립은 '교회의 공동체성 회복'을 위한 것이다. 흔히 초대교회는 교회의 공동체성이 가장 잘 나타났던 이상적인 교회로 묘사된다. 그런데 그런 초대교회는 규모가 작았다. 기껏해야 마가의 다락방에 120명이 모이는 정도였다. 신자들이 서로 긴밀하게 소통하기 위해서는 교회의 규모가 커져서는 안 된다.

근거가 있는지 없는지는 모르겠으나, 흔히 목회자들은 교인수 300

명을 목회하기 딱 좋은 규모라고 여긴다. 교인수가 그 정도가 되면 예배당 건축도 가능하고, 목사의 사례비 걱정도 없고, 심지어 교회 밖의 일들에도 관여할 만한 여력이 생긴다고 여겨서일 것이다. 그런데 예인교회는 바로 그 규모가 되었을 때 스스로 자신의 일부를 떼어내는 분립을 감행했다. 교회의 규모를 키워 더 큰 일을 하는 것보다 차라리 규모를 줄이는 것이 예인교회뿐 아니라 한국 교회 전체의 건강을 위해 바람직하다고 믿었기 때문이다.

유감스럽게도 그런 분립은 실패로 끝났다. 그리고 더욱 유감스럽게도 오늘날 교회는 성장을 꾀하는 것 자체가 어려운 상황에 있다. 싫든 좋든 교회는 작은 규모로 유지될 수밖에 없게 되었다. 예상하건대, 예인교회가 두 번째 분립을 추진할 상황은 그리 쉽게 찾아오지 않을 것이다. 해서 요즘 예인교회는 교회의 건강성을 유지하고 존재 목적을 구현하기 위한 새로운 길을 찾느라 분주하다. 그 문제는 마지막 장에서 다룰 것이다.

어느 부목사의 '교회 심기'

2018년 11월 25일, 이정한 목사의 고별설교가 있었다. 이 목사는 지난 8년간 예인교회에서 교육을 담당해 왔다. 이 목사는 예의 바르고 지적이며 설교도 잘했다. 무엇보다도 회중의 찬양을 이끄는 솜씨가 일품이었다. 대개 노래 잘하는 찬양 인도자들은 자기 목소리를 내느라 청중을 백코러스로 만드는 경향이 있다. 그러나 이 목사는 탁월한 노래 실력을 지녔으면서도 늘 자기 목소리를 낮춰 청중의 찬양을 뒷받침했다. 그가 떠난다는 소식을 들었을 때 교우들은 무엇보다도 이제 더는 그와 함께 찬양할 수 없게 된 것을 섭섭해했다.

고별설교를 통해 이 목사는 교회 개척 계획을 밝혔다. 그는 언젠가는 개척을 할 계획이었으나 교회에서 그 얘기를 꺼낸 적은 한 번도 없었다. 이전에 섬기던 교회에서 어느 부교역자가 개척 문제로 교회를 소란스럽게 했던 것을 떠올렸기 때문이다. 당시 그 목사는 몰래 교우들을 만나 자신과 함께 나가자고 했다. 그 소식을 들은 담임목사와 장로들은 그를 괘씸하게 여겼다. 결국 그 목사는 교우 중 몇 사람을 이끌고 나가 교회를 개척했는데, 그후 그 목사를 따라 나간 이들과 본교회 교우들은 계속 서로를 비난했다. 이 목사는 혹시라도 자기 때문에 교회에 그런 분란이 생기는 것을 원치 않았다. 그리고 사실은 당장 교회를 개척할 생각도 없었다. 워킹맘인 부인의 노고를 덜기 위해 당분간 사역을 그만두고 육아에 전념할 생각이었다. 한데 그가 조만간 교회를 그만둘 것이라는 소문을 들은 청년들 몇이 그를 찾아와 말했다.

"혹시 개척을 하신다면 목사님과 함께하겠습니다."

그런 제안을 들은 이 목사는 잠시 고민한 끝에 개척을 결심했다. 누구든 자기를 필요로 하는 이들이 있다면 어떤 형태로든 그들과 함께해야 한다는 생각에서였다. 그리고 무엇보다도 청년들 몇 사람과 함께하는 작은 규모의 교회라면 목회와 육아를 병행할 수도 있을 것 같아서였다.

이 목사는 정성규 목사에게 자신의 결심을 알리고 조언을 구했다. 정 목사는 이 목사의 결심을 칭찬하고 지지했다. 그러면서도 혹시라도 교회가 혼란에 빠지지 않도록 신중하게 처신할 것을 부탁했다. 정 목사는 이 목사의 결심을 운영위원회에 알렸고 운영위는 두 차례에 걸쳐 이 목사와 면담했다. 운영위는 교회를 아끼는 이 목사의 마음과 개척 계획 모두를 이해하고 지지했다. 그러나 당분간은 그 계획을 공론화하지 말도록 권했다. 이 목사는 그렇게 했고, 교회에서 그의 계획을 아는 이들은 소수였다.

한 해의 사역이 마무리되는 11월 말, 교회는 이 목사의 사임과 개척 계획을 교우들에게 알렸다. 정 목사는 이 목사에게 고별설교를 통해 교우들에게 그가 어떤 교회를 세우고 싶은지 설명하라고 권했다. 새로운 교회에 대한 비전을 제시함으로써 개척에 동참할 교우들을 모으라는 것이었다. 하지만 이 목사는 고별설교 때 이렇게 말했다.

"물론 제가 꿈꾸는 교회의 모습이 있기는 합니다. 그러나 저 혼자 교회의 모습을 만들고 싶지 않습니다. 혹시라도 새 교회에 참여할 분이 계신다면 그분들과 논의해서 교회의 모습을 그려나가겠습니다. 그것이 제가 지난 8년간 예인교회에서 배운 목회였습니다."

이 목사는 새로운 교회에 동참하기로 한 교우들이 있음을 밝혔다. 하지만 이 목사와 그들은 새 교회를 세우기로 합의했을 뿐 구체적인 계획은 아무것도 없는 상태였다. 그때까지 그들이 합의한 것은 하나뿐이었다. '개척'이라는 말을 사용하지 않기로 한 것이 그것이었다. 그들은 '개척'이라는 단어가 주는 무겁고 비장한 느낌에서 벗어나고자 했다. 그들은 자신들이 하려는 일이 무거운 과업이 아니라 즐거운 실험이 되기를 바랐다. 논의 끝에 '교회 개척'이라는 말 대신 '교회 심기'라는 용어를 쓰기로 했다. 바울이 고린도 교회를 향해 쓴 편지에 나오는 말에서 힌트를 얻었다. "나는 심었고 아볼로는 물을 주었으되 오직 하나님께서 자라나게 하셨나니 그런즉 심는 이나 물 주는 이는 아무것도 아니로되 오직 자라게 하시는 이는 하나님뿐이니라"(고전 3:6-7).

그들은 바울이 그랬던 것처럼 새 교회를 심으려 했다. 하나님이 그 교회를 자라게 하시리라 믿고 바라면서.

그러나 어떤 용어를 사용하든 요즘 같은 시절에 교회를 세우는 것은 쉬운 일이 아니다. 성공보다는 실패 가능성이 훨씬 크다. 교회를 심고자 하는 이들에게도 그런 두려움이 있었을 것이다. 이 목사는 고별 설교를 마무리하면서 이렇게 말했다.

"잘 아시겠지만 교회 심기가 늘 성공하는 것은 아닙니다. 만약 저희가 실패한다면, 교회다운 교회를 찾기가 힘든 이 시절에 저희는 어디로 갈 수 있을까요? 그럴 때 기꺼이 다시 돌아올 수 있도록 지금 웃으며 보내주시기 바랍니다. 몇 주 전에 담임목사님이 하신 설교의 한 대목이 기억납니다. 시집가는 딸에게 아빠가 들려준 말이었습니다. '언제든 네 맘이 아니다 싶으면 돌아와라. 네가 그렇게 판단하면 그게 옳은 거다.' 다시 돌아오지 않도록 최대한 노력하겠습니다. 그럼에도 혹시라도 누군가 실패해서 돌아온다면, 시집갔다 돌아오는 딸처럼 따뜻하게 맞이해 주시기 바랍니다. 그러나 다시 말씀드리지만 가능한 한 다시 돌아오지 않도록 최대한 노력하겠습니다. 모두 천국에서 뵙게 되기를 바랍니다."

정 목사는 광고시간에 교회 심기에 더 많은 교우들이 동참해 줄 것을 권했다. 건강한 교회 하나가 너무 아쉬운 때에 예인교회에서 사역하던 좋은 목사가 나가서 새 교회를 세우는 것은 온 교회가 진심으로 축하하고 지원해야 할 일이라고 했다.

예배가 끝난 후 예배실을 나서던 아내가 교우들과 인사를 나누는 정 목사와 이 목사를 차례로 끌어안았다. 목사들도 나도 영문을 몰라 당황했다. 집에 오던 길에 아내에게 도대체 왜 그런 짓(?)을 했느냐고 물었다. 아내가 답했다.

"떠나는 사람도, 보내는 사람도 너무 멋지잖아!"

그해의 마지막 주일인 12월 30일, 교회는 이 목사 내외를 포함해 23명을 환송했다. 교회 심기에 나서는 이들 대부분은 그동안 교회에서 아주 열심히 활동해온 청년들이었다. 예인교회로서는 여러 해 공들여 키운 자식들을 부목사에게 빼앗기는 셈이었다. 게다가 그들 중에는 전년도에 운영위원장을 했던 장호철·이현희 권사 부부가 포함되어 있었다. 예인교회에서 운영위원장은 전통적인 교회의 수석장로에 해당한다. 장 권사가 떠나는 이들을 대표해 인사말을 했다.

"교회를 떠난다고 생각하지 않습니다. 교제를 계속할 것입니다. 이곳에서 배운 것을 실천하려 할 것입니다. 저희가 잘할 수 있도록 기도해 주시기 바랍니다."

이듬해 5월 19일, 예인가족 체육대회가 열렸다. 지난해 말에 교회 심기를 위해 떠난 옛 교우들까지 참가하는 연합 행사였다. 그때까지는 아직 교회 이름을 정하지 않은 채 모이고 있었기에 우리는 그들을 '심는사람들'이라고 불렀다. 해서 그날 행사의 명칭은 "둘이 한 몸 되어 더불어 행복한 예인-심는사람들 연합체육대회"였다. 예배 전 설교는 심는사람들을 이끄는 이 목사가 했다. 몇 달 만에 만났으나 참가자들은 예전처럼 스스럼없이 어울렸다. 마치 잠시 선교 여행을 떠났던 이들이 돌아와 다시 어울리는 느낌이었다.

이 글을 쓰느라 이 목사와 전화 인터뷰를 했다. 이 목사는 자신의 사임과 교회 심기 과정에서 교회가 자신을 믿어주고 적극적으로 지원해 준 것에 감사했다. 아직 정해진 예배처는 물론이고 교회 사무실조차 없는 상태이기에 토요일마다 예인교회 사무실에서 주일예배에 필요한 주보와 인쇄물들을 제작하고 있었다. 그 과정에서 목회 임상 경험이 풍부한 정 목사로부터 이런저런 조언을 얻고 있다고 했다. 그뿐 아니라 자기가 떠난 후에 예인교회에 부임한 부교역자들과도 친밀한 교제를 나누고 있다고도 했다. 요즘 교회의 형편은 어떠냐고 묻자 이 목사가 살짝 상기된 음성으로 말했다.

"작년에 팬데믹 상황이었음에도 교회가 성장했어요. 두 가정이 새로 들어왔어요. 곧 태어날 아기들이 셋이나 됩니다. 비대면 상황에서 온라인 예배를 드리느라 예배장소를 빌리는 비용을 아낄 수 있었어요. 덕분에 교회 예산의 15퍼센트를 '나눔'에 사용할 수 있었고요. 저, 예인교회에서 배운 대로 목회하고 있습니다."

이 목사의 말을 듣는 동안 과거 편집자 시절에 편집했던 책 제목이 떠올랐다. 《생존을 넘어서는 교회》(*Beyond the Survival Mentality*, UCN 역간). 원서 제목은 "생존의식을 넘어서"였다. 책의 요지는 간단했다. 어떻게든 살아남아야 한다는 '생존의식'에 빠진 교회는 바로 그 생존의식 때문에 죽지만, 그런 의식을 넘어서 교회다움을 추구하는 교회는 살아남는다는 것이었다. 부목사가 그동안 애써 키웠던 청년 교우들을 이끌고 나가 교회를 세우는 것을 지원했던 예인교회도, 팬데믹이라는 어려운 상황에서도 건강한 교회를 세우기 위한 모험을 계속하고 있는 심는 사람들의 교회도 교회를 죽음으로 몰아가는 생존의식쯤은 이미 훌쩍 넘어선 것처럼 보였다.

청년들의 반란

    2018년에 예인교회 청년부 부장직을 맡았다. 누굴 가르치거나 이끄는 일에 자질이 없음을 너무나 잘 알기에 몇 번이나 고사했으나 나보다 고집이 훨씬 센 전임 부장의 거듭되는 강권을 이기지 못해 억지로 맡았다. 맡으면서 전제를 달았다. "청년부 담당 목사님이 계시니 저는 '바지 부장' 노릇만 하겠습니다." 그리고 실제로 그렇게 했다. 결재 서류에 서명하고 간간이 밥값이나 내면서.

    그해에 우리 교회에 부임해 청년부를 담당하게 된 이는 이제 막 안수를 받은 햇병아리 목사였다. 부장은 교육에 의욕이 없는 바지였고 담당 목사는 햇병아리였으니 청년부가 제대로 굴러갈 리 없었다. 청년부가 삐걱거리는 게 보였다. 그렇다고 의욕을 부릴 수도 없었다. 엄연히 담당 목사가 있는데 부장이 발 벗고 나서는 것도 우스웠고 나서봤자 별 효과도 없을 듯해서였다. 부장으로서 내가 할 수 있는 일은 주일마다 목사를 만나 청년부의 현황을 듣고 격려하는 게 전부였다.

목사와 대화할 때마다 불안한 마음이 들었다. 그는 청년들과 라포 (rapport:친밀한 관계)를 형성하지 못하는 것 같았다. 뭐가 문제냐고 물었더니 청년들이 자신의 지도를 잘 따르지 않는다고 했다. 자기는 청년들과 함께 예배도 드리고 자신이 지도자 자격증을 갖고 있는 프로그램도 진행해 보고 싶은데 청년들은 예배에도 프로그램에도 관심이 없다는 것이었다. 여름에 1박2일 동안 진행된 청년부 수련회 때도 청년들에게 무엇을 하고 싶으냐고 물었더니 아무것도 하지 않고 그냥 밤새 대화하며 놀고 싶다고 했단다. 속으로 나는 '그것도 나쁘지 않겠다'고 여겼다. 목사가 청년들과 밤새 대화하는 것도 의미가 있어 보여서였다. 문제는 목사가 청년들과 대화가 되지 않는다는 것이었다. 어느 주일에 로비에서 마주친 청년들이 인사를 하기에 물었다. "그래, 잘들 지내지? 목사님은 잘하시니?" 청년 하나가 빙글거리며 말했다. "조금 답답해요. 왜 그러시는지 모르겠는데 자꾸 우물쭈물하세요."

그로부터 몇 주 후에 아둘람 주일 행사가 있었다. 내가 속한 아둘람과 청년 아둘람이 연합으로 예배를 드렸다. 1부 예배 때는 청년부장인 내가 설교를 맡았고, 2부 행사 때는 청년부 담당 목사가 프로그램 진행을 맡았다. 그가 지도자 자격증을 갖고 있다는 그 프로그램인 듯했다. 목사는 프로그램을 아주 잘 이끌었다. 프로그램이 진행되는 동안 속으로 '아, 저분에게 이런 재능이 있었구나' 생각했다. 그러나 목사가 프로그램 진행을 잘하는 것과 목회를 잘하는 것은 다른 문제다.

교회 민주주의

연말에 목사에게서 연락이 왔다.

"부장님, 저좀 도와주십시오. 청년들이 내년도 청년부 운영방식을 바꾸려고 하는데 저로서는 받아들이기가 어렵습니다."

부장직을 맡은 후 처음으로 청년부 회의에 참석했다. 회의 안건을 들어보니 기가 막혔다. 나이 많은 청년들이 주도해서 마련한 계획의 요지는 청년부 지도 목사를 '바지저고리'로 만드는 것이었다. 청년부를 세 개의 아둘람으로 재편한 후 성인 아둘람처럼 자기들끼리 아둘람 모임을 진행하겠다는 것이었다. '그럴 경우 청년부 지도 목사는 뭘 해야 할까' 하고 물으니 아무도 답을 하지 않았다. 청년들은 목사의 존재 이유를 알지 못하는 듯했다.

실제로 회의가 진행되는 동안 청년들의 발언을 들어보니 목사에 대한 불신이 팽배했다. 특히 나이 많은 청년들 대부분이 그러했다. 그들과 새로 부임한 젊은 목사는 나이도 별 차이가 나지 않았다. 청년들이 교만하거나 비뚤어졌다는 얘기가 아니다. 그들은 그 목사와 거의 같은 처지에 있던 전임 목사들을 꽤 존중하고 따랐기 때문이다.

목사는 처음부터 청년들을 휘어잡지 못했다. 카리스마가 없어서가 아니었다. 요즘 청년들은 카리스마 있는 지도자를 원하지 않으며 그런 지도자에게 사로잡히지도 않는다. 그 목사는 자신이 목회하는 대상을 끌어안을 만한 품이 없었다. 모름지기 목사란 먼저 사람을 품고 이해하면서 이끌어야 함에도 그는 오히려 자신의 목회 대상이 먼저 자신을 인정하고 따라 주기를 바랐다. 1년간 그와 대화하면서 내내 느꼈던 게

그것이었다. '아, 이분은 인정 욕구가 강하구나.'

실제로 그는 나와 대화할 때도 늘 자기 얘기만 했다. 그는 자신이 담당하는 청년부의 부장인 나에게 아무런 관심이 없었다. 나는 그처럼 신학을 공부한 사람이었고, 그가 나온 대학의 자매기관에서 여러 해 일했고, 덕분에 그를 가르쳤던 교수들과도 꽤 가까이 지냈다. 그러니 그와 나는 함께 나눌 수 있는 이야기가 아주 많았다. 그럼에도 그는 놀라울 정도로 나에게 무관심했다. 그가 하는 말의 주어는 늘 '나'였다. 그에게 나는 자기의 말을 들어주는 대상이었을 뿐이다. 내가 보기에 그것은 '욕심'이 아니라 '약함'이었다. 그는 목사로서 다른 사람들을 품기에는 너무 약했다.

청년회장이 청년부의 새로운 운영안을 발표한 후에 토론이 시작되었다. 토론은 거의 일방적이었다. 새로운 운영안을 마련한 나이 많은 청년들이 대화를 주도했고 어린 청년들은 듣기만 했다. 그대로 토론이 끝나고 표결을 한다면 결과는 뻔할 것 같았다. 청년들의 토론이 끝나갈 즈음에 발언권을 얻어서 다음과 같은 내용으로 한마디 했다.

두 가지 이유에서 여러분의 계획에 찬성하지 않는다. 첫째, 청년부는 교회 조직상 교육부서에 속한다. 여러분이 아무리 머리가 컸다고 해도 여전히 교육을 받고 있는 세대이다. 나이 많은 청년들은 어떨지 몰라도 이제 막 고등부 마치고 올라온 청년들은 아직 햇병아리인 셈이다. 그러니 나이 먹은 청년들 중심으로 생각해서는 안 된다. 스스로 더는 교육이 필요 없다고 여긴다면 청년부를 떠나서 성인 아들람으로

가면 된다. 여러분 나이에 결혼해서 이미 성인 아둘람에 속해서 활동하는 이들이 있으니까. 그러니 청년부에 소속되어 있으면서 성인 아둘람처럼 지내려고 하는 건 바람직하지 않아 보인다. 둘째, 교회는 청년과 학생들만 길러내는 곳이 아니다. 미래의 목회자를 길러내는 곳이기도 하다. 그래서 조금 부족한 것이 있어도 젊은 목사들에게 학생들을 지도할 기회를 부여해 훈련을 시키는 것이다. 그런 과정을 거치지 않고서 온전한 목회자가 되는 사람은 없다. 그러니 교회가 젊은 목회자를 훈련할 기회를 여러분이 빼앗아서는 안 될 일이다.

다분히 꼰대 느낌이 나는 발언이었으나 청년부 부장 입장에서는 그럴 수밖에 없었다. 그러나 이른바 민주적인 교회에서는 부장이 한마디 한다고 그게 곧바로 결론이 되지는 않는다. 모든 중요한 사안은 투표를 통해 결정된다. 하기야 그러니까 청년들이 그런 계획을 세우고 추진하려고 했을 것이다. 다행인지 아닌지, 나이 많은 청년들이 주도한 새로운 청년부 운영계획은 투표를 통해 부결되었다. 빅마우스 선배들의 기세에 눌려 자기 뜻을 밝히기 어려워했던 어린 청년들이 얌전하게 '아니오'에 표를 던졌던 것이다. 어쩌면 내가 한 말이 영향을 주었을 수도 있다. 어쩌면 내 말이 없었더라도 청년들 중에는 이미 그런 생각을 하던 이들이 있었을 수도 있다. 토론 과정에서 몇몇 청년에게서 '이건 아닌데' 하는 표정을 보았기 때문이다. 어쨌거나 최종 결론은 새로운 청년부 운영계획 부결로 나왔다.

연말에 교회는 그 목사를 초등부로 발령냈다. 그런 리더십으로 청년부를 지도하는 건 불가능하다고 판단했기 때문이다. 그리고 친화력과 지도력을 모두 갖춘 안태훈 목사를 청년부로 보냈다. 새로운 계획을 주도했던 청년 중 몇은 이듬해에 교회를 떠났다. 그리고 청년들에게 신임을 얻지 못했던 목사 역시 1년 후에 교회를, 아니 목회직 자체를 떠났다. 그가 떠나면서 나에게 말했다. "이제 목회는 못 할 것 같아요." 나도 그럴 거라고 여겼다. 그가 목회 대상을 끌어안을 만한 품을 키우지 못한다면 말이다.

나는 그 회의 직후에 부장직 사임 의사를 밝혔다. 나는 나이 많은 청년들의 계획의 무모함과 논리적 허점은 분명하게 파악했으나 그런 계획을 내놓을 만큼 절실했던 그들의 상황에 대해서는 공감하지 못했다. 나에게는 청년 교육을 입에 담을 만한 자격이 없었다. 어차피 처음부터 몸에 맞지 않는 옷이었다. 해서 1년 만에 부장직을 그만뒀다.

혹자는 청년들이 담당 목사를 무시한 채 투표를 통해 청년부 운영 방식을 바꾸려 했던 이 일을 민주적인 교회의 위험성을 보여주는 사건으로 바라볼 수도 있을 것이다. 그러나 내 생각에 이 일은 본질상 '교회의 민주적 운영'이 아니라 '목사의 리더십'과 관련된 문제였다. 목사의 리더십 문제를 민주적 교회 운영의 문제로 호도하는 것은 옳지 않다.

목사와 장로에 대한 징계

내가 어릴 때 모교회를 담임했던 목사는 키가 작고 얼굴이 검은 편이었다. 얼핏 보면 사찰 집사로 보였다. 실제로 그는 교회의 온갖 잡일을 해가며 목회를 했다. 교회 울타리 관리와 꽃밭 가꾸기는 물론이고 심지어 재래식 변소 청소까지 직접 했다. 지금 생각해 보면, 카리스마는커녕 그런 모습으로 어떻게 목회를 했을까 싶을 정도로 순박했다. 그럼에도 모교회의 어른들에게 그동안 교회를 거쳐 간 목사 중 누가 가장 목사다웠느냐고 물으면 대부분 그를 지목했다.

"그 양반, 생긴 건 머슴이었어도 진짜 목사였어."

한데 내가 고등학교 2학년 때 그 목사가 갑자기 교회를 떠났다. 나중에 들어보니, 익명의 투서 때문이었다. 어느 날 나의 아버지를 포함해 네 명의 장로들에게 편지가 한 통씩 배달되었다. 편지 내용은 동일했다. 목사가 헌신적으로 목회를 하고 있음에도 장로들이 제대로 보필을 하지 않아 교회가 부흥하지 않는다는 것이었다. 그러니 장로직에서 물러나든지 아니면 목사 보필을 똑바로 하라는 것이었다. 장로들이 며칠간 수소문한 끝에 결국 투서자들을 찾아냈다. 다름 아닌 교회 청년들이었다. 장로들이 그들을 불러다 다그치자 놀랍게도 청년들의 입에서 사모가 거론되었다. 사모는 남편 목사와 달리 야심이 있었다. 장로들이 뒷받침만 해주면 교회가 부흥할 것 같은데 장로들 때문에 교회가 늘 제자리라고 여겼다. 그 때문에 속이 상했는지 자기를 따르는 청년들을 부추겨 장로들에게 편지를 쓰게 한 것이다.

장로들은 사모에게 사과를 요구하는 선에서 마무리하려 했다. 그러나 목사가 사퇴 의사를 밝혔다. 사모가 그런 짓을 한 마당에 자기가 어떻게 장로들과 함께 목회를 하겠느냐는 것이었다. 장로들의 만류에도 불구하고 결국 그는 우리 교회보다 훨씬 못한 교회로 임지를 옮겼다. 일종의 '셀프 징계'였던 셈이다. 교회 어르신들이 그를 진짜 목사로 기억하는 이유 중 하나다.

내가 사회생활을 시작했던 1989년에 담임목사가 교체되었다. 새로 온 목사와 사모는 부임하자마자 교우들을 개인적으로 불러내 교제하면서 자기편으로 만들었다. 그가 부임한 후 석 달쯤 되었을 때 우리 부부도 명동 어디론가 불려가 그들 부부와 닭튀김을 먹고 온 적이 있다.

1990년대 초, 내가 성가대 총무 노릇을 할 때였다. 당시 음악대학을 갓 졸업하고 우리 교회 성가대를 지휘하던 청년과, 내가 중등부 교사

시절에 가르쳤던 제자인 성가대 알토 파트장을 짝지어주려 했다. 약발이 먹혔던 것인지 두 사람 사이에 핑크빛 기류가 돌기 시작했다. 작은 교회에서 청년들의 연애 소식이 떠도는 것은 일도 아니었다. 그러던 어느 날 터무니없는 일이 터졌다. 사모가 여자 교우들과 잡담하던 중에 얼토당토않은 농담을 했다. 알토 파트장이 정신 바짝 차려야 한다면서 소프라노 파트장이 지휘자를 넘보고 있다는 것이었다. 소프라노 파트장이 지휘자를 유혹하기 위해 매주 짧은 치마를 입고 교회에 온다는 얘기였다.

그런 농담이 기막혔던 이유는, 소프라노 파트장은 이미 결혼해 아이를 셋이나 가진 유부녀 집사였기 때문이다. 성격이 호방하고 옷차림이 튀기는 했으나 누구보다도 가정에 충실한 아내이자 세 아이의 엄마였다. 소프라노 파트장은 사모가 그런 농담을 했다는 소식을 듣고 기겁했다. 도대체 사모가 자기를 얼마나 하찮게 보았기에 동료 교우들 앞에서 인격 살인이나 다름없는 그런 농담을 한 것일까? 그 말을 들은 여집사의 남편이 격분했다. 공수부대 출신으로 택시 운전을 하던 남편이 사택으로 찾아가 목사의 멱살을 잡았다. "마누라 주둥이도 간수 못 하는 놈이 목회는 무슨……."

교회가 발칵 뒤집혔다. 그 소문이 나자 교우들로부터 목사와 사모에 대한 고발이 봇물 터지듯 쏟아져나왔다. 주로 돈과 관련된 문제들이었다. 목사가 가난한 교우들에게 돈을 빌리고 갚지 않았다는 것이었다. 교우들은 목사가 하도 어렵다고 하기에 쌈짓돈을 빌려줬다는데 목사는 교우들이 그냥 준 것이라고 주장했다. 한두 건이 아니었다.

목사가 정상이었다면 당장 사퇴해야 마땅했다. 교회가 정상이었다면 목사와 사모를 내쫓아야 마땅했다. 그러나 목사는 버텼다. 버텼을 뿐 아니라 자기를 지지하는 교우들을 결집해 자기를 징계하려는 교우들을 비난하게 했다. 교회는 담임목사 반대파와 지지파로 양분되었고 양분된 교우들은 서로 비난하며 싸웠다. 교회가 콩가루가 되었음에도 지지파의 반대로 징계는 무산되었다. 그 일로 크게 실망한 이들이 교회를 떠났다. 우리 부부도 그때 교회를 떠났다. 그 목사는 그로부터 10여 년 후에 또 다른 문제로 교회를 어지럽히다가 결국 쫓겨나고 말았다. 제 때에 그를 징계하지 못했던 교회는 그가 목회하는 십수 년 동안에 망가질 대로 망가졌다.

2018년 봄, 예인교회가 은밀하게 시끄러웠다. 교우 중 두 가정의 갈등 때문이었다. 갈등의 원인은 어느 교우의 집 리모델링이었다. K 장로는 인테리어업자였다. 그는 정교함은 부족했으나 공사비를 낮추는 방식으로 많은 일을 해내는 사람이었다. 소문이 나서인지 그에게 시공을 맡기는 교우들이 꽤 있었다. 김 집사도 그들 중 하나였다. 김 집사는 K 장로에게 자기 집 리모델링을 의뢰했다. 공사가 끝났을 때 김 집사는 불만스러웠다. 공사가 자신이 원하는 대로 되지 않았기 때문이다. 김 집사는 K 장로에게 불만을 표시하며 하자 보수를 요구했다. 그러나 K 장로는 그 요구에 적극적으로 응하지 않았다. 워낙 싸게 했으니 그 정도면 되지 않았냐는 식이었다. 양측이 옥신각신하다가 서로 감정이 상했다. 김 집사는 K 장로가 불성실하고 무책임하다고 여겼고, K 장로는 김 집사가 무례하다고 여겼다.

큰돈을 들여 리모델링을 맡겼다가 낭패를 본 김 집사는 주변 사람들에게 K 장로에 대한 불만을 토로했다. 그러자 K 장로도 자기 주변 사람들에게 김 집사를 비난했다. 늘 그렇듯이 이쪽을 편드는 이들과 저쪽을 편드는 이들이 나타났다. 그리고, 다시 늘 그렇듯이, 양쪽 사람들은 서로 '논점'이 달랐다. 김 집사를 편드는 이들은 K 장로의 불성실과 무책임을 탓했고, K 장로를 편드는 이들은 김 집사의 무례함을 탓했다. 서로의 논점이 다르니 접점이 찾아질 리 없었다. 시간이 흐르면서 말에 말이 덧붙여지자 교회가 술렁이기 시작했다.

그 과정에서 김 집사가 정 목사에게 K 장로와의 문제를 처리해주기를 청했다. 그러나 정 목사는 두 사람에게 화해를 권할 뿐 별다른 행동을 취하지 않았다. 그럴 수밖에 없는 측면이 있기는 했다. 양측이 한 치도 양보할 마음이 없는 상황에서 중재는 불가능했다. 게다가 교회 일에는 절차가 필요한 법이다. 누가 봐도 책임 소재가 뻔한 교통사고 하나를 처리하는 데도 얼마나 번거로운 절차를 밟아야 하는지 생각해보면 쉽게 알 수 있는 문제다. 정 목사와 운영위원회는 갈등 해결을 위해 우선 두 당사자를 한 자리에 불러 모으려 했으나 뜻대로 되지 않았다. 두 사람은 각자 자신의 입장만 되풀이할 뿐 서로 얼굴을 보려고 하지 않았다. 양측 모두 입으로는 화해를 원한다고 했으나 실제로는 상대편의 일방적인 항복 혹은 자기에게 유리한 결정을 원했다. 정 목사와 운영위원회는 이러지도 저러지도 못한 채 시간만 흐르고 있었다.

그러는 동안에 교우들 사이에서 정 목사와 운영위원회에 대한 불만이 터져 나왔다. 사안이 명백함에도 목사와 운영위가 K 장로에 대한 권징을 미루며 문제를 악화시키고 있다는 것이었다. 특히 정 목사에 대한 불만의 소리가 높았다. 목사 내외가 K 장로 내외와 가까운 사이여서 두둔한다는 것이었다. 교회 일각에서는 정 목사와 운영위원회가 못하면 장로들을 중심으로 치리위원회를 구성해서라도 문제를 해결해야 한다는 강경한 주장이 나왔다. 그러나 이 주장은 운영위원회의 반대로 무산되었다. 그러자 정 목사와 운영위의 처사가 마땅치 않았던 다른 교우들 사이에서 이번에는 K 장로가 아니라 문제 해결에 적극적으로 임하지 않은 정 목사와 운영위의 책임을 묻는 치리위원회를 구성해야 한다는 더 강경한 주장이 등장했다. 문제가 얽히고설키면서 교회는 점점 더 혼란스러워졌다.

그러는 사이에 김 집사 가정이 깊은 실망을 표시하며 교회를 떠났다. 그에게 동조했던 다른 몇 사람도 함께 떠났다. 교회로서는 절차를 밟아 무언가 결정을 내리기도 전에 원고측 교우가 손을 털고 나간 셈이 되었다. 갈등은 그렇게 끝났지만 교회가 아무것도 하지 않을 수는 없었다. 그랬다가는 정말로 목사와 운영위가 K 장로를 두둔하느라 피해를 보았다는 교우를 쫓아낸 꼴이 될 것이기 때문이었다. 운영위원회는 고심 끝에 K 장로에게 스스로 교회를 떠나주기를 청하기로 했다.

정 목사가 K 장로를 만나 교회의 입장을 전했다. K 장로는 교회의 입장을 이해하고 받아들였다.

그해 4월 8일 주일예배 광고시간에 운영위원장이 교우들에게 K 장로와 김 집사, 그리고 김 집사에게 동조했던 몇 사람이 교회를 떠났음을 알리고 운영위가 이번 일에 적절하게 대처하지 못했음을 사과했다. 이어서 정 목사 역시 교우들 앞에서 자신이 담임목사로서 이번 일을 처리하는 데 미흡했음을 공식적으로 사과했다.

K 장로에게 교회를 떠나주기를 요구한 것, 그리고 운영위원장과 담임목사의 사과 모두 교회의 공식적인 징계였다. 어떤 이들에게는 너무 약한 조처로 보일 수도 있었으나(실제로 며칠 후 김 집사는 교회의 그런 조처와 내가 그런 조처를 칭찬한 것에 대해 불만을 표하는 글을 내게 보내왔다), 이는 내가 평생 교회 생활을 하면서 처음 경험한 목사와 장로에 대한 공식적인 징계였다.

은밀한 돌봄과 나눔

어느 토요일 아침, 핸드폰 벨이 울렸다.

"권사님, 오늘 혹시 집에 계세요?"

성가대장 추배식 집사였다. 할 얘기가 있다고 했다. 내가 전임 성가대장이니 성가대 문제를 상의하려는 거겠거니 싶어 오라고 했다. 거실에서 차를 한잔하면서 이런저런 얘기를 나눴다. 뭔가 할 말이 있는데 차마 말을 꺼내지 못하고 우물쭈물하는 것처럼 보였다.

내가 웃으며 물었다.

"뭔데요? 말해 보세요."

그러자 그가 조심스럽게 말했다.

"권사님, 혹시 제가 예봄위원장인 거 아세요?"

예봄위원회는 교회 내 어려운 교우들을 돌보는 사역을 하는 조직이다. 예봄 사역은 몇 해 전 교회가 교회 밖의 어려운 이웃들에 대한 돌봄은 꽤 하면서도 정작 교우 중 형편이 어려운 이들을 돌보는 일에는 소홀했다는 자성에서 시작되었다. 교회는 매년 예봄 사역을 위한 예산을 편성해 교회 내 어려운 이들을 지원하고 있다. 사역 대상이 된 교우들은 최대 3백만 원을 세 차례까지 지원받는다.

예봄 사역의 특징은 '은밀함'이다. 예인교회에서 거의 모든 일은 유리알처럼 투명하게 이루어지지만, 예봄 사역만큼은 아주 은밀하게 이루어진다. 혹시라도 사역의 대상이 되는 교우들이 교회의 도움을 받았다는 사실 때문에 자존감을 잃지 않게 하기 위함이다. 그로 인해 교우들은 누가 예봄 사역을 통해 도움을 받았는지 알지 못한다. 어렴풋이 짐작은 할지라도, 확신하지 못한다. 교회가 단 한 번도 누가 그 사역의 대상인지 밝힌 적이 없기 때문이다.

그날 추 집사가 나를 찾아온 것은 나더러 예봄 사역의 도움을 받으라고 권하기 위해서였다. 나는 깜짝 놀랐다. 내가 비록 글쟁이로서 어렵게 살고 있기는 하나, 누군가의 도움을 받아야 할 정도는 아니었고, 교회에서 단 한 번도 생활이 어렵다는 말을 입밖에 낸 적이 없기 때문이다.

당황스럽기도 하고 자존심도 상하기도 했기에 대체 왜 나에게 그런 제안을 하는 것이냐고 따지듯 물었다. 설명을 들어보니, 발단은 나의 아내였다. 일주일 전 아내는 교회가 어려운 이웃에게 쌀을 나눠주는 봉사 활동에 참가했다. 그날 아내는 추 집사와 한 팀이 되어 움직였다. 이동하는 과정에서 이런저런 얘기를 나누다가 자연스레 내 근황까지 이어졌다. 아내는 요즘 기독교 출판계가 불황이어서 내가 고민이 많다는 말을 했다. 거기까지만 하면 좋았을 것을 얼마 전에 어느 작은 출판사의 의뢰로 작업한 책의 번역료가 제 때에 지급되지 않아서 어려움을 겪고 있다는 얘기까지 했다. 아내는 정말 별 뜻 없이 한 말이었다. 10년 넘게 전업 번역자로 살면서 드물지 않게 겪어온 일이었기에 아내는 그저 요즘 형편이 그렇다는 얘기를 했을 뿐이다. 나도 그렇지만 아내도 그때까지 추 집사가 예봄위원장이라는 사실 자체를 인식하고 있지 않았다. 예인교회에서 예봄위원회는 교우들의 주목을 끄는 조직이 아니다. 한데 추 집사가 아내가 무심코 한 말을 마음에 담아두었다가 나를 찾아와 예봄 사역의 지원을 받으라고 권했던 것이다.

추 집사의 제안을 받은 나는 펄쩍 뛰었다. 나는 비록 형편이 어렵기는 하나 교회의 도움을 받아야 할 만큼은 아니라고 했다. 번역료도 잠시 밀리고 있을 뿐 못 받을 돈이 아니라고 강변했다. 그러나 추 집사는 물러서지 않았다. 예봄 사역이 꼭 절대적 어려움에 있는 교우들만 돕는 건 아니다, 권사님처럼 일시적 어려움에 있는 이들도 대상이 될 수 있다, 그리고 솔직히 번역료가 일시적으로 밀린 것만이 문제가 아니라 집안에 다른 어려움도 있지 않느냐, 예봄위원장으로서 가장 큰 어려움이 사역 대상자를 찾는 문제인데 그게 참 쉽지가 않다, 대상자를 찾아서 예봄 지원금을 권하면 다들 권사님처럼 만류하셔서 집행이 쉽지가 않다, 어려울 때 교회의 도움을 받는 것도 믿음이 아니겠느냐, 지금 도움받으시고 나중에 여유가 생기면 그때 다른 이들을 도우면 되지 않느냐······.

한 시간 넘게 옥신각신하다가 결국 제안을 받아들였다. 솔직히 당시 사정이 어렵기도 했지만, 그보다는 그런 상황에서 끝까지 고집을 부리는 것은 어렵사리 우리 집으로 찾아와 장시간 나를 설득하기 위해 애쓴 이에 대한 예의가 아니라는 생각이 들었다. 나는 예봄 사역의 혜택을 받았다. 덕분에 밀린 번역료로 인한 생활비 충당을 위해 추가로 빚을 지지 않을 수 있었다.

그날 추 집사는 우리 집에 꽤 오래 머물렀다. 아마도 그동안 우리 집을 찾아온 교우들 중 가장 오래 머물렀을 것이다. 함께 점심을 먹고 커피를 마시며 온갖 얘기를 나눴다. 대화 도중에 지금 내가 쓰고 있는 이 책에 관한 얘기가 나왔다. 나는 그에게 내가 몇 해 전부터 이 책을 쓰려고 했으나 쓰지 못하고 있다고 말했다. 그가 어째서 그런 것이냐고 물어와 내가 답했다.

"집사님이 제 사정 알잖아요. 번역료가 한두 달만 밀려도 생활이 휘청거린다는 거. 제대로 된 책 한 권을 쓰려면 최소한 두세 달은 그 일에만 집중해야 하는데 제 형편에 그러기가 쉽지 않아요. 그러다가는 집안 망해요."

추 집사가 안타까운 듯 물었다.

"그렇군요. 무슨 방법이 없을까요?"

내가 농담 삼아 웃으며 말했다.

"글쎄요. 외국에는 작가가 생활 걱정 없이 글쓰기에 전념하도록 지원하는 이들이 꽤 있어요. 저도 하도 답답해서 후원자들을 모아볼까 하는 생각까지 해봤는데 시도할 엄두가 안 나네요."

그 말을 들은 추 집사가 눈을 반짝이며 말했다.

"그 후원자 모집, 제가 한번 해볼까요?"

그로부터 며칠 후 추 집사에게서 전화가 왔다. 자기가 몇 사람 접촉을 해봤는데 어느 장로와 집사가 선뜻 연구비 후원 의사를 밝혔다고 했다. 그러면서 자기가 후원자를 좀더 모아보겠다고 했다. 나는 그러지 말라고 했다. 긴 대화 끝에 농담 삼아 한 말이었는데 정말로 후원자가 나타났다니 기쁘기보다 덜컥 겁이 났다. 게다가 언제 시작할지도 모르는 일을 두고 교회에 소문을 내며 후원자를 모집하는 것도 몹시 부담스러웠다. 추 집사는 나에게 집필 준비가 되면 알려달라고 했다. 그로부터 꽤 시간이 흐른 후 내가 추 집사에게 집필 준비가 되었다고 알렸다. 그러자 후원을 약속했던 이들이 약속대로 연구비를 보내왔다. 이 책은 그렇게 해서 세상에 나올 수 있었다.

작년 여름, 이호순 집사가 우리 교회에 등록했다. 아내와 사회에서 만나 언니 동생 사이가 된 이 집사는 디자인 회사를 운영하는 디자이너 겸 사업가다. 이 집사는 몇 차례 내가 번역한 책의 표지 디자인 작업을 하면서 나랑도 꽤 친해졌다. 이 집사는 부천의 어느 큰 교회에 다니던 중 그 교회에 분쟁이 일어나 여러 해 방황했다. 그러던 중 우리 부부의 권면을 받아 예인교회에 등록하게 되었고, 교회에 빠르게 적응해 나갔다.

교회 민주주의

작년 말 성탄절 즈음에 이 집사의 페이스북에 흥미로운 글 하나가 올라왔다. 담임목사에게서 전화를 받았는데, 교우 중 한 사람이 꽤 큰 금액의 목적 헌금을 했다고 한다. 그 교우는 정 목사에게 코로나 때문에 어려움을 겪는 자영업자 교우들에게 각 1백만 원씩 보내 달라고 했단다. 정 목사의 전화를 받은 이 집사는 잠시 고민에 빠졌다. 주로 관공서를 상대로 사업을 해온 이 집사는 팬데믹 상황에서도 큰 어려움을 겪지 않았기 때문이다. 그렇다고 자기 사정을 설명하고 그 돈을 받지 않는 것도 적절하지 않아 보였다. 결국 이 집사는 그 돈을 감사히 받기로 했다.

그러나 이 집사는 그 돈을 쓸 수가 없었다. 해서 그는 자기보다 어려운 이웃에게 그 돈을 보내기로 했다. 평소에 알고 지내던 사회복지사에게 연락해 돈을 보낼 만한 이들을 선정해 달라고 했더니 무려 세 사람의 명단을 보내 왔다. 게다가 이 집사와 다른 교회에 다니고 있는 남편이 자기네 교회의 목사 사모가 얼마 전에 암 수술을 받았는데 형편이 어렵다는 말을 했다. 이 집사는 익명의 교우가 보내온 돈에 자기의 돈을 더 얹어서 그 네 사람에게 송금했다. 며칠 후 이 집사에게서 전화가 왔다. 목소리가 떨렸다.

"형부, 교회에서 받은 것보다 더 많은 돈을 썼는데 이보다 더 좋을 수가 없어요. 교회 오래 다녔지만, 이런 경험은 처음이에요."

이 집사와 통화하면서 나는 내가 전혀 예상치 않게 받았던 예봄 기금과 이 책을 쓸 수 있도록 후원해 준 두 교우를 떠올렸다. 예인교회의 모토 중 하나인 "소유는 최소한, 나눔은 최대한"은 그럴듯한 허울이 아니다. 잘 드러나지는 않으나, 예인교회 안에는 실제로 자신의 소유를 줄이면서까지 나눔을 실천하는 이들이 존재한다.

설교가 아닌 설명

    교회 개혁을 논하는 이들은 누구나 교회 재정 운영의 문제를 지적한다. 한국 교회 안에서 그 문제가 그만큼 심각하기 때문일 것이다. 그러나 솔직히 일반 신자들에게 그 문제는 그렇게 크게 다가오지는 않는다. 겨우 주일예배에나 참석하는 이들이 교회의 재정 상황을 파악하기도 어려울 뿐 아니라, 파악한다고 할지라도 대안을 내는 게 쉽지 않아서다. 해서 일반 신자들에게 교회 재정 운영의 문제는 그 사안의 중요성에 비해 커다란 관심사가 되지 못한다. 오히려 그보다 훨씬 크게 다가오는 것은 헌금 문제다.

    언젠가 몇몇 교우들과 더불어 각자 자신의 모교회를 떠나게 된 이유에 관해 이야기를 나눈 적이 있다. 내가 록펠러의 십일조 얘기를 한 것이 발단이 되었다. 2013년에 나는 《한국 교회, 예레미야에게 길을 묻다》(아바서원)라는 책을 낸 적이 있다. 그 책에서 나는 한국 교회의 목사들이 록펠러의 온전한 십일조 생활을 예로 삼아 신자들에게 십일조 신앙을 강조하는 것을 강력하게 비난했다. 내 생각에 목사들의 그런 설교는 십일조는커녕 먹고 죽을 돈도 없는 가난한 신자들의 가슴에 피멍을 남기는 잔인한 짓이었다. 한데 놀랍게도 책을 낸 이듬해에 내 모교회 담임목사의 신년도 목회계획안에 록펠러의 이름이 등장했다. 담임목사는 신년에는 교우들에게 록펠러의 신앙을 본받게 하려는 계획을 세웠다. 그가 지목한 록펠러의 신앙은 세 가지였다. 첫째, 예배 때 앞자리를 사모하는 것. 둘째, 목사가 하는 설교를 하나님의 말씀으로 받는 것. 셋째, 온전한 십일조를 바치는 것. 실제로 담임목사는 몇 차례 록펠러의 온전한 십일조에 대해 설교했다. 그의 설교를 들으면서 모교회를 떠나기로 결심했다. 내 생각에 목사가 교우들에게 악명 높은 자본가였던 록펠러의 십일조 신앙을 가르치는 교회는 교회가 아니었다.

내 말을 듣던 다른 교우가 자신이 모교회를 떠난 이유 역시 목사의 헌금 설교 때문이었다고 털어놓았다.

"목사들을 몇 사람 겪어 봤지만, 그이처럼 헌금 설교를 많이 하는 목사는 처음이었어요."

목사가 수시로 십일조를 강조하는 것은 듣기는 힘들었지만 그러려니 하고 참았다. 교회 운영에도 돈이 필요하니 어쩌겠는가 싶어서였다. 그가 견디지 못했던 것은 그 목사가 헌금을 강조하며 펼치는 허접한 논리였다. 언젠가 목사는 교우들에게 느닷없이 '매주 감사헌금'을 제안했다. 목사의 논리는 나름 아주 촘촘했다.

"우리는 큰 병에 걸렸다가 나으면 하나님께 감사합니다. 사업이 망했다가 회복되어도 감사를 드립니다. 물론 그럴 때 우리는 마땅히 감사해야 합니다. 그러나 그보다는 병에 걸리지 않은 것과 사업이 망하지 않은 것이야말로 훨씬 더 큰 감사의 조건 아닐까요? 그러니 우리는 늘 감사해야 합니다. 어려운 일을 겪다가 회복되면 그렇게 회복된 것 때문에 감사해야 하고, 어려운 일을 겪지 않으면 겪지 않은 것 때문에 더더욱 감사해야 합니다. 그러니 이제부터 우리 매주 감사헌금을 드리도록 합시다. 아멘?"

그 교우는 목사의 설교를 들으며 '이분이 어떻게 된 거 아닌가' 생각했다. 그런 논리라면, 매주 감사헌금 정도가 아니라 집과 통장 전체를 교회에 바쳐야 하지 않겠는가. 그런데 왜 그렇게 하지 않는가. 아주 간단하다. 신자들도 개인의 삶을 살아야 하기 때문이다. 개인과 가정이 있어야 교회도 있기 때문이다. 그 목사는 교회의 재정을 늘리기 위해 교회를 이루는 교우들 개개인의 삶에 대해 눈을 감았다. 일주일에 돈 몇천 원 쓰는 것에 손이 벌벌 떨리는 가난한 교우들의 고단하고 누추한 삶에 대해.

그 말을 듣던 다른 교우가 자신도 모교회 목사의 헌금 설교 때문에 분통이 터진 적이 있다고 했다. 그가 분개한 이유는 목사의 뻔한 거짓말 때문이었다. 그는 오랫동안 교회의 재정 사역을 맡았기에 교회의 재정 상황을 아주 잘 알았다. 당시 교회는 무리한 건축 때문에 꽤 많은 빚을 지고 있었다. 그런 상황에서 신축한 건물 일부에 문제가 발견되어 그 부분을 헐고 다시 지어야 했다. 당장 꽤 큰 액수의 재정이 필요했는데 교회에 돈이 없었다. 결국 당회는 교우들에게 도움을 청하기로 했다. 목사가 주일예배 때 교회의 상황을 설명하고 교우들에게 건물 재시공을 위한 특별헌금을 요청했다. 거기까지는 문제가 없었는데 목사의 다음 말이 그의 심기를 건드렸다.

"교회에 돈이 없어서 헌금하시라는 게 아닙니다. 교회에 돈 많습니다. 지금 제가 여러분에게 헌금하시라고 권하는 이유는 여러분이 하나님께 복 받을 기회를 드리기 위함입니다. 하나님은 즐겨 내는 이들에게 복을 내리십니다. 아시겠지만 천지만물을 지으신 하나님은 돈이 필요 없으십니다. 그럼에도 그분이 때때로 우리에게 물질을 요구하시는 것은 전적으로 우리에게 복을 주시기 위해서입니다. 그러니 바치시고 복을 받으시기 바랍니다."

아무리 교회를 위해서 하는 말이라고 할지라도 명백한 거짓말이었다. 그 목사는 교회에 돈이 필요할 때마다 그런 식으로 말했다. 그 말을 전하는 교우는 목사의 입에서 그런 말이 나올 때마다 모멸감을 느꼈다. 도대체 교우들을 얼마나 우습게 여기기에 저따위 뻔한 거짓말을 하는가 싶어서였다.

예인교회에 등록한 후 경험한 가장 큰 변화 중 하나는 헌금 스트레스가 없어진 것이다. 모교회의 주보 한 면은 늘 헌금자 명단으로 채워

교회 민주주의

져 있었다. 십일조, 감사헌금, 주일헌금, 목적헌금, 일천번제 등의 항목에 헌금을 한 이들의 이름이 빼곡했다. 헌금하는 이들이 많은 부활절이나 성탄절 같은 때는 주보 한 면만으로는 모자라서 별지까지 등장했다. 가끔 어떤 이가 큰 금액의 헌금을 하면 목사는 으레 예배 때 그 사람의 이름을 불렀다. 헌금한 이가 자기 이름을 밝히기 원치 않을 때조차 결국 그가 누구인지를 알 수 있도록 몇 가지 정보를 흘렸다. 그 목사가 목회에서 가장 역점을 두는 것은 교우들을 돌보는 것이 아니라 서로 경쟁시켜 헌금을 뽑아내는 것이 아닐까 싶을 정도였다.

예인교회에 와서는 헌금 설교를 들어본 기억이 없다. 부활절이나 성탄절 같은 절기에 감사헌금 봉투를 나눠주기는 하는데 헌금을 하라고 하지는 않는다. 그저 광고시간에 이번에 교우들이 바치는 감사헌금은 어디에 쓰일 것이라고 알릴 뿐이다. 대개 그런 헌금은 전액 교회 밖으로 나간다. 감사헌금이 교회의 예산에 편입되어 교회를 운영하는 데 쓰이는 일은 없다.

재정부는 십일조를 비롯한 각종 헌금을 항목별로 관리하지만 누가 얼마를 냈는지는 기록하지 않는다. 따라서 담임목사나 다른 교우들이 재정부의 기록을 통해 누가 얼마의 헌금을 했는지 아는 것은 불가능하다. 어떤 이가 연말 정산을 위해 기부금 영수증이 필요할 경우, 그는 재정부에 자기가 얼마를 냈다고 알려주어야 한다. 그러면 재정부는 그가 말한 금액에 대한 영수증을 발부한다. 교우들 개인의 헌금 액수에 대한 기록이 없다는 것은 교우들이 헌금 액수로 인정받을 기회가 없다는 것을 의미한다. 교우들로서는 헌금을 적극적으로 혹은 경쟁적으로 해야 할 이유가 없다는 뜻이기도 하다.

그렇다면 목사나 운영위원회는 어째서 교우들에게 헌금을 강조하지 않는 걸까? 그럴듯한 성경적 혹은 신학적 이유보다는 현실적 이유가 크다. 첫째, 건물이 없어서다. 유지하고 관리할 건물이 없으니 큰돈이 필요하지 않다. 둘째, 담임목사에게 들어가는 돈이 적어서다. 앞서 말했듯이 정 목사의 사례비는 일부 교우들이 놀라워할 만큼 적다. 심지어 교회는 담임목사에게 사택도 개인차량도 제공하지 않는다. 셋째, 교역자들 외에 인건비가 들어가지 않아서다. 건물이 없으니 당연히 관리집사도 없다. 게다가 성가대 지휘자와 반주자들은 무급이다. 이렇듯 교회 예산 중 가장 큰 비중을 차지하는 건물 유지비와 사역자들의 인건비가 최소화되어 있기에 교우들에게 헌금을 강조하지 않을 수 있는 것이다. 돈이 필요함에도 믿음으로 버티고 있는 게 아니라는 얘기다.

연초에 동료 권사이기도 한 운영위원장과 대화할 기회가 있었다. 어려운 시기에 교회 운영에 대한 책임을 맡아서인지 얼굴에서 긴장감이 드러났다. 그는 팬데믹 상황에서 헌금이 20퍼센트 이상 줄었고 그로 인해 담임목사를 비롯해 교역자들의 급여를 삭감할 수밖에 없었던 상황을 매우 안타까워했다. 그런 안타까움 때문인지 그는 정 목사가 교우들에게 헌금을 독려하는 설교를 해주기를 바랐다. 그러나 유감스럽게도 정 목사는 운영위원장의 바람을 외면했다.

최근에 정 목사와 대화하던 중에 궁금해서 물었다.

"요즘 교회 어렵다던데 왜 헌금하라는 설교 안 하세요?"

이런 답이 돌아왔다.

"어렵기는 하지만 지금 당장 교회에 돈이 필요한 것도 아니에요. 많은 교회가 큰일을 한답시고 당장 필요하지도 않은 돈을 쌓아두었다가 문제가 생겼어요. 만약 교회에 정말 돈이 필요한 상황이 생기면, 그때 교우들에게 그 내용을 설명하고 협조를 구하면 되지 않을까요? 그런 설명은 운영위원회가 해도 되고 목사인 제가 해도 되고요."

교회에 돈이 필요하면 '설교'가 아니라 '설명'을 통해서 교우들에게 협조를 요청한다? 신선했다. 사실 그동안 너무 많은 목사가 하나님의 말씀을 빙자해 교우들에게 헌금을 강요해 왔다. 교회 운영에 돈이 필요하다는 사실을 부인하는 신자는 없다. 그러나 당장 생활비를 걱정해야 할 만큼 어려운 형편에 있는 이들이, 하나님의 것을 떼어먹는다거나 교회에 무임승차한다는 경멸적인 말까지 들으며 신앙생활을 해서야 되겠는가. 정 목사의 말을 들으면서 생각했다. 예인교회에서 헌금 '설교' 듣기는 틀렸구나.

고속도로가 아닌 국도 여행

 2018년 3월, 예인교회의 선교사역팀은 한 가지 문제를 해결해야 했다. 교회가 후원하는 협력 선교사들 중 하나인 K 선교사의 지위에 관한 문제였다. K 선교사는 2010년에 예인교회에 등록해 신앙생활을 하던 중 어느 선교단체에서 선교사 훈련을 받았다. 2015년에 그는 가족과 함께 동남아의 어느 나라로 선교를 떠났다. 선교지로 출발하기 전에 그는 선교팀에게 예인교회가 자신의 파송교회가 되어주기를 요청했다. 그가 소속된 선교단체에서 정식 선교사 자격을 얻기 위해서는 반드시 파송교회가 있어야 했기 때문이다. 하지만 선교팀은 그 요청에 흔쾌히 응답하지 못했다.

 앞서 말했듯이, 예인교회에서 선교 사역은 '독립 사역'에 속한다. 독립 사역이란 그 사역에 관한 모든 일을 사역에 참여하는 이들이 독자적으로 결정한다는 뜻이다. 그러나 선교사를 파송하는 문제는 단순

교회 민주주의

히 선교팀만의 문제가 아니라 교회 전체의 문제였다. 가장 큰 문제는 당시 아직 교회 안에 선교사 파송에 대한 공감대가 형성되어 있지 않은 것이었다. 선교팀은 그 문제를 운영위원회와 상의한 후 K 선교사를 '파송'이 아니라 '후원'하기로 결정했다. 선교팀은 이미 후원하고 있던 다른 선교사들의 경우에 맞춰 매월 K 선교사 가족에게 일정한 금액의 선교비를 보내기로 했다. 그리고 3년 후에 그의 파송 문제를 재심의하기로 했다.

어느덧 약속했던 3년이 흘렀고 선교팀은 그 문제를 논의해야 했다. 논의 과정에서 두 가지 문제가 제기되었다. 하나는 과연 지금 예인교회가 선교사를 파송할 여건이 되어 있느냐는 것이었다. 교회는 이미 다섯 명의 선교사들과 선교단체 한 곳을 후원하고 있었으나 아직 교회의 이름을 내걸고 선교사를 파송한 적은 없었다. 다른 하나는 교회가 선교사를 파송할 경우 유독 K 선교사에게만 기회를 주는 것이 옳으냐 하는 것이었다.

선교팀은 제기된 문제 중 두 번째 사안, 즉 다른 선교사들에게도 파송 선교사로 선발될 기회를 주어야 한다는 주장은 이론적으로는 옳으나 현실적으로는 별 의미가 없다고 판단했다. K 선교사는 5년이라도 교우들과 함께 지낸 적이 있고 다른 선교사들에 비해 자주 한국에 나와 교회를 방문했으나, 다른 선교사들은 가끔 선교편지만 보낼 뿐 교우들과의 접촉이 거의 없는 상태였기 때문이다. 그런 상태에서 선교사들을 비교 평가해 파송 선교사를 정하는 것은 처음부터 불공정한 게임이 될 게 뻔했다. 운영위원회와 선교팀은 그런 요식 행위는 그만두고 K 선교사만을 대상으로 파송 여부를 심의하기로 했다.

선교팀은 K 선교사의 파송 여부를 결정하기 위한 교인총회를 요청했다. 그리고 총회 전에 K 선교사의 파송안을 준비해 각 아둘람에 배포했다. 각 아둘람은 두 주에 걸쳐 그 문제에 관해 아둘람 식구들과 논의했고 그 과정에서 나온 의견을 모아 선교팀에 제출했다. 청년 아둘람을 제외한 14개 아둘람 모두가 의견을 제출했는데 명확한 결론을 내리기 어려울 정도로 의견이 분분했다. 제기된 의견들 중 일부를 소개하면 아래와 같다.

- 교회가 감당할 수 있다면 선교사를 파송하는 게 옳다. 그리고 파송한다면 우리와 함께 지내다가 선교지로 떠난 K 선교사를 택하는 게 옳다. 선교는 오랜 시간에 걸쳐 많은 노력이 필요한 사역이다. K 선교사가 그 지역에 뿌리를 내리고 본격적인 선교를 시작할 수 있도록 지원해야 한다.
- 선교사 파송에는 동의하지만 파송 선교사를 택하는 문제는 신중할 필요가 있다. 아직 초기여서 그럴 수는 있겠으나 현재 K 선교사는 선교보다는 그 지역에 정착하는 것에 초점을 맞추고 있는 듯 보인다. 그리고 그 가족은 우리 교회의 지원이 아니어도 지금처럼 지내는 데 큰 문제는 없어 보인다.

- 지금 예인교회는 해외로 선교사를 파송할 만한 재정적 여력과 경험이 없다. 쫓기듯 성급하게 결정하지 말고 좀더 시간을 갖고 충분히 검토한 후에 결정하자.
- K 선교사의 사역 보고서를 보고 실망했다. 아무리 선교 초기라지만 무엇을 어떻게 하려는 것인지가 분명하지 않다. 교회의 선교사 관리에도 문제가 있다. 재정 지원만 할 뿐 관리 감독이 전혀 없다. 파송하지 말아야 한다.
- 선교사 파송에는 찬성한다. 그러나 특정한 선교사에게 끌려다니기보다 말 그대로 교회가 주체적으로 파송하는 것이 필요하다. 가령, 선교를 희망하는 신학생 몇 명을 선발해 장기적으로 지원하며 훈련시키거나 이주민 노동자들 중 신앙을 가진 이들을 훈련시켜 그들이 고향에 돌아가 선교사로 활동하도록 해야 한다.

그야말로 중구난방이요 백가쟁명이었다. 각 아둘람의 의견을 수렴해 답을 찾으려 했던 선교팀으로서는 당혹스러운 상황이었다. 그럼에도 선교팀은 어느 쪽으로든 K 선교사에게 결과를 통보해야 했다. 몇 해 동안 K 선교사와 긴밀하게 접촉해 왔던 선교팀은 가능한 한 그가 원하는 답을 주고 싶었다. 해서 그들은 매월 후원금액을 지금보다 조금 더 높이는 방식으로 K 선교사를 파송하는 절충안을 마련해 교인총회에 제출했다. 금액상으로 보면 교회 재정에 큰 영향을 주지 않을 정도였다.

드디어 그 문제를 논의하기 위한 임시총회가 열렸다. 선교팀장인 김대현 집사가 K 선교사 파송안에 대해 설명했다. 그리고 토론이 벌어졌다. 어떤 교우들은 선교팀의 제안에 무리가 없으며 K 선교사도 이미 검증이 된 사람이니 선교팀의 안을 승인해야 한다고 주장했다. 하지만 다른 교우들은 재정적 여력이 아니라 방법과 절차가 문제라고 주장했다. 그들은 K 선교사가 선교지를 애초에 가기로 했던 곳이 아니라 살기 편한 곳으로 바꿨음을 지적했다. 그리고 지금 그의 사역이 주체적이기보다는 종속적이라는 점도 지적했다. 즉, 이미 그곳에서 사역하고 있는 다른 선교사들을 보조하는 역할밖에 못 한다는 것이었다. 그러자 또 다른 이들은 그런 사정은 선교 초기에는 불가피한 것이니 교회가 좀 더 기다려주어야 한다고 주장하며 선교사 파송에 찬성했다.

한 시간 가까이 갑론을박해도 결론이 나지 않았다. 논의가 뜨거워지다 보니 그 상태에서 표결을 강행했다가는 진 쪽에서 승복하기가 어려울 듯했다. 선교팀이 이러지도 저러지도 못하며 난감해하자 정성규 목사가 발언권을 얻어 일어섰다. 그때 나는 그가 이 비생산적이고 소모적이기까지 한 논의를 끝내고 교우들에게 선교팀이 마련한 파송안에 찬성해 달라고 부탁할 줄 알았다. 그러나 정 목사는 나의 기대를 저버렸다. 그는 이렇게 말했다.

"찬성하는 쪽의 의견도, 그리고 반대하는 쪽의 의견도 일리가 있습니다. 이렇게 의견이 분분한 상황에서 어떤 결론을 내리기보다는 좀더 시간을 갖고 숙고해 보는 것이 좋을 것 같습니다."

총회에 참석했던 교우들 대부분이 정 목사의 말에 동의했다. 선교팀은 그 문제를 좀더 시간을 갖고 살펴보기로 하고 회의를 마무리했다. 그로 인해 K 선교사의 파송은 보류되었고 지금 선교팀은 계속해서 그를 전처럼 '후원'하고 있다.

그날 나는 조금 의아했다. 도대체 이 문제가 이렇게까지 심각한 논의의 대상이 될 만한 사안인가? 내 생각에 이 정도 문제는 담임목사가 일어나 한 마디 권면하면 '은혜롭게' 처리될 듯 보였다. 모교회의 담임목사는 자주 말했다.

"교회가 하는 일이 이해가 안 되더라도 주의 종과 장로님들이 여러 날 기도하며 결정한 일이니 선한 마음으로 '아멘' 해주시기 바랍니다."

그러면 대부분의 교우들은 "아멘" 했다. 한데 정 목사는 그렇게 하지 않았다. 그는 그 간단한 문제를 해결하기 위해 목사의 권면이라는 효율적인 방식을 사용하지 않았다. 도대체 정 목사는 왜 그랬을까? 직접 그의 답을 들은 적은 없다. 그러나 언젠가 그가 설교 때 한 말을 통해 답을 유추할 수는 있을 듯하다.

차를 몰고 서울에서 부산까지 가는 가장 좋은 방법은 경부고속도로를 타는 것입니다. 그러나 때로 고속도로에서 벗어나 국도를 타는 것도 괜찮습니다. 물론 국도는 고속도로만큼 빠르지도 않고 편하지도 않습니다. 하지만 국도를 타보면 그 나름의 맛이 있습니다. 교회생활도 마찬가지입니다. 고속도로에서 벗어나 국도를 탄다고 부산에 못 가는 거 아닙니다. 그리고, 만약 국도 여행이 즐겁다면, 부산에 못 간들 그게 뭐 대수이겠습니까?

예인교회에서는 많은 일이 곧게 뻗은 고속도로가 아니라 구불구불한 국도를 타는 것처럼 이루어진다. 성취 지향적인 이들로서는 답답하고 한심해 보일 수 있다. 그러나 정 목사의 말대로 국도 여행은 고속도로 여행 못지않게 좋은 여행이 될 수도 있다. 어느 소도시의 교차로에서 이리로 갈까 저리로 갈까 고민하는 이가 늘 시속 100킬로미터 속도로 질주하는 이보다 질 낮은 여행을 하는 것은 아니다. 그가 반드시 정해진 시간에 부산에 도착해야 하는 상황만 아니라면 말이다.

패장들의 귀환

어느 주일, 예배가 끝난 후 예배실을 빠져나가려는데 낯선 이가 다가왔다. 그가 반갑게 손을 내밀며 인사를 했다.

"안녕하세요? 이렇게 뵙네요."

박영춘 장로였다. 박 장로는 D 팀, 즉 예인교회 설립 초기에 인천의 D 감리교회에서 나와서 한꺼번에 등록한 이들 중 맏형격으로 교회의 초기 성장에 크게 이바지한 이였다. 그는 2013년 예인교회에서 분립한 더작은교회의 설립 멤버로 참여했다가 그 교회가 깨진 후 다시 예인교회로 복귀했다. 그는 나의 페이스북 친구였고 내가 쓰는 글을 꾸준히 읽고 있었다.

박 장로는 트럭 수리를 전문으로 하는 대형 카센터를 운영하는 사업가였다. 젊을 때 형편상 공부를 할 수 없었던 그는 뒤늦게 기독연구원 느헤미야에 입학해 신학 공부를 하는 만학도였다. 나보다 열 살 많은 박 장로는 교회에서 늘 먼저 다가와 안부를 묻고 "글 잘 읽고 있습니다"라고 말했다. 박 장로와 부인 이영희 권사는 몇 차례 우리 부부를 식사 자리에 초대했다. 박 장로 부부와의 대화는 매번 꽤 즐거웠다. 어느새 나는 그를 큰 형님처럼 따르기 시작했다.

하상교 장로도 박 장로와 같은 시기에 예인교회에 복귀했다. 박 장로와 동갑인 하 장로는 예인교회의 설립 멤버로서 지금의 예인교회 규약의 초안을 작성한 이다. 그는 어느 대기업 기획조정실에서 근무하다가 퇴직한 후에 부인 김희숙 권사와 함께 어린이집을 운영했다. 그들 부부는 교회에 재등록한 후 성가대에 복귀했다. 하 장로는 나와 같은 테너여서 매주 함께 화음을 맞췄다. 그는 대기업 기조실에서 근무했을 정도로 총명하면서도 소년다운 순진함을 지닌 복합적인 매력을 지닌 인물이다.

박 장로와 하 장로는 이른바 '절친'이다. 출신 교회도 다르고 성장 배경과 직업도 달랐음에도 예인교회에서 만나서 좋은 친구가 되었다. 우리 사회에서 늦은 나이에 만나 서로 속을 터놓고 흉허물 없이 지낼 수 있는 친구를 사귀는 것은 드문 일이다. 그럼에도 두 사람은 믿음 안에서, 그리고 교회 개혁을 위한 사명 안에서 하나가 되었고 결국 친구가 되었다. 2013년에 두 사람이 함께 예인교회를 떠나 더작은교회로 간 것도 서로에 대한 애정과 믿음 때문이었다. 뜻이 맞는 친구가 없었다면, 나이 예순이 넘어 교회를 옮기는 일은 불가능했을 것이다.

하지만 그들이 뒤늦게 정착한 좋은 교회를 놔두고 새로 분립하는 교회로 가기로 한 것은 단지 친구 때문만은 아니었다. 언젠가 박 장로 집에서 식사 모임을 할 때 내가 물었다.

"두 분은 무슨 생각으로 분립 교회에 참가하신 건가요?"

먼저 하상교 장로가 답했다.

"그동안 예인교회에서 쌓은 경험이 새로운 교회에 도움이 될 거라 믿었어요."

언급했듯이, 그는 예인교회의 설립 멤버로서 교회 규약의 초안을 작성했다. 특히 설립 초기에 그는 교회의 재정 사역을 맡으면서 여러 가지 모범적인 관례를 만들었다. 하 장로는 자신의 그런 경험이 그리고 심지어 그런 경험을 쌓는 과정에서 했던 실패까지도 새로운 교회가 초기의 혼란을 극복하고 안착하는 데 도움이 될 거라고 믿었다.

박영춘 장로는 하 장로와는 결이 조금 다른 대답을 했다.

"나는 목사님 따라서 심방 다니고 교우들에게 밥이나 사려고 했어요."

오랫동안 자기 사업을 해서 얼마간 경제적 시간적 여유를 얻게 된 박 장로는 자신이 교회를 위해 할 수 있는 최선의 일이 나눔이라고 여겼다. 그는 목사가 심방을 가자고 하면 언제라도 그리고 어느 곳에라도 동행하려고 했다. 그리고 교우들의 화합과 교제를 위해서라면 얼마든 모임을 주선하고 밥을 사려고 했다. 실제로 그는 예인교회에 복귀한 후에도 수시로 사람들에게 밥을 샀다. 우리 부부도 여러 차례 식사 초대를 받았다. 그렇다고 그가 교회 정치를 하는 사람은 아니다. 예인교회에서는 장로가 교우들을 자기편으로 만들어서 할 수 있는 일이 아무것도 없다. 그뿐 아니라 그는 다른 교회에서라면 이미 은퇴 장로에 해당한다.

예인교회가 분립하던 때에 박 장로와 하 장로는 이미 60대였다. 그런 이들이 자신들이 젊음을 바쳐 세우고 섬겼던 교회를 떠나 새 교회로 간 이유는 사명감을 빼놓고는 설명하기 어렵다. 심지어 부인들은 교회를 떠나고 싶어 하지 않았다. '젊은 시절에 교회를 옮기는 것도 쉽지 않은 일인데 이 나이에 새 교회라니……' 그럼에도 그 두 장로 부부가 정든 교회를 떠나 분립 교회에 합류하기로 한 것은 자신들이 그동안 교회를 통해 받은 것을 되돌려 주어야 한다는 사명감 때문이었다.

그런데 안타깝게도 그렇게 떠난 이들이 실패했다. 그들이 참여했던 교회는 5년여 만에 말 그대로 풍비박산이 났다. 교회가 어쩌다 그렇게 되었는지에 대한 분석은 사람마다 다를 수 있다. 그럼에도 한 가지 아주 분명한 것은 그 교회에 참여했던 모두가 실패했다는 사실이다. 그렇게 실패한 이들은 선택을 해야 했다. 그 교회에 남을 것인가, 다른 교회를 찾아 떠날 것인가, 아니면 다시 새로운 교회를 세울 것인가. 남기로 한 이들은 거의 없었다. 젊은 교우들은 다른 교회를 찾아갔다. 나이 든 교우들 몇은 자기들끼리 모임을 만들어 예배를 드리기로 했다.

박 장로와 하 장로는 고민 끝에 예인교회로 돌아가기로 했다. 두 장로 외에도 몇 사람이 함께했다. 그들이 예인교회로 돌아온 이유는 간단했다. 그들에게 예인교회는 돌아가고 싶은 교회였고 돌아갈 수 있는

교회 민주주의

교회였기 때문이다. 애초에 그들은 예인교회가 싫어서 더 좋은 교회를 찾아 떠난 것이 아니었다. 교우들도 그런 사정을 너무나 잘 알고 있었다. 그래서였을까? 새 교회를 세우려 했던 그들의 노력이 실패로 끝났을 때, 옛 교우들은 거듭해서 그들에게 돌아오라고 권했다. 그들 역시 예인교회의 모든 것이 그리웠다. 늘 평온하고 기쁨이 넘치던 예배, 예배 후 교우들과 나누던 왁자지껄한 대화, 기쁨과 슬픔을 함께 나누며 서로의 삶을 풍요롭게 했던 아둘람 모임, 갓난아기 때부터 보았던 교회 아이들의 반가운 인사…….

박 장로와 하 장로는 예인교회로 돌아왔다. 금의환향은 아니었으나 그들의 귀환은 교회에 새로운 활력과 안정감을 제공했다. 처음 얼마간은 어색했으나 그들이 제 자리를 찾는 데는 많은 시간이 필요하지 않았다. 전에도 그랬지만 귀환한 후에도 그들은 신앙 경륜을 앞세워 힘을 자랑하기보다는 조용한 봉사를 택했다. 박 장로는 전처럼 예배위원회에 들어가 활동했다. 그는 주일마다 예배실의 의자들을 정리하고 주보를 접고 예배실 입구에서 따뜻한 미소로 교우들을 맞이했다. 하 장로와 부인 김희숙 권사는 성가대에 복귀했다. 그들의 존재는 늘 아쉬웠던 성가대의 빈자리와 빈 소리를 채우며 성가대를 견고하게 만들어 주었다.

지난 여름 박 장로와 하 장로는 거의 동시에 하던 사업을 접고 현업에서 은퇴했다. 은퇴 후에 박 장로 내외는 그동안 일하느라 못 다녔던 여행을 다니기 시작했다. 박 장로가 몇 차례 페이스북에 여행 모습을 담은 사진을 올리기에 "멋지십니다, 장로님" 하고 댓글을 달았더니 "같이 갑시다"라는 답글이 왔다. 2020년 11월 4일, 박 장로 내외와 몇 해 전 고등학교 교장직에서 은퇴한 박승남 장로 내외 그리고 우리 부부, 그렇게 여섯이서 당일치기 여행을 떠났다(하 장로는 그즈음에 다른 일이 있어서 참석하지 못했다). 전남 영광에 가서 굴비 정식으로 점심을 먹고 전북 고창에 있는 선운사에 가서 단풍 구경을 하고 왔다. 선운사에서 두 장로와 함께 단풍이 짙은 숲길을 따라 도솔암까지 왕복 6킬로미터를 걸으며 기독교 신앙과 교회에 관해 긴 이야기를 나눴다. 그때 무슨 이야기 끝에 교회를 떠났다 돌아온 박 장로가 말했다.

"돌이켜 보니 내 힘이 아니라 주님의 은혜로 살아온 것 같아요. 어려운 고비 때마다 혹은 무언가를 결단해야 할 때마다 주님이 나를 찾아와 길을 보여주셨어요. 죽기 전에 한 번은 더 그런 기회가 있지 않을까 싶어요. 아니, 그러기를 바라요."

나이 든 신자들이라면 누구나 할 법한 말이었는데 그날 이상하게 그 말이 가슴에 와닿았다.

늦은 밤 귀경길, 모두가 코를 골며 잠에 빠진 차 안에서 운전석에 앉은 박 장로와 조수석에 앉은 나만 말똥거리며 다시 대화를 나눴다. 대화는 내가 번역하는 책에 관한 얘기부터 박 장로가 요즘 기독연구원 느헤미야에서 배우고 있는 신학에 관한 얘기까지 길게 이어졌다. 그 전까지 나는 언젠가 박 장로처럼 '이제 일 그만해야지' 싶을 때 스스로 일을 그만둘 수 있는 삶을 살고 싶었다. 한데 그날 밤에 생각이

교회 민주주의

조금 바뀌었다. 나도 박 장로처럼 더 나이 들어서도 나보다 10년이나 20년쯤 젊은 사람과 밤늦도록 이야기를 나눌 수 있는 사람이 될 수 있으면 좋겠다 싶었다.

5부
교회 민주주의, 벽 앞에 서다

오히려 교회는
민주주의를 발판과 지렛대로 삼아
수많은 벽을 넘어왔다.

민주적인 교회가 마주한 벽

2018년 4월 29일, 복사골문화센터에서 예인교회가 소속된 건강한작은교회연합(건작연)이 주최하는 제11회 '이런 교회 다니고 싶다' 세미나가 열렸다. 그날 세미나의 주제는 무거웠다. "민주적인 교회, 벽 앞에 서다." 건작연이 그런 주제를 택한 이유는 명백했다. 실제 상황이 그러했기 때문이다. 건작연 소속 교회들은 모두 건강한 작은 교회를 표방하며 건강성을 위한 제도적 장치로 민주적인 운영 방식을 택하고 있다. 문제는 그렇게 민주적인 교회들이 실제로는 그다지 건강하지 않다는 데 있었다. 당시에 건작연 소속 교회들 중에는 심각한 내부 갈등에 빠지거나 분립은커녕 존립조차 위태로운 교회들이 꽤 있었다. 그때나 지금이나 그나마 건강하고 활발하게 운영되면서 성장하는 교회는 예인교회 하나뿐이다. 그런 까닭에 예인교회는 "건작연 내의 대형교회"라는 우스꽝스러운 이름으로 불리고 있다.

그날 세미나의 주강사였던 황영익 목사(푸른나무교회)는 예배 후에 "민주적 교회를 보는 다른 이의 시선"이라는 제목으로 소그룹 모임을 이끌었다. 이 모임에서 황 목사는 교회개혁 운동에는 동참하지만 민주적인 교회 운동에는 참여하지 않는 '외부자의 입장'에서 교회 민주주의를 비판했다. 그의 비판은 민주적인 교회 운동을 하는 교회들로서는 뼈아플 정도로 정확했다. 아마도 그 자신의 말처럼 "외부자는 내부자가 보지 못하는 풍경을 볼 수 있고, 특이한 발견을 할 수 있는 지점에 있기" 때문이었을 것이다.

먼저 그는 "현재 한국에서 진행되고 있는 민주적인 교회의 조망은 그리 아름다운 풍경이나 양상이 아니다"라고 지적했다. 누구도 부인할 수 없는 아픈 지적이었다. 실제로 민주적인 교회 운동에 참여한 교회들의 당시 상황이 그러했다. 목사와 교인들이 다투고, 교인들이 패가 갈려 싸우고, 한때 이상적인 모델이 될 듯 보였던 교회의 전임과 후임 목사가 다투다가 결별하는 일이 벌어지고 있었다. 건강한 교회를 만들겠다는 기치를 들고 일어선 교회들이 그 모양이니 고개를 들기 어려운 상황이었다.

이어서 그는 민주적 교회 운동은 그 운동을 하는 이들이 믿는 것처럼 교회의 본질도, 핵심적 운영 원리도 아니라고 지적했다. 오히려 민주적 교회 운동은 "개혁교회의 특이한 역사적 양상이자 한국 교회적 돌출현상"일 뿐이다. 즉 그것은 "한국 교회의 병리적 현상의 토양 위에서 생겨난 실험적 시도"라면서, 그는 민주적 교회의 실상과 허상을 구별해야 한다고 강조했다. 민주적인 교회의 이상에만 취해 있지 말고 그동안 이 운동이 노출해온 약점들을 직시하라는 지적이었다. 그가 지적한 약점이란 민주주의에 대한 개념적 오해, 정관 만능주의, 신학적 애매함, 실천상의 미숙함, 각론의 부재, 권력 싸움, 자신들의 이상에 대한 절대화 등이었다. 그동안 자기들이 옳다고 믿으며 질주하다가 현실의 벽 앞에서 난감해하던 민주적인 교회들로서는 마땅히 귀담아들어야 할 아주 귀한 충고였다. 실제로 그의 글과 주장은 세미나 참석자들에게 많은 것을 다시 생각하게 할 만큼 타당하고 적실했다.

그럼에도 나는 황 목사의 주장이 그 자신의 표현대로 '외부자의 시선'에 멈춰 있다는 느낌을 받았다. 외부자의 시선은 객관적이어서 타당할 수 있으나 지나치게 초연하기에 현실성이 떨어질 수 있다. 어떤 이가 오래 살아온 집이 불편해서 그 집을 허물고 새 집을 짓는 상황을 떠올려보자. 이미 집이 세워지고 인테리어가 진행되고 있는데 어떤 이가 다가와 그 집의 문제들을 지적한다. 들어보니 하나같이 옳은 말이다. 우선 그는 모름지기 집은 햇볕이 잘 들도록 정남향으로 지어야 하는데 어째서 새 집의 방향이 남서향이냐며 아쉬워한다. 다음으로 그는 요즘은 거실을 크게 하고 방은 작게 만드는 게 추세인데 어째서 거꾸로 방을 크게, 거실을 작게 만들었느냐고 아쉬워한다. 그런 지적은 객관적으로 타당하다. 하지만 새 집을 지은 이에게 그런 지적은 옳기는 하나 적절하지는 않을 수 있다. 우선 새로 집을 지은 이에게는 선택의 여지가 없었다. 그의 집은 허허벌판이 아니라 이미 집들이 빼곡하게 들어선 오래된 마을 한가운데 있었다. 그도 집은 정남향으로 짓는 게 좋다는 것을 모르지 않았으나 당시 그의 형편에서는 남서향 집을 지을 수밖에 없었다. 그가 추세를 거슬러 거실보다 방을 크게 한 데도 이유가 있었다. 그는 작가이고, 그의 아내는 화가이고, 그의 딸은 피아노 공부를 하고 있다. 그들에게는 가족간의 대화를 위한 널찍한 거실보다는 각자의 일을 할 수 있는 독자적인 공간이 필요했다.

다시 말하지만, 황 목사가 외부자의 입장에서 제기한 비판은 버릴 게 없을 만큼 타당하다. 하지만 민주적인 교회 운동을 하는 이들에게 그런 타당한 비판은 현실성이 부족하다. 외부자의 시각이 지닌 한계 때문이다. 운동 내부에 있는 이들에게는 그런 타당성보다 절실한 문제들이 있기 때문이다.

그뿐 아니라 황 목사의 비판 중 어떤 것은 객관적으로도 옳지 않거나 지나치게 추상적이다. 예컨대, 그는 민주적인 교회 운동을 하는 이들이 "목사의 독재나 장로의 전횡"에 맞서 "평신도의 통치"를 추구하는 경향을 보인다며 걱정한다. 분명히 말하지만, 그렇지 않다. 민주적인 교회는 평신도의 통치를 추구하지 않는다. 다만 교회의 사역에 대한 '성도의 참여'를 강조하고 제도적으로 보장할 뿐이다. 게다가 민주적인 교회 안에는 목사와 장로의 전횡뿐 아니라 성도의 전횡을 막기 위한 제도적 장치도 아주 분명하게 마련되어 있다. 현실적으로 그 장치가 제대로 작동하지 않을 수는 있으나, 그런 문제는 민주적인 교회보다는 전통적인 교회에서 훨씬 더 자주, 그리고 거의 절망적인 수준으로 발생한다. 그동안 전통적인 교회가 목사와 장로의 전횡을 적절하게 제어해 왔다면, 아마도 민주적인 교회는 나타나지 않았을 것이다.

또한 황 목사는 "민주"라는 용어 자체가 "그리스도의 주권"과 모순된다면서 교회는 사람이 아니라 "그리스도의 다스림"이 나타나는 곳이어야 한다고 강조했다. 그는 교회는 그리스도를 머리로 삼아 모든 지체와 직분 간의 유기적 연합과 하나 됨을 추구해야 한다면서 다음과 같이 덧붙였다.

"목사와 장로를 직분이 아니라 권력으로만 규정하고 목사 직분과 장로 직분의 은사적 기능이 발휘되지 못하게 하거나 목사직 자체를 거부의 대상으로 여긴다면 그것은 이미 신약성경의 직분론에 바탕을 둔 개신교회를 벗어나고 있는 것이다."

그러나 이른바 민주적인 교회 운동을 하는 이들은 이런 주장의 추상성 앞에서 번번이 당혹감을 느낀다. 도대체 교회에서 "그리스도의 다스림"은 어떤 식으로 나타나는가? 교우들 간의 토론과 합의라는 민주적인 방식은 그리스도의 다스림과 어떻게 모순되는가? 그것이 모순된다면 그 모순을 극복하는 다른 방법은 무엇인가? 민주적인 방식이 아니라면, 황 목사가 주장하는 바 그리스도를 머리로 삼은 상태에서 모든 지체와 직분들의 유기적 연합과 하나 됨은 현실적으로 어떤 방식으로 이루어질 수 있는가?

이 지점에서 교회 민주주의에 대한 황 목사의 비판은 '외부자의 한계'를 넘어서 '목회자의 한계'에 이르는 것처럼 보인다. 그가 목사의 독재나 장로의 전횡 못지않게 평신도의 통치를 경계하는 것은 나름 타당하다. 실제로 이른바 민주적인 교회들에서 그런 현상이 나타나고 있음은 분명하기 때문이다. 아마도 목사들로서는 교인들이 의무는 게을리한 채 권리 주장만 일삼는 상황에서 절망감을 느낄 수도 있을 것이다. 과거 권위주의 시대 같았으면 목사의 설득이나 호소 한 마디에 "아멘"을 합창했을 교인들이 또박또박 옳고 그름을 따지는 상황이 넘기 어려운 벽처럼 느껴질 것이다. 그러나 목사들이 분명하게 알아야 할 것이 있다. 민주적인 교회 운동은 오랫동안 성도를 입 없는 청중으로 만들면서 마이크를 독점해 왔던 목사들에게서 벽을 느꼈던 이들이 시작한 운동이다. 그러므로 목사들이 자신들을 위해 쌓아온 벽을 무너뜨리지 않는 한 성도들이 그들에 맞서 쌓아 올리는 벽 역시 사라지지 않을 것이다. 그리고 아마도 그런 현상은 사회의 민주화가 진척될수록 더욱 심화될 것이다. 교인들은 신자이기 이전에 이 세상에서 살아가는 시민들이기 때문이다.

유감스럽게도, 외부자 및 목회자의 한계 때문인지 황 목사는 실제로 민주적인 교회 안에서 살아가는 성도들이 느끼는 벽에 대해서는 아무것도 언급하지 않았다. 민주적인 교회 안에는 목사들을 좌절시키는 절차적 민주주의라는 벽 외에 다른 벽이 존재한다. 사실, 엄밀하게 말하자면, 그 벽은 민주적인 교회에서만 나타나는 것은 아니다. 하지만 분명히 그 벽은 전통적인 교회에서보다는 성도들의 말이 풀려 있는 민주적인 교회 안에서 훨씬 더 두드러지게 나타난다. 그 벽이 드리우는 그림자의 크기와 짙음을 생각한다면, 전통적 방식에 익숙한 목사들이 절차적 민주주의 앞에서 느끼는 불편함은 어린아이의 투정 정도에 불과하다. 이제 그 절차적 민주주의라는 벽에 대해 살펴보자.

중산층화

"의도한 바 없건만, 언젠가부터 우리는 가난한 이들을 돕기는 하나, 가난한 이들이 들어오기는 어려운 교회, 어쩌다 들어왔어도 머물기 어려운 교회가 되었습니다."

어느 주일예배 때 내가 드렸던 대표기도문 중 일부다. 예배가 끝났을 때 교우 한 분이 다가와 내 손을 잡으며 말했다.

"권사님, 뒤통수를 한 대 맞은 느낌이에요. 정신이 번쩍 드네요."

교우들의 뒤통수를 치기 위해 드린 기도는 아니었다. 나로서는 사랑하는 교회에 대한 염려와 기원을 담은 기도였다.

예인교회에 와서 한동안 꿈처럼 달콤한 시간을 보냈다. 세상에 이런 교회가 있다는 게 놀라웠고 그런 교회의 일원으로 살아가는 게 감사했다. 그러던 중 어느 때부터인가 조금씩 불편함이 느껴졌다. 그 불편함은 함께 어울리는 아둘람 식구들과 우리 부부 사이에 존재하는 생활 수준의 차이에서 비롯되었다. 우리 아둘람 식구들은, 특히 서로 비교가 될 수밖에 없는 내 또래 교우들은 우리보다 잘 산다. 그들이 사는 집, 입는 옷, 타는 차, 그리고 평소의 씀씀이는 우리의 그것과 크게 다르다. 쉽게 말해, 그들은 꽤 여유 있는 중산층이고, 우리 부부는 늘 삶이 위태로운 서민이다.

다행히도 아내와 나는 그런 차이에 그다지 위축되지 않는다. 아마 그동안 우리 부부가 각자의 일을 나름의 사명으로 여기며 살아왔기 때문일 것이다. 아내는 여러 해 동안 시민단체 간사와 구청 소속 사회 복지사로 일하면서 어려운 이웃을 돕는 일을 해왔다. 아내는 그 일을 사랑했고 자신의 천직으로 여겼다. 나는 신학 서적 번역에 뜻을 품고 잘 다니던 회사를 나와 10년 넘게 프리랜서 번역자로 일해왔다. 둘 다 벌이가 시원치 않은 비정규직임에도 둘 다 자기가 하는 일에 나름 자긍심을 갖고 있다. 종종 그런 자긍심은 경제적 어려움을 부끄러워하지 않게 해준다. 우리 부부가 중산층 동료 교우들 사이에서 기죽지 않고 지낼 수 있었던 것은 아마도 그 때문일 것이다.

그러나 모든 서민이 우리 같을 수는 없다. 서민이 중산층에게 갖는 감정은 이중적이다. 한편으로는 부러워하지만, 다른 한편으로는 불편해한다. 세상에 자신에게 열등감을 느끼게 하는 존재를 좋아할 사람은 많지 않다. 경제적으로 여유가 없는 서민들의 경우, 아주 작은 것 때문에도 쉽게 위축되거나 상처 입을 수 있다. 그런 상처는 결국 그들을 공동체 밖으로 밀어낸다. 물론 반대로 중산층 사람들도 서민층을 불편하게 여길 수 있고 그로 인해 공동체를 떠날 수도 있다. 그러나 대개는 약한 자들이 밀려나는 게 세상 이치다. 사실 강자 편에서 아무것도 하지 않더라도 그저 그들이 내뿜는 기운만으로도 약자들이 밀려날 수 있다.

2016년 4월 어느 날, 낯선 이로부터 이메일을 받았다. 그는 내가 쓴 《한국 교회, 예레미야에게 길을 묻다》를 읽고 깊은 인상을 받았다면서 자기는 40대 초반의 집사인데 다니던 교회에 실망해 최근에 그 교회를 떠났다고 했다. 그가 다니던 교회는 그 무렵 한국 교회를 대표하는 연합기관의 회장으로 있던 어느 유명한 목사가 담임하는 아주 큰 교회였다. 그러나 세간의 명성과 달리 내부 사정은 좋지 않았다. 특히 헌금 강요가 심해서 가난한 교인들은 다니기가 쉽지 않았다. 그 집사는 지금 자신이 새로운 교회를 찾는 중인데 혹시 도움을 줄 수 있겠느냐고 물었다. 나는 속으로 '우리 교회보다 더 좋은 교회가 있을까?' 하는 생각으로 다음 주에 우리 교회로 오라고 했다. 약속한 날에 그가 왔다. 예배를 마친 후 함께 점심을 먹으면서 잠시 그와 대화를 나눴다. 그는 지난 몇 년간 해왔던 사업에 실패하고 정신적으로, 그리고 경제적으로 몹시 어려운 상태였다. 다행히 그는 우리 교회 예배에 크게 만족했다. 특히 정 목사의 설교를 통해 큰 위로를 얻었다고 했다. 나는 그에게 이왕 왔으니 우리 아둘람 모임에도 참석해 보라고 권했다. 그래야 교회를 좀더 잘 알 수 있을 것이라면서.

예배에서 용기를 얻은 그가 아둘람 모임에 참석했다. 아둘람 식구들은 그를 따뜻하게 반겼다. 모처럼 낯선 이, 그것도 40대 초반의 젊은 이가 모임에 참석해서였는지 모두가 살짝 들뜬 것 같았다. 그의 자기 소개가 끝난 후 아둘람 식구들은 여느 때처럼 돌아가면서 자기 이야기를 했다. 한데 참 공교로웠다. 최근에 유럽 여행에서 돌아온 부부가 유럽 얘기를 한참 했다. 그러자 다른 부부가 짧게 다녀온 일본 여행 얘기를 했다. 이어서 그 무렵에 아둘람 모임에 혼자 참석하던 기러기 아빠 하나가 다음 주에 아내와 딸들을 보러 미국에 갈 예정인데 두 달쯤 있다 올 거라고 했다. 모르는 이들이 보면 아둘람 식구들끼리 해외여행 경쟁이라도 벌이는 것처럼 보였다. 결정타는 어느 부부의 은퇴 선언이었다. 이제 50대 중반인 그들은 그동안 해왔던 사업을 접고 은퇴할 거라고 선언했다(사실 그들은 그 문제를 두고 오래전부터 고민해 왔었는데 마침내 결단을 내린 참이었다). 아둘람 식구들이 그런 얘기를 하는 동안 그 젊은 집사의 낯빛이 어두워졌다.

다시 오겠노라고 약속했음에도 그 집사는 다음 주에 교회에 오지 않았다. 그는 나의 거듭된 전화도, 이메일도, 페이스북 메시지도 받지 않았다. 우리 아둘람 사람들은 왜 그가 다시 오지 않는지를 두고 이런 저런 추측을 했다. 나는 혹시 그날 내가 그에게 무언가 실수를 했던 게 아닐까 거듭 상기해 보았으나 그럴 여지는 거의 없었다. 아무리 생각해 봐도 그날 나는 그에게 특별한 말을 한 게 없었다. 그저 잠시 그의 사정에 대해 듣고 그를 아둘람 모임에 이끌었을 뿐이다. 게다가 그날은 유독 다른 이들이 말이 많아서 내가 할 얘기가 별로 없었다. 당사자

교회 민주주의

의 답을 듣지 못했으니 확신할 수는 없으나, 아마도 자신이 이런 부류의 신자들 모임에 참석하는 것이 어울리지 않는다고 여겼던 게 아닐까 추측할 뿐이다.

교회의 중산층화가 특별히 내가 속한 아둘람에만 국한된 일이라면 크게 문제가 될 이유는 없다. 하지만 유감스럽게도 이런 상황은 교회 전반에서 나타난다. 어떤 이들은 우리 교회에도 형편이 어려운 이들이 있다는 이유를 들며 우리 교회가 중산층 교회라는 사실을 인정하려 들지 않는다. 그러나 살펴보면 부자 동네인 강남에도 어려운 사람은 있다. 개발되기 이전에 어쩌다 그 지역에 마련했던 집 한 채를 유지하며 간신히 버티는 이들도 있고, 남들만큼 잘살다가 실직하거나 사업에 실패해서 어려움에 부닥친 이들도 있다. 은퇴한 어르신들이나 미취업 상태의 청년들 역시 어려움을 겪고 있을 수 있다. 그러나 그런 이들이 있다고 해서 강남을 부자 동네가 아니라고 할 수는 없다.

예인교회가 중산층화되었음을 보여주는 가장 큰 지표는 교회 안에 눈에 띄게 어려운 이들, 특히 차상위계층이나 기초생활수급자가 존재하지 않는다는 점이다. 나의 모교회에는 그런 이들이 꽤 있었다. 당장 내 친인척 중에도 수급자들이 있었다. 교회 차량이 없으면 교회에 나올 수 없는 노 권사님들과 장애인들도 꽤 있었다. 자기 집은 있는 사람보다 없는 사람이 더 많았다. 우리 부부도 예인교회에 오기 직전까지 전세를 살았다. 물론 모교회에도 제법 잘 사는 이들이 있었으나 그런 이들보다는 형편이 어려운 이들이 훨씬 더 많았다. 반면에 예인교회에는 형편이 어려운 이들이 잘 보이지 않는다. 유감스러워할 상황은 아니지만, 우려할 만한 상황이다. 교회가 강자들의 모임이 되어가고 있다는 반증이기 때문이다.

그런데 이런 상황이 예인교회가 민주적이라는 사실과 상관이 있을까? 나는 있다고 보는 편이다. 예인교회는 부천의 어느 마을 교회에서 뛰쳐나온 이들에 의해 시작되었기에 처음에는 여전히 마을 교회의 속성을 유지하고 있었다. 그러나 민주적이고 개혁적인 교회로 소문이 나면서 부천뿐 아니라 인근의 여러 도시로부터 사람들이 몰려 왔다. 소문을 듣고 찾아오는 이들 대부분은 교회의 모순을 비판할 줄 아는 이들이다. 그리고 대개 그런 이들은 우리 사회에서 꽤 배웠거나 가진 편에 속한다. 앞에서 언급했던 D 팀이 대표적인 경우다. 그들은 신앙 경력은 물론이고 배움이나 소유의 측면에서 예인교회의 설립 멤버들에게 뒤지지 않았다. 등록하자마자 교회의 핵심적 일꾼이 되었을 정도다. 최근에 등록하는 새 교우들의 상황도 비슷하다. 심지어 새 교우들 중에는 모교회에서 장로였던 이들도 있다. 교회에 등록한 후 예배 때 인사를 시키면 낯선 교우들 앞에서도 말을 못 하는 이가 없을 정도다.

어느 교회나 그렇겠지만, 예인교회도 입회에 자격 제한을 두지 않는다. 그럼에도 새로 교회를 찾아오는 이들은 대부분 신앙적으로 혹은 경제적으로 남에게 뒤처지지 않는 이들이다. 그러다 보니, 결코 의도한 적이 없음에도, 교회는 점점 더 부유하고 똑똑한 이들로 채워지고 있다. 그리고 십중팔구 그런 교회는 시간이 흐를수록 먹고살 만한 중산층 신자들끼리 모여 양질의 기독교 문화를 향유하며 자기 만족에 빠지는 집단이 될 가능성이 크다. 세상의 추세가 그러하니 어쩔 수 없다고 여긴다면, 교회는 결국 어쩔 수 없이 그렇게 될 것이다. 이 지점에서 우리가 심각하게 물어야 할 질문은 이것이다. 강남의 부유층 교회는 문제시하면서, 부천의 중산층 교회는 어쩔 수 없는 일이라 할 것인가?

오르기와 내려오기

경기도 김포군 오정면 오쇠리. 내가 태어나 자란 동네다. 김포공항 인근이어서 오랜 세월 그린벨트에 묶여 있었다. 그린벨트에서는 건물의 신축은 물론 증·개축조차 할 수 없다. 나도 내가 태어난 해에 지어진 집에서 꼬박 30년을 살았다. 방 벽을 두드리면 벽지 안에서 흙 부스러기가 후드득 떨어졌다. 실내 화장실은 상상도 할 수 없었고, 세면조차 안마당에 있는 수돗가에서 해야 했다. 여지없는 도시 빈민촌이었다. 그래도 마을 사람 누구도 그런 삶에 주눅이 들지 않았다. 이웃들 모두가 그렇게 살았기 때문이다.

모교회 교우들의 상황도 다르지 않았다. 교우들 대부분은 가난했다. 아니, 가난해 보였다. 물론 교우 중에도 제법 사는 이들이 있었다. 그러나 겉보기에는 그런 이들의 삶도 가난한 교우들과 별 차이가 없었다. 그 동네에서는 부자나 가난한 자 모두 가난한 모습으로 살았다. 그래서였을 것이다. 모교회에서는 남의 집에서 월세 내며 사는 이들과 알고 보면 꽤 많은 재산을 가진 이들이 스스럼없이 어울렸다.

1996년 우리 마을은 주민 전부가 부천의 어느 지역에 조성된 대규모 주택단지로 집단 이주했다. 부천시는 그 단지를 특화하기로 했다. 2층 이상을 짓지 못하게 했고 모든 집의 설계를 서로 다르게 하도록 요구했다. 그 결과 아주 멋진 유럽풍의 고급 전원 주택단지가 탄생했다. 교회 역시 주택단지 맨 안쪽 산자락 밑에 종교 부지를 얻어 예배당을 건축하고 이주했다. 오랜 세월 이주를 준비하며 저축을 해왔던 교회는 예배당 앞에 있는 땅을 사들여 부속 건물들을 지었다. 예배당과 부속 건물들이 완공되었을 때 교우들은 환호했다. "지옥에서 천당으로!" 실제로도 그렇게 보였다. 고향 마을의 예배당은 다 쓰러져가는 가건물이었던 반면, 방주 모양으로 지은 새 예배당은 어디에 내놔도 뒤지지 않을 만큼 훌륭하고 멋졌기 때문이다.

그러나 그런 변화가 모두에게 좋은 것은 아니었다. 우선 옛날 동네에서 세입자로 살던 이들은 이주단지로 오지 못했다. 집단 이주가 시작되었을 때 그들은 비로소 알게 되었다. 무주택자인 자기들과 입주권을 가진 이들의 처지가 서로 얼마나 달랐던 것인지를. 서로 형편이 크게 달랐음에도 그린벨트라는 외적 환경이 그 차이를 감추고 있었을 뿐이었다. 입주권을 얻어 이주한 이들 가운데서도 차이가 나타났다. 입주권 외에 다른 재산이 없어서 겨우 집 한 채를 지을 수 있었던 이들은 머지않아 그 집을 처분하고 동네를 떠났다. 그 마을에서의 생활비를 감당할 수 없어서였다. 그들이 떠난 집에는 그곳에서 살 만한 여유가 있는 낯선 이들이 들어와 살았다. 반면에 옛날 동네에서 논이나 밭을 갖고 있던 이들은 말 그대로 하루아침에 돈벼락을 맞았다. 벼락부자가 된 이들은 새집에 어울리는 고급 가구들을 들여놓았고 자신들의 경제력에 어울리는 큰 차를 샀다.

시간이 흐르면서 교회 역시 변하기 시작했다. 마을과 함께 이주하지 못했던 가난한 교우들 중 일부는 자연스럽게 교회에서 떨어져 나갔다. 다른 동네에 살면서도 여전히 모교회를 떠나지 못했던 이들은 날이 갈수록 자신들과 이주민 교우들 간의 차이를 절감해야 했다. 그리고 그런 상황은 이주민 교우들 내에서도 마찬가지였다. 겨우 집 한 채를 가진 이들과 돈벼락을 맞은 이들의 차이는 생각했던 것보다 컸다. 그들은 예전처럼 함께 어울리기가 힘들었다. 서로 삶의 모습이 너무 많이 달라졌기 때문이다.

가난한 교우들이 떠난 자리를 낯선 이들이 찾아와 메꿨다. 대개 그 동네의 고급스러움이 자신들에게 어울린다고 여기는 이들이었다. 덕분에 교회에는 전에는 없었던 직종의 교우들이 생기기 시작했다. 의사, 변호사, 교수, 사업가 등. 그러면서 교회 자체가 변하기 시작했다. 그린벨트 시절에 교회는 목사들의 잦은 이동 때문에 어려움을 겪었다. 아무리 애를 써도 부흥이 되지 않는 현실에 절망한 목사들은 기회만 나면 다른 곳으로 떠났다.

그러나 이주한 후 교회는 별다른 노력 없이도 부흥하기 시작했다.

지나가다가 예배당이 예뻐서 찾아왔다는 이들도 꽤 있었다. 제 발로 찾아온 그럴듯한 교우들은 또 다른 그럴듯한 신자들을 끌어들이는 유인이 되었다. 그렇게 해서 시간이 흐를수록 그럴듯한 신자들이 늘어갔다. 신이 난 목사는 설교 때 걸핏하면 그런 그럴듯한 교우들의 이름을 들먹였다. "여러분, 우리 교회에 변호사가 한 분 계신 거 아세요?"

목사는 교회를 떠날 생각을 하지 않았다. 대신 교회 정치에 대한 꿈을 꾸기 시작했다. 그럴 만했다. 고급 주택단지에 그럴듯한 예배당과 부속 건물들 그리고 그럴듯한 교우들을 거느린 목사가 교회 정치에 대한 꿈을 꾸는 건 당연한 일이었다. 그에게 그 교회는 더할 나위 없이 좋은 교회였다. 그래서인지 종종 이렇게 말했다.

"저는 천국 갈 때까지 여러분과 함께할 겁니다!"

그러나 교우들 특히 오래된 교우들의 생각은 달랐다. 모교회를 떠나기 몇 해 전에 나는 그 교회의 60년사 편찬위원회 실무 책임을 맡았다. 초기 역사를 정리하기 위해 교회 어르신들을 찾아가 만났다. 그분들의 말씀을 듣고 나서 매번 같은 질문을 던졌다.

"언제가 가장 행복하셨어요?"

어르신들의 대답은 한결같았다. 그린벨트에서 간신히 버티던 1970년대와 1980년대였다는 것이다. 내가 성장하던 시기였고 나도 분명하게 기억하는 시기였다. 돌이켜 보면, 나에게도 그 시절의 교회가 가장 좋았다. 교우들 대다수가 가난했던, 그럼에도 아무도 가난을 부끄러워하지 않았던 시절이었다. 그러고 보니 내가 스무 살의 아내를 만난 것도 1980년대 초였다. 당시에 처가는 모교회의 어느 권사님 집에서 겨우 방 한 칸을 얻어 살고 있었다. 처가는 장인이 사업에서 실패한 후 인천에 있던 집을 잃고 우리 동네까지 오게 되었다. 그 무렵에 우리 동네에는 그런 가족이 꽤 있었다. 큰 마당이 있었던 그 권사님 집에도 단칸방에 세 들어 사는 가족이 셋이나 되었다. 1980년대 초만 하더라도 모교회에는 그런 형편의 교우들이 꽤 있었다. 그런 교우들은 집주인인 다른 교우들과 스스럼없이 어울렸다. 집주인이라고 해봤자 세입자들보다 방이 한두 개 더 있을 뿐 겉보기에는 너나 나나 비슷해 보였기 때문이다.

그러나 어르신들이 그리워하는 시절은 교회가 이주하면서 끝났다. 세입자였던 처가는 이주단지로 오지 못했고 다른 마을로 이사를 가야 했다. 장인은 아내가 나와 결혼하면서부터 교회에 나오기 시작하셨는데, 교회에서 비슷한 또래의 장로님 한 분과 친구가 되셨다. 두 분은 거의 매일 함께 낚시하러 다니거나 화투를 치셨다. 그 장로님은 내 어릴 적 친구의 아버지이시기도 한데 마을이 이주할 때 보니 수십억 원의 자산가였다. 그린벨트에서는 단칸방에서 월세 사는 이들과 수십억 원의 자산가가 함께 친구가 되는 일이 가능했었다. 재산의 유무에 상관없이 사는 모습이 비슷했기 때문이다. 그러나 유감스럽게도 고급 주택단지에서는 그게 가능하지 않았다. 두 부류의 교우들 사이 간격이 너무 컸기 때문이다. 그리고 지금 그 간격은 점점 더 커지고 있다.

몇 해 전 송년 주일 때였다. 예배를 마친 후 아둘람 식구들과 함께 점심식사를 겸한 송년회를 위해 부천 외곽으로 드라이브를 했다. 우리 부부가 탄 차 앞으로 아둘람 식구들의 차 석 대가 보였다. 모두 최고급 사양의 검정색 세단이었다. 그 뒤로 아내와 내가 탄 10년이 훨씬 넘은 노후 차량이 덜덜거리며 달렸다.

아둘람 식구들과 만둣국으로 점심을 먹으면서 교회에 대해 이런저런 얘기를 나눴다. 의도했던 것은 아닌데, 무슨 얘기 끝에 내가 우리 교회의 중산층화에 대해 우려를 표명했다. 특정 계층을 비난하거나 비호하려는 생각은 추호도 없었다. 그저 평소 가져온 교회에 대한 여러 생각 중 하나를 자연스레 말했을 뿐이다. 내 기억으로는 우리 아둘람 모임에서 내가 '중산층'이라는 말을 처음 꺼낸 날이었다. 갑자기 분위기가 이상해졌다. 아차 싶었으나 엎질러진 물이었다. 내 말을 듣던 이들 중 하나가 어두운 표정으로 말했다.

"유감스럽지만 어쩌겠어요? 열심히 살다 보니 여기까지 올라온 건데 다시 내려갈 수도 없고……."

모두가 고개를 끄덕였다. 나 역시 동의했다. 정말로 어쩌겠는가? 교회가 중산층 신자들만 골라서 받았던 것도 아니고, 가난한 이들에게 나가라고 등을 떠민 적도 없지 않은가? 공연히 내가 쓸데없는 소리를 해서 그날 송년회 분위기를 망쳤다. 열심히 살아온 아둘람 식구들에게 미안한 마음이 들었다. 무거운 마음으로 집으로 돌아오는 차 안에서 아내에게 말했다.

"내가 괜한 말을 해서 송년회 분위기를 망쳤어."

잠시 뜸을 들이던 아내가 말했다.

"맞아. 괜한 말이었어. 근데, 그 권사님 말이 틀린 건 아닌데, 위에 있는 이들이 내려오기가 힘들까? 아래에 있는 이들이 올라가기가 힘들까?"

교회 민주주의

황망한 이별

"못난 놈들은 서로 얼굴만 봐도 흥겹다."

〈농무〉(農舞)의 시인 신경림의 수필집 제목이다. 수필집에서 시인은 자신이 일제 강점기와 해방 공간, 그리고 개발 시대 초기에 어려운 이웃들과 더불어 살면서 경험한 일들을 담담하게 묘사한다. 유감스럽게도 이 수필집에는 같은 제목의 수필이 등장하지 않는다. 제목은 시인이 쓴 시 〈파장〉(罷場)의 첫 대목에서 가져온 것이다. 시의 전반부는 이렇다.

> 못난 놈들은 서로 얼굴만 봐도 흥겹다
> 이발소 앞에 서서 참외를 깎고
> 목로에 앉아 막걸리를 들이켜면
> 모두들 한결같이 친구 같은 얼굴들

호남의 가뭄 얘기 조합빚 얘기

약장수 기타소리에 발장단을 치다 보면

왜 이렇게 자꾸만 서울이 그리워지나

시인이 쓴 시와 수필의 주인공은 모두 가난한 농부나 장터를 떠도는 장돌뱅이나 자기 밥벌이조차 못 하는 글쟁이들, 하나같이 '못난 놈들'이다. 한데 그 못난 놈들이 꾸역꾸역 살아나간다. 곁에 자기들만큼이나 못난 놈들이 있기 때문이다. 그래서일까? 그들은 서로 만나면 반가워서 피식거리며 웃는다. 한심해서 웃기도 하지만 든든해서도 웃는다. 못난 놈들이 살아갈 힘은 곁에 있는 자기만큼이나 못난 놈들이다.

모교회에는 나만큼이나 못난 이들이 꽤 있었다. 아니, 나 정도만 되어도 그나마 괜찮은 편이었다. 교우 중에는 자기 집을 가진 이들보다 못 가진 이들이 훨씬 많았고, 장애가 있는 이들과 차상위계층이나 기초생활수급자도 꽤 있었다. 그렇게 공식적으로 어려운 이들이 아니더라도, 어려운 이들과 못난 이들은 드물기보다는 흔했다.

당시 동갑내기 교우 하나가 몇 차례 가게를 운영하다 말아먹고 빈털터리가 되었다. 매달 생활비 마련이 힘들 정도였다. 그는 여기저기 손을 벌리며 살았다. 오죽했으면 나 같은 글쟁이에게까지 손을 내밀었겠는가. 나는 그가 벌리는 손을 외면하지 못했다. 그랬다가는 그가 죽을 것 같았다. 이미 거의 한도가 차가던 마이너스 통장에서 돈을 뽑아 그에게 건네던 날, 아내가 걱정스러운 표정으로 물었다. "당신, 지금 우리가 누구를 도울 상황이라고 생각해? 그리고 그 돈 돌려받을 수는 있는 거야?" 물론 아내는 나만큼이나 질문에 대한 답을 이미 알고 있었다.

다른 교우 하나는 경제적 여력은 있었는데 결혼생활에 실패했다. 알 만한 이들은 모두 그 집 사정을 알았다. 그러나 내가 그와 가장 가까웠기에 나는 그의 가정이 깨지는 과정을 속속들이 지켜보아야 했다. 그 권사는 아내를 사랑했고 가정을 깨고 싶어 하지 않았다. 그럼에도 결국 깨졌다. 그 과정이 그에게 얼마나 큰 고통이었는지는 상상에 맡긴다. 나를 포함해 그와 가까운 몇 사람은 여러 차례 그의 긴 한숨과 눈물을 보았고 여러 날 함께 밥을 먹고 술을 마셨다.

사업에 실패하거나 가정이 깨지는 것은 아주 큰 고통이며 다른 이들에게 드러내 보이고 싶지 않은 부끄러운 일이다. 그러나 그런 일은 숨길 수도 없고 숨긴다고 문제가 해결되지도 않는다. 어렵지만 어떻게든 자신의 사정을 밝히고 주변 사람들의 도움을 받아야 한다. 공동체가 필요한 가장 큰 이유가 여기에 있다. 힘들 때 처참한 모습으로라도 기대고 비빌 언덕이 있다는 것은 삶을 계속해 나갈 수 있는 큰 힘이 될 수 있다.

모교회는 종종 그런 역할을 했다. 교회가 어려운 교우들에게 해준 일은 사실상 아무것도 없었음에도 못난 교우들이 서로 비빌 언덕이 되었다. 아직 세상 무서운 줄 모르던 30대 초반에 다니던 회사를 때려치우고 나온 적이 있다. 곧 다시 직장을 얻으리라고 생각했는데 그게 쉽지 않았다. 여러 달 실업자로 지내다 보니 집에 쌀과 기름이 떨어졌다. 정말 막막했는데 그즈음에 자주 우리 집에 모여서 놀던 성가대원들이 우리 집의 형편을 헤아렸다. 어느 날 자기들끼리 돈을 모아 사온 쌀과 기름을 건네며 말했다.

"우리가 그동안 이 집에서 먹은 걸 생각하면 이것보다 몇 배는 더 내야 해."

사실 그때 그들 중에 나보다 형편이 나은 이는 하나도 없었다. 그린벨트 지역에서 살아가는 20대 후반과 30대 초반의 청년들, 그것도 대부분 아직 학생이거나 공장 노동자였던 이들이 무슨 여유가 있어서 다른 이를 돕겠는가. 그들은 제 앞가림도 못 하는 처지에서 나를 도왔다. 그리고 나는 그들이 나만큼이나 못났기에 그들의 도움을 받으면서도 비굴해지지 않을 수 있었다. 시인의 말처럼 못난 놈들이 서로 얼굴만 봐도 흥겹고 힘이 나던 시절이었다.

K 집사는 나와 거의 같은 시기에 예인교회 성가대에 들어왔다. 나보다 몇 살 아래인 그는 이른바 기러기 아빠였다. 부인과 자녀 셋을 호주로 유학 보내고 자신은 한국에서 혼자 지내면서 인도를 상대로 무역업을 했다. 사업이 잘되던 처음 얼마간 그는 꽤 의욕적이었다. 그러다가 2016년 말에 인도가 화폐개혁을 하면서부터 상황이 급속히 나빠지기 시작했다. 그의 사업이 어려움에 처했다는 소식은 들었지만 주일 아침 성가대 연습 시간 도중에 그의 사정을 상세하게 묻고 헤아리기는 어려

교회 민주주의

왔다. 간식 시간에 가끔 동료 성가대원들이 "요즘 어떠세요?" 하고 물으면, 그가 어두운 표정을 지으며 말했다. "힘드네요. 앞이 잘 안 보여요." 안타깝기는 했으나 대부분 그의 말을 흘려넘겼다. '사업이란 게 다 그렇겠지.' 무엇보다도 한창 성가 연습을 하다가 갑자기 분위기를 바꿔 누군가의 사업에 관해 대화를 나누는 것도 어색했다.

2018년 봄 어느 날, 성가대 연습이 끝났을 때 K 집사가 내게 말했다. "이제 성가대 활동을 못 할 것 같아요." 왜 그러느냐고 물으니 차를 팔기로 했다고 했다. 하던 사업을 접기로 했는데 그러면 굳이 차가 필요하지 않다는 얘기였다. 나는 그에게 차편이 문제라면 주일 아침에 태우러 가겠다고 했다. 그러자 그가 만류했다. "아니에요. 당분간 조용히 예배에나 참석하면서 마음을 정리할까 해요." 안타까웠으나 별다른 방법이 없었다. 게다가 그는 우리 아둘람 식구도 아니었기에 그의 사정은 그쪽 아둘람에서 헤아리겠거니 했다. 그는 그다음 주부터 성가대 연습에 참석하지 않았다.

그로부터 몇 주 후에 청천벽력 같은 소식이 들렸다. 그가 죽었다는 것이었다. 그뿐 아니라 이미 장례까지 치렀다고 했다. 교우 중 누구도 그 일을 알지 못했다. 담임목사조차 몰랐다. 그의 사망 소식은 그의 부인이 우리 교회 어느 권사에게 전화를 해서 알려졌다. K 집사의 부인은 남편의 핸드폰에서 그 권사의 전화번호를 발견하고 전화를 걸었다. 용건은 간단했다. 남편이 산책하러 나갔다가 심장마비로 사망했고 장례는 이미 끝났다, 교회와는 엮이고 싶지 않으니 연락하지 마시라.

메시지가 워낙 단호했기에 교회는 유가족에게 연락하지 못했다. 교우 중 누구도 그 가족을 알지 못했다. 그래도 그를 그냥 보낼 수 없었던 교회는 주일 오후 행사를 모두 접고 K 집사를 추모하는 예배를 드렸다. 고인의 영정도 유가족도 없는 아주 쓸쓸하고 황망한 추모 예배였다.

그로부터 얼마 후 몇몇 교우들과 어울려 식사 모임을 하던 중에 K 집사 얘기가 나왔다. 어떤 이가 말했다.

"생각해 보니 그즈음에 K가 이상하기는 했어요."

그의 회사는 K 집사와 같은 건물에 입주해 있었다. 그래서 가끔 만나서 대화를 나눴는데 죽기 얼마 전에 그랬단다.

"하나님이 나를 부르고 계세요. 이제 곧 떠나게 될 것 같아요."

그때 그 교우는 속으로 '이게 뭔 소린가? 혹시 이 친구 이단에 빠진 거 아닐까?' 했단다. 그러나 서로 속 깊은 얘기를 나누는 사이는 아니었기에 그냥 조금 이상하다는 생각을 하고 말았단다. 다른 이도 비슷한 말을 했다.

"나도 들은 얘기인데, K 집사가 교회 내 탁구 모임에 자주 참석했대요. 그런데 어느 날 그가 멤버 중 하나에게 자기가 아끼던 탁구채를 넘기면서 그랬다더군요. '이거 가지세요. 이제 저는 더 쓸 일 없을 것 같아요'라고요."

그뿐 아니라 언젠가 K는 다른 교우에게 자기 가정 얘기를 털어놨다고도 했다. 그가 들은 바로는, K는 가족들과의 관계에서도 문제를 겪

교회 민주주의

고 있었다. 서로 떨어져 산 시간이 길어서인지 가끔 아내와 자식들과 함께 모여도 서로 얘기도 잘 안 하고 심지어 식사도 같이하지 않는 경우가 많았다는 것이다.

두 사람의 말을 들으면서 의문이 들었다. 그렇다면 K 집사는 분명히 이런저런 사인을 보냈던 셈인데 우리는 왜 그 사인을 놓쳤던 것일까? 그리고 어째서 K는 교우들에게 좀더 분명하게 자신의 고통을 털어놓으며 소리 내 울지 못했던 것일까? 내가 병든 교회라고 여겨 떠나온 모교회에서는 못난 놈들끼리 소주라도 한잔하면서 얼기설기 살았는데, 어째서 건강성과 공동체성을 추구한다는 예인교회에서는 실패한 사람이 이렇게 작별 인사 한번 없이 우리의 곁을 떠난 것인가? 진정 우리는 건강한 교회인가?

서클화

2017년 2월 11일, 강화도 KT&G 수련관에서 전교인 겨울 수련회가 열렸다. 개회 예배 후 흥겨운 게임이 있었고 이어서 조별 모임을 했다. 조별 모임은 같은 관심사나 취미를 가진 이들이 함께 모여 대화하는 시간이었다. 누구든 자기가 원하는 모임을 선택해 들어갈 수 있었다. 나는 독서 모임에 지원했다. 이런 따분한 취미를 가진 이들이 몇이나 될까 우려했는데 모여 보니 10여 명이나 되었다. 모인 이들은 자기가 어떤 종류의 책을 즐겨 읽는지, 하루에 몇 시간이나 읽는지, 1년에 몇 권이나 읽는지 등에 관해 이야기를 나눴다. 참가자들의 독서량이 예상보다 많아서 놀랐다. 젊은 집사 하나는 거의 하루에 한 권꼴로 책을 읽는다고 했다.

내 차례가 되었다. 내가 신학책을 번역한다고 하자 참가자들이 솔깃했다. 내가 번역일을 한다는 소문은 들었으나 그런 번역을 전문으로 하는 줄은 몰랐다고 했다. 다들 독서가 취미이고 기독교 서적도 꽤 읽는 편이었음에도 본격적인 신학서를 읽어본 이는 없었다. 대화 끝에 한 젊은 집사가 호기롭게 말했다.

"우리도 권사님이 번역한 신학서 한번 같이 읽어볼까요?"

그 말을 듣자마자 내가 말렸다.

"아이고, 신학책은 어렵기만 하고 재미도 없어요."

교회에서는 이미 몇 차례 내가 번역한 책을 '이 달의 권장 도서'로 선정해 소개하고 판매도 했다. 그때마다 여러 교우가 책을 구매해 읽었는데 대부분의 반응은 '너무 어렵다'는 것이었다. 교회가 권장 도서로 택한 책들은 내가 번역한 책 중에서는 그나마 쉬운, 즉 경건 서적에 가까운 책들이었음에도 그랬다. 한데 이 젊은 집사가 제안한 것은 경건 서적이 아니라 본격적인 신학서를 읽자는 것이었다. 나로서는 말릴 수밖에 없었다.

그럼에도 몇 사람이 그 제안에 호응했다. 그리고 나에게 읽을 만한 책을 소개해달라고 했다. 나는 번역 과정에서 나에게 아주 큰 깨달음을 준 책인 《아담의 역사성 논쟁》(*Four Views on the Historical Adam*, 새물결플러스 역간)을 소개했다. 읽을 수만 있다면 성경을 읽는 새로운 눈을 얻을 수 있으리라는 기대 때문이었다. 수련회가 끝나고 두 주쯤 지났을 때 교회 게시판에 공고문 하나가 붙었다. 《아담의 역사성 논쟁》을 읽는 모임이 발족되었으니 관심 있는 교우들은 참여하라는 것이었다. 모임 이름이 "도전 신학!"이었다. 교회에서는 모임 간식비로 10만

원을 지원해 주었다. 패기는 좋았으나 유감스럽게도, 그리고 예상했듯이 모임은 오래 가지 못했다.

어쨌거나 그날 밤 우리의 조별 모임은 아주 진지하고 오래도록 계속되었다. 다른 조들의 모임이 모두 끝나고 우리만 남아서 자정이 가깝도록 떠들었을 정도다. 평생 교회에 다녔지만 교우들과 함께 그렇게 진지하게 책 얘기를 한 건 처음이었다.

조별 모임을 마치고 숙소로 돌아왔다. 숙소에는 나 말고도 네 명이 더 있었다. 내가 돌아왔을 때 그 네 사람은 열띤 대화 중이었다. 대화의 주제는 골프였다. 네 사람 모두 자기 사업을 하는 이들이었고 오랫동안 골프를 친 이들이었다. 골프 관련 용어들이 들려왔다. 티샷, 이글, 워터해저드, 파3, 버디, 홀인원…… 평생 골프채 한 번 잡아본 적이 없는 나로서는 도무지 뜻을 헤아리기 어려운 낯선 말들이었다. 그들의 대화는 내가 방에 들어간 후 1시간이 넘도록 계속되었다. 그들은 서로 웃고 감탄하고 소리치고 주먹을 쥐어가며 얘기를 나눴다. 2002년 월드컵 때 우리나라 대표팀이 16강에 진출한 얘기를 하면서 사람들이 보였던 모습과 똑같았다. 그들은 얘기 도중에 중간중간 나를 쳐다보며 환히 웃었다. '이런 얘기 너무 신나지 않아요?' 하는 표정이었다. 조금도 신나지 않았다. 그리고 무엇보다 짙은 소외감을 느꼈다. 더 앉아 있기가 어려웠다. 하지만 "골프 얘기 재미없으니 이제 그만 합시다"라고 말할 수는 없었다. 결국 혼자서 핸드폰에 머리를 처박고 페이스북을 훑어내렸다. 내가 아무 말 없이 핸드폰만 만지작거리자 한 사람이 물었다. "권사님은 핸드폰으로 뭘 그렇게 열심히 하세요?" 내가 그냥 웃고 말자 머쓱해진 그는 다시 골프 얘기로 돌아갔다.

그들의 대화를 들으면서 언젠가 페이스북에 적어 두었던 내 친구의 말을 찾아 읽었다. 그 친구는 대학 졸업 후 삼성전자 영업부에 입사했다. 입사 후 가장 먼저 배운 게 골프였다. 그때 영업부 선배들이 그에게 해준 말이 있었다.

"자네가 영업하기 위해 세 사람을 한 자리에서 만났는데 그중 한 사람이 골프를 치지 않는다면 그 자리에서는 골프 이야기를 하면 안 돼. 하더라도 아주 잠깐 하고 말아야 해. 골프 얘기가 5분 이상 계속되면, 골프를 치지 않는 그 사람은 다시는 그 자리에 나오려 하지 않을 거야. 그리고 그건 영업 기술 이전에 사람에 대한 기본적인 예의야."

그날 밤 나는 천당과 지옥을 오갔다. 독서 모임이 맑은 공기가 흐르고 새들이 지저귀는 아름다운 숲이었다면, 낯선 골프 용어들이 쉴새 없이 튀어나오던 그 방은 고문실 같았다. 물론 그런 상황은 누군가가 의도적으로 만든 게 아니었다. 독서 모임 사람들은 자기들이 좋아하는 얘기를 했을 뿐이고 숙소에서 골프 얘기를 나눴던 이들도 마찬가지였다. 다만 한쪽은 내가 끼어들 수 있는 대화를 했고 다른 쪽은 도저히 끼어들 수 없는 대화를 했을 뿐이다. 만약 책은 한 줄도 읽지 않고 골프에만 빠져 있는 이가 독서 모임에 참석했더라면, 아마도 그에게는 그 모임이 고문실 같았을 것이다.

2020년 1월, 교회는 아둘람을 재편하기로 했다. 아둘람 재편은 교회가 교우들의 교제권을 넓히기 위해 정기적으로 하는 일이다. 그때 아둘람 재편 논의 과정에서 두드러졌던 것은 '목적 아둘람'에 관한 것이었다. 아둘람의 1차 목적은 교제인데, 그에 더하여 다른 추가적인 목적을 추구하는 아둘람을 만들겠다는 것이었다. 그런 취지에 공감하는 교우들이 제안했던 목적 아둘람들 중 둘이 인상적이었다.

하나는 독서 아둘람이었다. 그 아둘람은 여느 아둘람처럼 매주 모여서 교제만 나누는 것이 아니라 함께 책을 읽고 토론하는 모임을 하려 했다. 아내는 즉시 독서 아둘람에 지원했다. 책 읽기의 필요는 느끼면서도 특별한 동기나 자극이 없어서 고민하던 차에 좋은 기회를 얻은 것이었다. 하지만 나는 주저했다. 직업 때문에 늘 책을 끼고 사는 처지에 주일에도 책을 읽어야 하나 싶기도 했고, 무엇보다도 독서 아둘람이 교회 내 '먹물들'의 모임이 되지 않을까 싶어서였다. 그러나 아내와 아둘람 활동을 달리하는 것도 문제가 있어서 주저하던 차에 코로나19로 인해 아둘람 재편 논의 자체가 중단되었다.

다른 하나는 놀랍게도 히브리어를 공부하는 아둘람이었다. 영어도 아니고, 헬라어도 아니고, 사어(死語)나 다름없는 성경 히브리어였다! 나는 대학원에서 목사들과 함께 성서학을 공부한 경험이 있다. 내가 아는 한 목사들 중에도 실제로 히브리어를 읽고 쓸 줄 아는 이는 많지 않다. 배우기가 어렵기도 하지만 현실적으로 배워봤자 써먹을 데가 거의 없기 때문이기도 하다. 설교 때 "히브리어 원어 성경에 의하면" 어쩌고 하는 목사들 대부분이 실제로는 히브리어 성경을 읽지 못한다. 구약학으로 박사학위를 받으려는 사람들 외에는 신학생들 중에서도 히브리어를 제대로 아는 이들이 없다고 보면 거의 틀림없다. 그런데 예인교회 교우들이 히브리어를 공부하는 아둘람을 만들겠다고 나선 것이었다!

독서는 좋은 습관이다. 골프도 좋은 취미생활이 될 수 있다. 성경을 바르게 이해하기 위해 히브리어를 배우는 것은 크게 칭찬할 만한 일이다. 그럼에도 나는 예인교회에서 마주한 이런 현상들에서 희망보다는 불안을 느꼈다. 동료 교우들과 함께 전문적인 신학서를 읽거나, 골프를 치거나, 히브리어를 공부하는 것은 어지간한 교회에서는 하기 어려운 일이다. 어지간한 교회들이 하지 못하는 일을 하는 교회가 좋은 교회일까? 그런 일을 할 정도로 쟁쟁한 신자들이 모인 교회가 건강한 교회일까? 교회가 그렇게 서로 마음에 맞는 이들끼리 모여서 서클을 이루는 것이 바람직한 일일까?

교계 기자 노릇을 하던 1990년대 초에 한국 교회에서는 한창 교회 성장에 관한 논의가 이어지고 있었다. 그때 거의 모든 교회 성장학 세미나에서 약방의 감초처럼 나왔던 주장이 하나 있다. '동질성'(homogeneity)을 확보하라는 것이었다. 사람은 누구나 자기와 비슷한 이들과 어울리기를 좋아하니 같은 취미와 관심을 가진 이들을 묶으라는 것이었다. 더 나아가 비슷한 경제적 수준과 정치적 성향을 지닌 이들을 묶으라는 것이었다. 그러면 교회나 목사가 특별하게 애를 쓰지 않아도 교회가 저절로 성장한다는 것이었다. 그런 세미나에서 제시되었던 동질성을 확보해 성장한 교회의 사례들 대부분은 강남의 대형교회들이었다. 나는 건강한 작은 교회를 지향한다는 예인교회 안에서 나타나고 있는 이런 동질성의 문화가 적잖이 걱정스럽다.

강자들이 주도하는 대화

　30대 초반에 기독교 잡지사에서 2년여 동안 기자로 일한 적이 있다. 그때 나의 업무 중 가장 비중이 컸던 것은 이른바 성공한 기독교 신자들의 인터뷰 기사였다. 인터뷰어는 사장이었고, 인터뷰이는 대형교회 목사, 큰 기업의 대표, 장관, 국회의원, 그리고 각 분야의 전문가 등 다양했다. 나는 사장을 수행해 인터뷰 내용을 녹음하고 사진을 찍었다. 그리고 회사로 돌아와 인터뷰 내용을 바탕으로 기사를 썼다. 주된 내용은 인터뷰이의 신앙 이야기와 성공담이었다.

　한동안 사장을 수행해 성공한 신앙인들을 만나면서 우리 사회의 상류층 신자들을 선망했다. 그 무렵 나는 벽에 늘 곰팡이가 피어 있던 반지하에서 살았다. 그러면서 기자라는 신분으로 대형교회의 담임목사실, 큰 기업의 회장실, 정부종합청사의 장관 집무실, 국회의 의원회관, 부자 동네의 널찍한 단독주택, 그리고 유명 대학의 교수 연구실을 들락거렸다. 그런 곳에서 성공한 신앙인들이 들려주는 삶과 신앙 이야기는 환상적일 정도로 매력적이었다. 번번이 다짐했었다. 나도 믿음을 굳건히 해서 저들처럼 성공해야지!

한데 그런 인터뷰를 반복하다 보니 그들의 성공담에 어떤 패턴이 있음을 알게 되었다. 특히 사업에서 성공한 이들의 경우가 그랬다. 열심히 노력했다, 성공했다, 성공 때문에 교만해졌다, 그러다가 실패했다, 회개하고 기도했다, 하나님이 은혜를 베푸셔서 다시 성공할 수 있었다. 아무도 자신이 남들보다 머리가 좋았다거나, 운이 좋았다거나, 동물적 감각으로 돈이 되는 사업 분야를 찾아냈다고 말하지 않았다. 피도 눈물도 없이 직원들과 협력업체를 쥐어짰다고 말하는 이는 더더욱 없었다. 그들의 성공은 거의 전적으로 그들이 하나님께 보인 믿음에 대한 보상이거나, 그들의 배은망덕에도 불구하고 하나님이 베풀어 주신 값없는 은혜의 결과였다. 거의 매번 같은 패턴이 반복되다 보니 슬그머니 의문이 들었다. 그런 식이라면, 그들 못지않게 성공한 불신자들의 경우는 어떻게 설명할 것인가? 불경스럽게도, 가끔 그들이 자신의 성공을 바탕으로 자신의 신앙까지 칭송의 대상으로 만들고 있는 것은 아닌가 하는 의문이 들기도 했다.

상류층 신자들의 삶 엿보기가 시들해졌을 때, 사장에게 새로운 인터뷰 아이템을 제안했다. '오지(奧地)의 전도자를 찾아서.' 기독교 신앙 때문에 일부러 어려운 지역에 들어가 고생하며 사역하는 이들을 발굴해 소개하자는 것이었다. 사장은 떨떠름한 표정을 지으면서도 고개를

교회 민주주의

끄덕였다. 그렇게 해서 나는 한 달에 한두 번은 사장을 수행해 우리 사회의 상류층 신자들을 만나고, 다른 한번은 나 혼자 도시 빈민 지역이나 농어촌이나 탄광 지역을 찾아가 그곳에서 일하는 기독교 사역자들을 만났다.

개인적으로 나는 성공한 신자들보다 오지의 전도자들을 만나는 게 훨씬 더 흥미로웠다. 그런 이들 중에 소위 성공이라는 걸 한 이는 거의 없었다. 그들의 사역은 대부분 실패의 연속이었다. 나는 그렇게 실패를 거듭하면서도 사역을 그치지 않는 전도자들에게서 경이를 느꼈다. 하지만 내가 그들에게서 느끼는 경이와 상관없이 그들의 이야기는 늘 칙칙하고 우울했다. 사장을 동행해 만나는 이들의 삶이 찬란한 컬러 사진이었다면, 나 혼자 찾아가 만났던 이들의 삶은 하나같이 단조로운 흑백 사진이었다.

사장의 관심은 상류층 신자들에게 가 있었다. 충분히 이해할 수 있는 일이었다. 그들을 만나면 돈이 생겼기 때문이다. 대형교회 목사나 기업의 대표들은 인터뷰가 끝나면 으레 광고 얘기를 꺼냈다. "어려운 상황에서 사역하시는 데 조금이라도 도움을 드려야지요." 어쩌다 그런 이들이 잡지에 연간 광고라도 약속하는 날이면 사장의 얼굴이 환하게 피었다. 사장의 얼굴이 피는 날이면, 나는 더 열심히 인터뷰 기사를 써야 했다. 성공한 신자들의 인터뷰 기사는 늘 컬러로 인쇄되어 잡지의 맨 앞쪽에 실렸다. 반면에 내가 취재해온 오지의 전도자에 관한 기사는 늘 흑백으로 인쇄되었고 허락된 지면도 적었다. 충분히 이해할 수 있는 일이었다. 내가 편집권을 가진 사장이라도 그렇게 할 수밖에 없었을 것이다. 대부분의 독자는 실패한 이보다는 성공한 사람들의 이야기에 관심이 있고, 잡지사는 그런 이야기를 다뤄야 운영되었기 때문이다.

잡지의 필진 역시 대형교회 목사나 신학대학 교수들을 비롯해 각 분야의 전문가들이었다. 그런 이들이 하는 말은 옳았으나 너무 뻔했다. 그래서인지 성공한 신자들의 인터뷰 기사와 각 분야 전문가들의 현학적인 글로 가득 찬 그 잡지는 세상에 별다른 영향을 주지 못했다. 회사 창립기념일에는 세종문화회관의 세종홀이 가득 찰 정도로 내로라하는 대형교회 목사들과 저명한 신자들이 몰려왔으나 문서선교라는 사명을 표방하는 그 잡지를 구독하는 이들은 얼마 되지 않았다. 교회 밖 독자들은 거의 없었다. 그래서였는지 기자들은 종종 자조적이 되었다.

"우리가 만드는 건 잡지라기보다 성공한 신자들끼리 돌려보는 동호회지야."

나는 그 일이 지루해졌고, 결국 2년 만에 회사를 그만두었다.

앞서 말했듯이, 아둘람 모임은 교회가 제공하는 순서지를 따라 이루어진다. 대개 아둘람은 그 순서지에 들어 있는 주제를 중심으로 대화를 이어나간다. 한데 여름과 겨울에 아둘람 방학이 되면 상황이 달라진다. 방학이라고 모임을 하지 않는 아둘람은 없다. 교우들은 습관처럼 아둘람 식구들과 모인다. 그런데 공통의 주제가 없는 상황에서 이루어지는 대화는 대개 강자들이 주도한다. 어느 모임에서든 강자들은 두 부류다. 하나는 이른바 '성공한 이들'이다. 대개 자기 사업을 해서 어느 정도 부를 쌓은 이들이 여기에 해당한다. 다른 하나는 이른바 '먹물들'이다. 대개 전문직 종사자들이 여기에 해당되는데, 굳이 분류하자면, 나 같은 글쟁이도 이쪽에 속한다. 그리고 이 두 부류의 공통점이 있다면 대부분 성공한 50, 60대 신자들이라는 것이다. 오랜 신앙 연륜에 얼마간의 부나 지식을 가진 이들은 자기 확신이 강하다. 그런 이들은 다른 이의 말에 귀 기울이기보다는 자기 말을 하려고 한다. 그리고 유감스럽게도 그들의 그런 태도는 다른 이들을 끌어당기기보다 밀어낸다.

내가 속한 아둘람에는 사업가들이 꽤 있었다. 그들은 모두 훌륭한 인품을 가진 좋은 신자들이다. 다만 유감스럽게도 모두가 나름의 방식으로 자기 주장이 강하다. 사실 그건 사업하는 이들 대부분의 특징이다. 원래 사업이란 게 적극적이고 진취적이며 돌파력이 강한 이들이 하는 일이다. 게다가 사업하는 이들은 경제적 여유가 있기에 마음만 먹으면 할 수 있는 일들이 많다. 그러니 그들에게서 끊임없이 말이 쏟아져 나오는 건 이상할 게 없다. 사업하는 이들 셋이 모이면 접시가 깨지는 정도가 아니라 주방이 부서진다.

물론 그런 현상은 나 같은 먹물들에게서도 나올 수 있다. 내가 아둘람 모임에서 비교적 말을 적게 하는 것은 나의 인품이 훌륭해서가 아니라 순전히 우리 아둘람의 생태계 때문이다. 우리 아둘람에는 책을 읽는 이들이 거의 없다. 그러니 어쩌다가 내가 책 이야기를 꺼내며 잘난 척을 해도 별다른 반응을 얻지 못한다. 우리들 대부분은 자기가 잘 알지 못하거나 관심이 없는 일에 적절하게 반응하지 못한다. 만약 우리 아둘람에 나처럼 책 읽기를 즐기는 이들이 한두 사람만 더 있었다면, 십중팔구 나는 우리 아둘람을 허구한 날 독서 토론이나 하는 곳으로 만들었을 것이다. 다행스럽게도 나는 나의 잘난 척에 반응하기 어려워하는 이들 앞에서 계속해서 내 말을 할 만큼 어리석지는 않다. 그래서 많은 경우 나는 입을 닫고 귀를 연다. 그럼에도 어쩌다 가끔 입이 열리면 모임 시간 내내 대화를 주도한다.

경제적으로 성공한 이들이나 글깨나 읽은 먹물들은 강자일 수밖에 없다. 굳이 한 부류를 덧붙이자면 오랜 경험을 지닌 어르신들이다. 대개 그들은 자신들이 살아온 세월만큼 자신들이 지혜롭다고 여긴다. 그래서 늘 누군가를 가르치려고 든다. 평소에도 그렇지만 아둘람 방학 때처럼 공통의 주제가 없이 이루어지는 대화는 그야말로 강자들이 주도하는 시간이다. 그런 시간은 주로 이런 말들로 시작된다. "내가 해봐서 아는데" "내가 읽은 책에서는" "나 때는 말이야"……. 이는 모두 강자들의 언어다.

어떤 이들은 교제를 위해서 억지로라도 그런 자리를 지킨다. 그러나 외로움으로 몸부림을 치는 이가 아니라면 대부분 그런 자리를 피한다. 자기가 할 말이 없는 상태에서 다른 이들의 말을 들으며 감탄과 박수를 보내야만 하는 자리를 즐길 사람은 없기 때문이다. 그래서인지 여

교회 민주주의

름과 겨울 방학 기간에 우리 아둘람 모임은 늘 내 또래들 몇이 모이는 경로당이 되었다.

유감스럽게도 강자들의 대화 습관은 방학 때만이 아니라 평소에도 불쑥불쑥 나온다. 평소의 아둘람 모임이 자주 자기 확신에 찬 꼰대들의 강연장이 되었던 이유다. 실제로 지난 몇 년간 우리 아둘람의 대화는 50대 후반이었던 내 또래가 전적으로 주도했다. 우리 아둘람에도 40대 부부가 몇 쌍 있으나 그들은 대개 모임에서 입을 다물었다. 그러다가 점차 아둘람에서 떨어져 나갔다. 실제로 교회가 아둘람을 재편할 즈음에 우리 아둘람 모임에 여전히 참여하던 이들은 내 또래 교우들뿐이었다. 자신에 대한 확신으로 가득 찬 50, 60대의 성공한 신자들이 주도하는 대화, 내 생각에는 그것이야말로 성도들의 말이 풀려 있는 민주적인 교회에서 자주 나타나는, 그리고 어지간해서는 넘어서기 어려운 또 하나의 높은 벽이 아닐까 한다.

늘어나는 종교 소비자들

"교회 설립 초기에는 정말 대단했어요!"

예인교회의 설립 멤버들이 자주 하는 말이다. 그들에 의하면, 설립 초기에 교회는 해마다 어느 상가건물에 있는 검도장을 빌려서 40일 새벽기도회를 했다. 그럴 때면 거의 모든 교우가 기도회에 참석해 뜨겁게 기도했다. 아둘람 모임에도 거의 모든 교우가 참여했다. 당시에는 주일에 모이는 아둘람이 없었기에 모든 교우가 주중에 아둘람별로 이리저리 몰려다니며 밤늦게까지 함께 예배하며 교제를 나눴다. 교우 중 어느 집에 초상이 나거나 결혼식이 있으면 교회 전체가 그 집으로 이동할 정도였다. 교우들은 서로의 집안 사정을 훤히 꿰고 있었다. 흔한 말로 누구네 집 숟가락이 몇 개인지까지도 알았다.

교회 설립 멤버들이 그 시절을 안타깝게 그리워하는 것은 상황이 달라졌기 때문이다. 그때 교우들은 아이들까지 합쳐봤자 1백 명이 안 되었다. 2022년 현재 예인교회의 등록 교인 수는 청·장년이 256명이고, 정회원도 202명에 이른다. 그럼에도 교회는 각종 행사나 모임 때마다 자리를 채우기가 힘들어 애를 먹는다. 정기적으로 드리는 금요기도회는 물론이고 사순절과 대강절에 드리는 특별 새벽기도회에도 참석자들이 많지 않다. 기도회 때마다 아둘람을 지정해 예배 인도와 특송을 맡겨야 할 정도다. 때로는 순서를 맡은 아둘람조차 참석자들이 적어서 겨우 두세 사람이 나와서 특송을 하는 일도 있다. 흩어지는 예배나 지명방어 같은 정기적인 행사에 대한 참여율 역시 줄어들고 있다. 현재 교우들 중에서 그런 행사에 적극적으로 참여하는 이들은 60퍼센트 정도에 불과하다. 교회가 주일예배만큼이나 중요한 공적 예배로 여기는 아둘람 모임에서도 같은 현상이 나타나고 있다. 아둘람별로 차이는 있으나 전체적으로 볼 때 아둘람 모임 참석율 역시 60퍼센트 안팎이다. 일부 아둘람은 핵심 멤버 몇 사람에 의해 겨우 명맥이 유지되고 있다.

그나마 교우들의 참여율이 여전히 좋은 것은 주일예배뿐이다. 실제로 코로나 사태 이전에 복사골문화센터에서 대면 예배를 드릴 때 교우들 대부분은 각자의 형편에 맞춰 1부와 2부 예배에 참석했다. 코로나 사태 직전에는 대예배격인 주일 2부 예배 때 좌석이 부족해서 매주 몇 아둘람을 지정해 1부 예배에 참여하도록 유도해야 했을 정도다. 그러나 그렇게 열심히 예배에 참석하는 교우들 중 많은 이들이 예배만 끝나면 다른 교우들과의 교제 없이 서둘러 자리를 떴다.

물론 교회는 그런 이들을 비난하거나 정죄하지 않는다. 그동안 너무 많은 신자들이 교회 성장을 위해 동원되어왔고 그로 인해 신앙을 잃어버릴 정도로 지쳐 있음을 알기 때문이다. 그래서 교회는 신자들이 그런 식으로라도 신앙생활을 계속할 수 있기를 바란다. 사실 나 역시 그런 경험을 한 적이 있다. 나는 30대 초반에 모교회를 떠나 몇 년간 영락교회 예배에 참석했다. 그때 아내는 성가대에 들어가 활동했으나 나는 주일예배에만 참석했다. 모교회에서 너무 오랫동안 너무 많은 일을 하느라 지쳐서였다. 나는 아무런 활동도 하지 않은 채 예배에만 참석하면서 쉼을 얻었다. 그리고 그렇게 몇 년을 지내면서 하마터면 잃어버렸을 신앙을 회복할 수 있었다. 그런 경험이 있기에 나는 예배에만 참석하는 교우들을 충분히 이해한다.

그럼에도 한편으로는 걱정스럽다. 혹시라도 그런 이들이 종교적 휴식과 회복의 단계를 넘어 종교를 소비하는 단계로 넘어가지 않을까 하는 염려 때문이다. 특히 예인교회처럼 민주적인 교회에서는 신자들이 '종교 소비자'(어감이 부정적이기는 하나 더 좋은 표현을 찾기도 어렵다)가 되기가 아주 쉽다. 민주적인 교회의 특성 중 하나가 교우들에게 무언가를 강요하기보다 자발성과 자율성에 맡기는 것이기 때문이다. 그래서일까? 요즘 예인교회에서는 이런 자조적인 말이 자주 들린다. "예인교회는 신자들이 숨기 좋은 교회예요." 실제로 많은 교우들이 다른 교우들과의 교제 없이 예배 안에 숨은 채 물 위에 뜬 기름처럼 홀로 신앙생활을 하고 있다.

교회 민주주의

2017년 2월 강화도에서 열렸던 전교인 겨울 수련회 때 특별한 프로그램이 하나 있었다. 프로그램 진행자는 성인 교우들의 이름이 모두 적힌 종이를 한 장씩 나눠주고 그중 자기가 몇 사람과 안면을 트고 지내며 몇 사람과 깊은 대화를 나눠보았는지 헤아려보라고 했다. 나는 성인 교인 216명 중 61명과 인사를 나누며 지냈고, 그중 20명과 제법 오랫동안 대화를 나눠봤다. 나는 그나마 성적이 좋은 편이었다. 나보다 오래된 교우 중에도 나보다 교제권이 좁은 이들이 꽤 있었다. 내 곁에 있던 동료 권사 하나가 한숨을 쉬며 말했다.

"이러다가 교회가 학원처럼 되지 않을까 걱정이에요. 각자 수강료 내고 배울 것 배워서 나가는 학원 말이에요."

실제로 우리 아둘람에도 지난 몇 년간 우리 아둘람에 배정되었으면서도 단 한 번도 모임에 참석하지 않고 심지어 단톡방에 글 한 번 올리지 않는 이들이 있었다.

사실 이것은 예인교회뿐 아니라 한국 교회 전반에서 나타나고 있는 매우 우려할 만한 현상이다. 어째서일까? 도대체 왜 교회 안에서 이처럼 종교 소비자가 늘어나고 있는 것일까? 이 질문에 대해 자주 나오는 상투적인 답은 "신자들의 믿음이 약해져서"이다. 신자들이 믿음을 잃어버려서 혹은 게을러져서 교회 일에 적극적이지 않다는 것이다. 하지만 그런 답은 대개 목사들에게서 나온다. 오랫동안 교회 일에 적극적으로 참여하다가 점차 열의를 잃어가는 이들에게서는 다른 답이 나올 수 있다. 그런 이들 중 하나로서 나는 다음과 같은 답을 내놓을 수 있다.

첫째, 교회 생활에 지쳐서다. 우리 부부를 포함해 예인교회를 찾아오는 이들 대부분은 자신의 모교회에서 꽤 열심히 교회를 섬겼던 이들이다. 자기 형편이 좋거나 교회에 대한 사랑이 넘칠 때는 사역이 즐거울 수 있으나 자기 형편이 나빠지거나 교회에 대한 애정이 식으면, 사역 자체가 고통이 될 수 있다. 그런 이들은 신앙을 버리지는 못하지만 교회 일에는 관여하고 싶어 하지 않는다. 그런 이들에게 교회는 말 그대로 예배당일 뿐이다.

둘째, 교회 자체가 문화화되었기 때문이다. 실제로 오늘날에는 예배를 비롯해 선교나 봉사까지도 일종의 문화 활동처럼 변해 있다. 하지만 교회의 문화는 아무리 애를 써도 세상을 따라가지 못한다. 그로 인해 교회는 자신에게 고유한 예배 외에는 어느 면으로도 사람들을 끌어들이지 못한다. 교회가 각종 프로그램으로 세상과 경쟁하려고 하는 한 이런 현상은 점점 더 심화될 것이다. 실제로 교회가 교인들을 참여시키기 위해 마련하는 각종 행사나 프로그램은 신자 대부분이 별 흥미를 느끼지 못한다. 그런 행사나 프로그램에 참여해 시간을 보내느니 TV나 유튜브를 보는 게 훨씬 더 재미있다. 그렇다면 교회는 질 게 뻔한 게임을 하고 있는 셈이다.

셋째, 사실 이 점이 가장 우려되는 것인데, 교회가 신자들에게 공동체의 중요성을 제대로 가르치지 못해서다. 신자들이 예배를 중요하게 여기는 것은 탓할 일이 아니다. 그러나 신앙이 예배에만 머물 뿐 그 이상으로 발전하지 못하는 것은 심각한 결함이다. 성경이 가르치는 기독교 신앙은 흔히 생각하는 것보다 훨씬 더 공동체적이다. 구약성경은 창세기부터 말라기까지 전체 내용이 이스라엘 민족 공동체에 관한 이야기다. 신자들이 구약 읽기를 어려워하는 이유가 거기에 있다. 무언가 영적인 것을 기대하며 책을 펼쳤는데 계속해서 이스라엘 이야기가 등장한다. 신자들에게는 의외일지 모르나 하나님께는 민족 공동체 이스라엘이 그만큼 중요했다. 신약성경 역시 마찬가지다. 탕자 비유, 선한 사마리아인 비유 같은 재미있는 이야기들만 연속되면 좋을 텐데 실제로는 교회에 관한 복잡한 주장과 이론들이 펼쳐진다. 하나님께는 이스라엘을 대신할 새로운 신앙 공동체인 교회가 그만큼 중요했던 것이다. 기독교 신앙은 신자 개인의 내면에서 일어나는 인식의 변화가 아니라 하나님 백성의 공동체로서의 삶에 관한 문제다. 그러므로 신앙을 주일 아침에 예배에 참석해 마음의 위안을 얻는 차원에 국한한다면, 그것은 기독교 신앙을 아주 크게 오해하는 것이다.

바로 이 세 번째 이유 때문에 오늘의 교회가 성경을 다시 읽고 교회의 신학을 재고할 필요가 제기된다. 그동안 대부분의 교회는 기독교 신앙을 주로 '개인 구원'의 차원에서 설명해 왔다. 하나님의 사랑을 믿고 우리를 향하신 그분의 뜻을 따라 살면 이생에서 복을 받고 내세에서 영생을 누린다는 식으로. 그러나 요즘 사람들은 교회의 그런 주장을 크게 신뢰하지 않는다. 그뿐 아니라 엄밀하게 말하자면, 그것은 성경의 주된 가르침도 아니다. 위에서 말했듯이, 성경의 핵심적 가르침은

'하나님 백성의 공동체 삶'이다. 성경은 하나님을 믿고 구원을 얻은 이들은 이 세상에서 그분의 뜻을 따라 살아야 한다고 가르친다. 한데 그런 삶은 개인적으로가 아니라 공동체적으로 구현되어야 한다. 다시 말해, 구약시대에는 이스라엘 왕국의 삶으로, 그리고 신약시대에는 교회의 삶으로 나타나야 한다.

교회는 개별 신자들이 일정한 금액을 내고 예배를 구매하거나 목사에게 기독교 신앙을 배워 나가는 학원이 아니다. 교회는 신앙을 고백하는 이들이 어우러져 살면서 그 삶을 통해 세상에 하나님 영광을 드러내고 새로운 삶의 가능성을 보이는 신앙 공동체다. 다른 이들과 함께 어우러지는 일은 쉽지 않다. 하지만 바로 그것이 신자들에게 주어진 사명이다. 공동체를 떠난 기독교 신앙은 불가능하며, 설령 가능하다고 할지라도 별 의미가 없다.

신학적 차이

흐터지는 예배를 위해 아둘람 식구들과 함께 강원도 홍천 어느 산골의 펜션에서 하룻밤을 묵을 때였다. 밤늦도록 떠들다가 남자와 여자들이 방을 나눠 잠자리에 들었다. 불을 끄고 누워서도 한참을 더 떠들었다. 그러다가 여기저기서 코 고는 소리가 들렸다. 나도 그만 자려는데 곁에 누웠던 유혁 집사가 나직이 물었다.

"근데, 권사님, 천국에 대해 어떻게 생각하세요?"

갑작스러운 질문이어서 살짝 당혹스러웠다.

"천국이요? 글쎄요……"

"권사님처럼 신학을 공부한 사람들은 천국에 대해 어떻게 생각하는지 궁금해서요."

사실 유 집사는 전에도 비슷한 얘기를 했었다. 언젠가 어느 모임에 참석하느라 그의 차를 타고 이동할 때였다. 이런저런 얘기를 나누던 중에 그는 자신이 영적인 삶과 사후 세계에 관심이 많다고 했다. 오랫동안 유치원을 운영하면서 늘 어린아이들을 접해서였을까? 유 집사에게는 어린아이처럼 맑고 순수한 면이 있었다. 나는 몇 년간 그와 교제하면서 어떤 이가 사업가로서 계산에 밝다는 사실이 곧 물질적 세계관을 갖고 있음을 의미하지는 않는다는 것을 배웠다.

한밤중에 깜깜한 방에서 받은 질문이 당혹스럽기는 했으나 나는 내가 신학을 공부하면서 배운 것에 대해 차근차근 이야기했다. 성경에 나오는 '천국'이라는 용어가 하늘 어딘가에 있는 장소가 아니라 '하나님의 나라(통치)'를 가리킨다는 점, 마태가 존귀하신 하나님을 감히 거명하려 하지 않는 경건한 유대인을 대상으로 복음서를 쓰면서 예수가 말했던 '하나님의 나라'라는 표현 대신 하나님이 계신다고 여겨지는 '하늘나라'(천국)라는 표현을 사용했다는 점, 그러니 우리가 관심을 두어야 하는 것은 죽어서 가는 천국이 아니라 이 세상에 임하는 하나님의 통치라는 점 등. 그런 설명 후에 나는 이렇게 말했다. "솔직히 나는 죽어서 가는 천국이 있는지 잘 모르겠어요."

유 집사는 놀라는 듯했다. 아마도 그런 얘기를 듣는 게 처음인 것 같았다. 인식의 괴리가 너무 커서였는지 대화의 접점이 찾아지질 않았다. 밤도 깊고 해서 둘 다 그쯤에서 입을 닫고 잠을 청했다.

유 집사는 우리가 흔히 '전통적 신앙'이라고 부르는 신앙을 갖고 있었다. 그는 예수님의 동정녀 탄생, 고난, 부활, 승천, 재림을 믿었다. 그는 우리의 삶에 세밀하게 간섭하시고 기도에 응답하시는 인격적인 하

교회 민주주의

나님을 믿었다. 무엇보다도 신자가 하나님의 뜻을 따라 살면, 살아서 복을 받고 죽어서 천국에 간다고 믿었다. 그는 그동안 자신이 열심히 하나님의 뜻을 따라 살아왔다고 믿었다. 그렇다고 해서 자기가 하나님이 보시기에 완전한 삶을 살았다고 믿을 만큼 어리석은 사람은 아니다. 그럼에도 그가 자신의 미래(천국에서의 삶)를 어느 정도 확신하는 데에는 그럴 만한 이유가 있었다. 그는 또한 회개의 능력과 죄사함의 은혜를 믿었기 때문이다. 그는 죄인을 용서하시는 사랑의 하나님을 굳게 믿었다.

전통적 신앙을 갖고 있던 유 집사는 정치적 성향도 보수적이었다. 그는 사회의 구조적 문제보다 개인의 삶의 자세에 더 관심을 가졌다. 자수성가한 이였던 그는 누구든 열심히 노력하면 성공할 수 있다고 믿는 것 같았다. 물론 그런 성공에는 하나님의 도우심이 필요하다. 그는 하나님의 도우심과 인간의 노력이 결합되면 누구든 얼마간 성공적인 삶을 사는 게 가능하다고 믿었다. 그리고 그렇게 성공한 이는 받은 은혜에 감사하며 하나님의 영광을 위해 살아야 한다고 믿었다. 언젠가 그는 아둘람 모임에서 자신이 감명 깊게 읽었던 책 중 하나로 김동호 목사가 쓴 《깨끗한 부자》(규장)를 꼽았다. 그러면서 자신도 그 책의 가르침을 따라 살고 싶다고 말했다. 깨끗하게 벌어서 좋은 일 많이 하며 살고 싶다고. 그리고 내가 아는 한 그는 실제로 그렇게 살았다. 그는 정기적으로 몇 개의 기관과 단체들을 후원하고 있었고 형편이 어려운 이웃에게 늘 넉넉하게 손을 내밀었다.

그는 사회에 불만을 품는 이들에게 비판적이었다. 언젠가 그가 아들람 단톡방에 만화 한 편을 올렸다. 보수적 성향의 시사 만화가가 그린 만화였다. 만화는 오래전에 미국으로 이민 갔던 재미 교포가 잠시 귀국해 우리나라의 상황을 보고 놀라는 모습을 그리고 있었다. 만화의 주인공은 우리나라가 미국 못지않게 발전한 모습에 놀랐고, 그렇게 발전한 나라의 시민들이 온갖 불만을 표출하는 것에 놀랐다. 만화가의 주장은 분명했다. 사회에 불만 품지 말고 열심히 일하라는 것이었다. 나만큼이나 단톡방에 글을 잘 올리지 않던 유 집사가 그 만화를 올린 걸 보면 그는 그 만화의 주장에 공감하는 것처럼 보였다.

그런 전통적 신앙과 보수적 정치 성향을 갖고 있던 유 집사에게 예인교회의 에토스(기풍·정신)는 잘 맞지 않았다. 정성규 목사는 설교를 통해 정치적 선동을 하는 스타일은 결코 아니지만 분명하게 진보적 성향을 지닌 사람이다. 박근혜 정권 말기에 그는 수시로 우리 사회의 불의한 구조적 문제를 지적하고 이 땅의 신자들이 공평과 정의의 회복을 위해 애써야 할 것을 강조했다. 특히 최순실의 국정농단 사건이 드러났을 때 그의 설교에는 예언자적 음성이 담겨 있었다. 그 때문인지 주일예배 때 교우들이 드리는 대표기도에서도 '공평'과 '정의'라는 용어가 빠지지 않았다. 교회가 단 한 번도 선동한 적이 없건만, 교우들 중 상당수가 자발적으로 촛불집회에 참가했다. 정 목사를 비롯한 교역자들 역시 개별적으로 참가했다.

교회의 그런 분위기가 유 집사에게는 불편했다. 그는 종종 아들람

교회 민주주의

식구들에게 정 목사와 교우들의 그런 모습에 대해 불편한 심기를 드러냈다.

"공평과 정의를 부르짖는 건 좋은데 교회가 너무 바른 삶만 강조하는 것 같아요. 왜 우리 교회에서는 하나님의 사랑과 용서와 은혜에 관한 얘기를 듣기가 어려운 거죠? 일주일간 세상에서 살다가 지친 이들이 교회에 나와서라도 그런 말씀을 듣고 위로를 받을 수 있어야 하는 거 아닌가요?"

그즈음에 유 집사 부부는 전라도 어느 산골에 세컨드 하우스를 마련했다. 그들은 휴식과 집 관리를 위해 두 주에 한 번씩 그곳에 내려가 주말을 보내고 왔다. 주일에는 가까이 있는 광주에 가서 예배를 드렸다. 예인교회와 달리 영성을 강조하는 교회라고 했다. 그는 그 교회가 꽤 마음에 드는 것 같았다. 언젠가는 그 교회의 목사가 쓴 영성에 관한 책을 몇 권 구입해 우리 아둘람 식구들에게 나눠주기도 했다.

그들 부부가 점점 우리 교회에서 멀어지는 느낌이 들었다. 그러던 중 2018년 10월 국정감사에서 사립유치원 문제가 거론되기 시작했다. 언론 보도가 줄을 이었고 모든 유치원이 비리의 온상처럼 취급되기 시작했다. 예인교회 교우들 중에도 유치원과 어린이집 관계자들이 꽤 있었다. 언론 보도가 이어질수록 교회 안에 묘한 긴장이 흘렀다. 정 목사의 설교도 조심스러워지기 시작했다. 당사자가 아닌 이들이 조심스러웠을 정도면 당사자들은 오죽했겠는가. 언젠가 유 집사와 대화하던 중에 그가 이렇게 말했다.

"지금 언론 보도대로라면 우리가 잘못한 부분이 분명히 있어요. 그러나 모든 사업에는 관행이라는 게 있고 특별한 경우가 아니라면 그 관행을 거스르는 건 몹시 어려워요. 관행이 잘못된 것과 의도적으로 나쁜 짓을 하는 것은 다른 건데 그런 걸 일일이 설명할 수도 없고……."

그 무렵에 정 목사도 설교를 통해 그런 취지의 말을 했다. 아마도 교우들 중 유치원과 어린이집 관계자들을 위로하기 위한 말이었을 것이다. 그럼에도 유 집사 내외는 그로부터 얼마 후 교회를 떠났다. 지금 그들은 자신들의 성향에 맞는 교회, 즉 하나님의 사랑과 용서와 은혜를 강조하는 보수적인 교회에 등록해 신앙생활을 하고 있다.

유 집사와는 지금도 가끔 만난다. 얼마 전에도 부부가 함께 우리 집에 찾아와 한참 수다를 떨다 갔다. 유 집사는 지금 다니는 교회 목사의 설교에 어느 정도 만족하는 듯 보였다. 그의 신앙은 여전했고, 나의 신앙도 마찬가지였다. 여전히 좋은 친구임에도 그와 나 사이에는 쉽게 넘어서기 어려운 벽이 있다. 그러나 그 벽은 '교회 민주주의'가 아니라 '신학적 차이'가 만들어낸 벽이다. 내가 기억하는 한, 유 집사는 예인교회의 절차적 민주주의에 대해 불만을 드러낸 적이 한 번도 없다.

오늘날 민주주의는 정치적 좌파와 우파 모두가 공유하는 인류 공동의 가치다. 마찬가지로 교회 민주주의 역시 특정한 신학적 성향을 지닌 신자들의 전유물일 수 없다. 그럼에도 민주적인 교회들 대다수는 여러 측면에서 보수적이기보다는 진보적이다. 그래서 보수적인 신자들은 민주적인 교회에서 불편함을 느낄 수 있다. 보수적인 신자들을 끌어안기 위해 신학적 타협을 해서는 안 되지만, 민주적인 교회가 진보적인 신자들의 전유물이 되어서도 안 된다. 공평과 정의는 하나님의 핵심적 본성이지만 사랑과 은혜와 자비 역시 그것들을 빼고는 하나님에 대해 논하는 것이 불가능할 만큼 핵심적이고 근원적인 그분의 본성이다. 그분의 교회 역시 그래야 하지 않을까 싶다. 교회 민주주의 운동을 하는 교회들이 깊이 고민해 보아야 할 문제다.

실패한 분립

강성삼, 강지영, 권용만, 김순자……. 이름을 읽던 목소리가 떨리더니 이내 멈췄다. 두 눈에 눈물이 맺힌 정성규 목사는 다시 목을 가다듬고 교인들 이름을 한 명 한 명 새기듯 발표했다. 7월 21일로 부천 예인교회를 떠나 인천 더작은교회로 가는 교인들의 이름이었다. 울먹임은 예배실을 가득 채운 250여 명의 교인 사이로 금세 번졌다.

2013년 7월 21일 예인교회에서 있었던 교회 분립 예배를 보도하는 〈뉴스앤조이〉 기사의 첫머리다. 분립 교회에 참여하는 이들은 장년 46 명, 청년 13명, 청소년과 어린이 14명, 유아부 8명 등 모두 81명이었다. 당시 예인교회는 등록 교인 수 250명을 갓 넘긴 상태였으니 81명이면 전체 교인의 3분의 1에 해당하는 숫자다. 숫자만 많은 게 아니었다. 그들 대부분은 교회의 대들보 같은 일꾼들로 심지어 운영위원과 운영위원장을 했던 이들도 있었다. 예인교회로서는 피와 살과 뼈 같은 이들이었다. 해서 예인교회는 분립하는 교회를 '형제 교회'라고 불렀다. 분립 교회에 참여한 이들의 꿈은 하나였다. 예인교회만큼 건강한 교회를 만들자!

그렇게 시작된 교회가 불과 5년 만에 해체 수준으로 무너졌다. 성공하지 못한 정도가 아니라 사분오열하다가 지리멸렬 상태에 이르렀다. 애초에 예인교회가 파송했던 81명 중 교회가 분열된 2018년 이후에 그 교회에 남아 있는 이는 단 한 명뿐이었다. 형제 교회를 만들고자 했던 예인교회의 처지에서 보면, 변명의 여지가 없는 명백한 실패였다. 그렇다면 한국 교회에 새로운 분립 모델을 제시하며 떠들썩하게 출발했던 교회 분립은 어째서 그런 실패에 이르렀던 것일까? 분립에 참여했던 이들의 말을 종합해 보면(분립 교회를 담임한 목사의 말도 포함되어 있다), 다음과 같은 몇 가지 이유가 등장한다.

첫째, 분립에 참여한 이들의 동기가 서로 달랐다. 분립에 참여한 이들은 세 부류였다. 첫번째 부류는 교회를 위해 자신을 희생할 만큼 사명감이 강한 이들이었다. 그들은 예인교회를 떠나기 싫었지만 누군가가 분립 교회로 가야 한다면 자기들이 가는 게 옳다고 여겼다. 대개 앞장서서 분립을 추진했던 이들이다. 일을 추진해 놓고 자신들은 빠진 채 다른 이들의 등을 떠밀 수는 없어서였다. 두 번째 부류는 꿈이 큰 이들이었다. 그들은 예인교회에서 여전히 어떤 한계를 느꼈고 그보다 더 나은 교회를 꿈꿨다. 그들은 지금까지와는 다른 환경에서 예인교회보다 더 나은 교회를 만들어 보고 싶었다. 세 번째 부류는 정성규 목사를 싫어하는 이들이었다. 그들은 교회의 민주적 운영방식에는 찬성하지만 정 목사의 신학과 정치적 성향에는 불만을 품고 있었다. 교회 민주주의는 신학적 자유주의나 정치적 진보주의와 동의어가 아니다. 신학적으로나 정치적으로 보수이면서도 민주적인 교회를 추구할 수 있다. 그런 이들은 민주적인 교회를 이끄는 목사의 신학이나 정치적 신념을 싫어할 수 있다. 실제로 분립 교회의 창립 멤버로 간 이들 중에는 그런 이들이 꽤 있었다. 이런 세 부류의 사람들이 화학적 결합 없이 각자의 동기로 분립에 참여했다. 분립 교회는 분열의 씨앗을 품고 출범한 셈이었다.

둘째, 분립 교회의 설립 멤버들과 훗날 그 교회에 등록한 이들 사이에 갈등이 있었다. 설립 멤버들은 이미 여러 해 동안 예인교회에서 민주적 운영을 경험한 이들이었다. 아니, 좀더 정확하게 말하자면, 그런 운영 방식을 직접 만들어온 사람들이었다. 반면에 분립 교회에 나중에 등록한 이들은 교회 민주주의가 낯설었다. 그들 대부분은 새 신자가 아니라 다른 교회에서 신앙생활을 오래 해왔던 신자들이었다. 그들은 교회의 민주적 운영에 익숙하지 않은 정도가 아니라 거부감을 느꼈다. 특히 그들은 설립 멤버들이 목사를 대하는 태도에 충격을 받았다. 전통적 교회관을 가진 그들에게 목사는 '기름 부음을 받은 주의 종'이었다. 반면에 예인교회 출신 교우들에게 목사는 교회가 목회 사역을 위임한 '동료 교우 중 하나'일 뿐이다. 현실의 교회에서 이런 개념적 차이는 흔히 생각하는 것 이상으로 크다. 사실, 엄밀하게 말하자면, 분립 교회를 이끌었던 목사 자신도 이런 차이를 충분히 이해하고 받아들이지 못했다. 전통적인 교회에서 성장한 그가 예인교회에서 생활한 기간은 고작 5개월이었다. 예인교회가 설립 이후 지금까지 수많은 토론과 갈등을 거치며 만들어낸, 그리고 지금도 여전히 만들어가고 있는 교회의 민주적 운영이라는 낯선 문화를 익히기에 5개월은 짧아도 너무 짧았다.

셋째, 분립 교회 목사의 주장대로라면, 신천지의 개입이 있었다. 분립 직후부터 신천지 신자들이 꾸준히 유입되었다. 그들은 여러 방식으로 분립 교회의 원년 멤버들과 목사를 그리고 목사 지지자들을 이간질했다. 심지어 그들은 목사에게 자기들과 함께 나가서 다른 교회를 세우자고 부추기까지 했다. 그런데 그들은 정작 설립 멤버들 대부분이 떨어져 나가자 본색을 드러내며 목사를 내쫓으려 했다. 목사는 교회가 분열된 후 자신이 신천지 전문가들의 도움을 받으며 그들에게 대처했고 결국 그들을 교회에서 쫓아낼 수 있었다고 주장했다(하지만 분립 교회에 참여했다가 돌아온 이들은 목사의 이런 주장에 문제가 있다고 여긴다. 그들에 따르면, 설령 교회 안에 신천지 교육을 받은 이들이 몇 있었다고 할지라도, 그들은 교회를 어지럽힐 만한 인물들이 못 되었다. 이 문제는 목사와 예인교회 출신 교인들 사이에서 가장 크게 의견이 엇갈린다).

넷째, 목사에 대한 교우들의 불만이 있었다. 불만은 크게 두 가지였는데, 하나는 '설교'였다. 적어도 예인교회 출신 교우들에게는 그랬다.

그들 대부분이 목사의 설교에 불만을 드러냈다. 사실 이 문제는 목사들로서는 인정하기가 쉽지 않다. 하지만 결국 설교는 청중에게 끼치는 영향을 통해 평가될 수밖에 없다. 그런 점에서 예인교회 출신 교우들에게 분립 교회 목사의 설교는 만족스럽지 않았다. 무엇보다도, 교회에 분란이 생겼을 때 목사의 설교가 교회 통합보다는 분열을 키우는 요인으로 작용했다. 설교자들은 달리 생각할지 모르나, 설교를 통해 반대자들을 설복시키는 일은 예수도 못 했던 일이다. 다른 불만 하나는 '교제'였다. 목사는 신학이나 성경 교사이기 전에 교회로부터 목양 사역을 위임받은 목회자다. 그리고 목양의 기본은 사람을 만나 대화하는 것이다. 한데 예인교회 출신 교우들이 보기에 분립 교회 목사는 그게 안 되었다. 분명히 교회에 문제가 있는데 목사가 사람들을 만나려 하지 않았다. 물론 상황이 그렇게 된 가장 큰 이유는 교우들 자신이었다. 계속해서 적대감을 드러내며 모멸감을 주는 이를 찾아가는 것은 어느 누구에게도 쉬운 일이 아니다. 그럼에도 목사가 특정한 교우들과의 교제를 중단한 것은 교회를 가파른 대결 상태로 몰아갔다.

다섯째, 교우들 모두 절제하지 못했다. 목사에게 불만을 가진 교우들 중 일부 과격한 이들은 공개석상에서 대놓고 목사를 비난했다. 교회의 분열 과정을 누구보다도 잘 아는 어떤 이가 그런 동료 교우들을 두고 이렇게 한탄했을 정도다. "나도 그들만큼이나 목사가 마땅치 않았어요. 그럼에도 그들이 목사를 대하는 태도는 봐주기 힘들 만큼 무례하고 악했어요." 반면에, 목사를 옹호하던 이들(대부분 나중에 합류한

타교회 출신들)은 그런 이들의 무례함을 지적하고 비난했다. 어떻게 목사에게 그럴 수 있느냐는 것이었다. 그렇다고 목사 편에 섰던 그들이 예인교회 출신 교우들보다 더 성숙했던 것도 아니었다. 일단 싸움이 시작되면 어느 쪽도 선하지 않다. 대부분의 싸움은 선과 악의 싸움이 아니라, 이편과 저편의 싸움이기 때문이다. 그럴 때 끝까지 중심을 잡아야 하는 존재가 목사다. 목사는 그러라고 있는 것이다. 그런데 유감스럽게도 목사가 그렇게 하지 못했다. 인지상정이기는 하나 목사는 자기를 지지하는 교우들 쪽으로 기울어졌고, 그것이 또 다른 분란의 요소가 되었다.

교회가 회복될 그 어떤 가능성도 보이지 않았다. 그 와중에 목사에 대한 재신임을 물어야 할 시기가 되었다. 교회의 상황은 폭풍전야였다. 이쪽과 저쪽 모두 표 계산에 분주했다. 목사를 내쫓으려는 쪽은 서둘러 재신임 투표를 하려고 했고, 다른 쪽은 투표 시기를 최대한 늦추려 했다. 양쪽의 기 싸움이 치열했던 2018년 2월 어느 주일, 당시 운영위원장을 맡고 있던 장로가 두 손을 들었다.

"나, 더는 못하겠어요!"

교회가 큰 파도에 휩쓸리고 있는 상황에서 선장이 키를 놓아버린 것이었다.

교회는 급속도로 무너졌다. 단 한 명을 제외하고 예인교회 출신 교우들 모두가 그 교회를 떠났다. 어떻게든 남아서 교회를 회복시켜 보려 했던 박영춘 장로, 하상교 장로 부부도 결국 포기했다. 두 장로는 정성규 목사와 예인교회의 원로격인 임순희, 이영모, 김보현 장로를 만나서 상황을 설명하고 자기들이 어떻게 해야 할지 물었다. 선배 장로들이 한 입으로 말했다.

"뭘 고민해요. 그 정도면 다 끝난 거네요. 당장들 돌아오세요!"

두 장로 부부와 몇 사람의 다른 교우들이 예인교회로 귀환했다. 떠들썩하게 교회를 떠난 지 불과 5년 만이었다. 파송했던 교우들이 돌아오고 나서 몇 달이 지난 어느 주일 광고 시간에 정성규 목사가 교우들을 향해 말했다.

"안타깝게도 우리의 분립 프로젝트는 실패했습니다. 이제 분립 교회는 더 이상 우리의 '형제 교회'가 아닙니다."

예인교회가 운영위원회의 결의를 거쳐 공표한 공식적인 선언이었다. 그 선언이 있고 난 후 얼마 지나지 않아 분립 교회는 그 교회 목사의 출신 교단으로 편입되었다. 예인교회처럼 회중 교회로 시작했다가 전통적인 교회로 돌아간 셈이다.

자신을 닮은, 혹은 자신보다 나은 교회를 세우기 위해 야심 차게 시도했던 예인교회의 분립은 실패했다. 단순히 양적 성장을 이루지 못해서가 아니라 삶의 모습에서 철저하게 실패했다. 어떤 이들은 이런 실패를 교회 민주주의의 실패로 여긴다. 그럴 수 있다. 누구라도 자기 주장을 펴는 게 가능한 민주적인 교회는 전통적인 교회보다 갈등의 소지가 훨씬 더 많기 때문이다. 하지만 실패의 내막을 살펴보면 무턱대고 그렇게 단정하기가 쉽지 않다. 설령 교회의 민주적 운영이 갈등을

교회 민주주의

심화시킨 측면이 있다고 할지라도, 과연 그것이 분립에 참여했던 이들의 신학적 혹은 정치적 성향의 차이나 인격적 모자람보다 더 심각한 문제였을까? 동일한 문제를 갖고 있던 예인교회에서는 왜 그런 심각한 갈등과 분열이 일어나지 않았던 것일까? 만약 분립 교회가 서둘러 민주적 운영을 포기하고 전통적 교회로 돌아갔더라면, 그 교회의 상황이 나아졌을까? 어려운 질문이다.

어느 공동체에 문제가 생기면 구성원들은 으레 자기가 아닌 다른 사람을 비난한다. 하지만 특별한 경우가 아니라면, 공동체가 갈등하며 분열하는 것은 결국 공동체 구성원 모두의 잘못이다. 분립 교회가 겪었던 갈등과 분열도 예외가 아니다. 애초에 철저한 준비 없이 졸속으로 분립을 추진한 예인교회 자신, 서로 다른 동기로 분립 교회에 참여했던 설립 멤버들, 교회 설립 이후에 그 교회에 참여했던 이들, 그리고 무엇보다도 그 교회를 이끌었던 목사 등 관련자 모두가 나름의 선의에도 불구하고 또한 나름의 모자람이 있었다.

분립은 누가 봐도 명백하게 실패했다. 양적으로 성장하지 못해서뿐 아니라 갈등하고 분열하는 과정 자체가 아름답지 않아서였다. 여기서 누구의 잘못이 더 컸는지 따지는 것은 의미가 없다. 이런 총체적 실패 앞에서 나는 아무 책임이 없다고 주장하는 것은 이치에 맞지도 않고 염치도 없는 일이다. 그보다는 각자 자신이 실패한 원인이 무엇인지를 살피고 반성하는 것이 필요하다. 자신의 실패를 인정하지 않는 이들에게는 개선된 미래도 없기 때문이다. 예인교회 20년 역사상 가장 아픈 기억 중 하나를 굳이 기록하는 이유는, 예인교회를 모델로 삼아 분립을 시도하는 교회들에게 타산지석이 되기를 바라는 마음에서다.

진짜 벽

그 친구는 대학에 들어가면서부터 교회를 떠났다. 교회에 대한 실망이 너무 커서였다. 나는 예인교회에 등록한 후 몇 차례 그에게 말했다.

"우리 교회 아주 좋아. 여느 교회들과는 달라. 속는 셈 치고 한번 와 봐. 너도 다시 교회에 다니고 싶어질 거야."

건강한 교회를 만난다면 그가 다시 교회로 돌아오리라고 여겨서였다. 나에게 몇 차례 그런 말을 들은 친구가 마침내 속내를 털어놓았다.

"네가 좋은 교회를 만났다니 다행이야. 그런데 지금 나는 기독교 신앙에 관심이 없어. 그러니 교회가 아무리 좋으면 뭐해. 너라면 빵 먹기가 싫어졌는데 어느 날 동네에 좋은 빵집이 생겼다고 빵을 사러 가겠니?"

"……."

건강한 교회에 대한 나의 모든 자랑이 한방에 무너지는 순간이었다.

교회가 지금보다 나아지면 사람들이 다시 전처럼 교회로 몰려올까? 헛된 꿈이다. 민주적인 혹은 건강한 교회에 관심을 두는 이들은 여전히 기독교 신앙을 간직하고 있는 이들이다. 그런 이들에게 예인교회처럼 건강한 교회는 큰 의미가 있다. 그런 교회에서 신자들은 자기들이 몰상식한 신앙을 강요받으며 영적으로 학대당하고 있지 않음에 감사한다. 그뿐 아니라 자기들이 교회사의 새로운 한 페이지를 써나가고 있다는 자긍심까지 느낀다. 실제로 예인교회 교우들 대부분은 자신들이 무언가 굉장한 일에 동참하고 있다고 여긴다.

그러나 사실 민주적인 교회 운동은 찻잔 속의 태풍에 불과하다. 민주적인 교회 운동이 전통적인 교회에 익숙한 이들에게는 충격적으로 느껴질지 모르나, 밖에서 지켜보는 이들에게 이 운동은 커피잔을 휘저을 때 나타나는 거품 정도에 불과하다. 이유는 간단하다. 교회 밖 세상에서 민주화는 이미 오래전에 끝난 문제이기 때문이다. 오늘날 민주주의는 세상의 거의 모든 분야에서 거스를 수 없는 풍조가 되어 있다. 고용과 피고용이라는 비대칭적 관계가 기본인 회사나 명령과 복종이라는 억압적 관계가 기본인 군대에서조차 민주주의가 거론되는 상황이다. 그리고 21세기의 신자들 대부분은 이미 민주주의가 공기나 물처럼 자연스러운 세상에서 살아가는 세속인들이다. 지금 교회 민주주의가 전통적인 교회들에게 위협적으로 느껴지는 것은 그야말로 과도기적

교회 민주주의

현상일 뿐이다. 모든 변화가 그러하듯, 머지않아 교회 민주주의는 논쟁거리조차 되지 않을 것이다.

그렇다면 지금 교회가 고민할 문제는 교회 민주주의가 옳으냐 그르냐가 아니다. 그것에 신학적 혹은 성격적 근거가 있느냐 없느냐의 문제도 아니다. 모든 교회는 나름의 신학적 혹은 성경적 토대 위에 서 있으면서도 동시에 세상 역사의 영향을 받으며 살아간다. 크리스텐덤(Christendom:기독교 세계)과 동일시되는 로마 가톨릭교회가 시대의 산물이었다면, 근대 국가의 발흥과 함께 시작된 프로테스탄트 교회 역시 시대의 산물이었다. 교회 민주주의 운동 역시 한국 교회의 왜곡된 현실에 대한 일종의 반동일 수 있다. 그러므로 교회 민주주의를 절대 진리로 여기는 것은 명백한 오류다. 하지만 그에 못지않게 교회가 역사의 흐름과 무관한 영적 존재라도 되는 것처럼 교회만의 독특한 제도를 고집하며 교회 민주주의를 외면하는 것 역시 옳지 않다.

지금 교회가 깊이 고민해야 할 문제는 교회 민주주의가 아니라 세상의 무신론적 사고와 기독교와 교회에 대한 인식의 변화다. 지금은 이 땅에 아무런 희망이 없던 선교 초기가 아니다. 기독교가 들어왔을 때 이 나라는 조선 왕조 말기였다. 그때 기독교 신앙은 말 그대로 짙은 어둠 속에서 타오르는 촛불과 같았다. 그 빛은 아주 강렬했고 사람들은 그 빛을 향해 몰려들었다. 그러나 세상이 변했다. 변해도 아주 많이 변했다. 이제 사람들은 더는 기독교에서 희망을 찾지 않는다. 물론 상황이 그렇게 된 일차적 원인은 교회의 타락에 있다. 근래에 뉴스를 통해 보도되는 몇몇 교회의 행태는 교회를 '희망'이 아니라 '넌더리'의 대상이 되게 했다. 기독교 신자의 입장에서 봐도 그럴 만하다. 그러나 설령 교회가 그렇게까지 망가지지 않았다고 할지라도, 교회의 위기는 이미 오래전부터 우리 곁에 와 있었다.

오늘날 사람들은 삶의 희망이나 의미를 찾기 위해 더는 기독교만 바라보지 않는다. 이 땅 선교 역사 초기에 사람들을 교회로 이끌었던 현실적인 요소들 대부분은 이미 국가로 넘어가 있다. 지금 사람들은 삶의 기본적인 문제를 교회가 해결해 줄 것이라고 믿지 않는다. 오히려 그런 문제들에 관한 국가 정책에 촉각을 곤두세운다. 팬데믹 상황에서 사람들은 국가가 국민을 위해 무슨 일을 어떻게 하는지를 생중계 보듯 지켜보고 있다. 게다가 선교 초기에 사람들을 가르치고 마음을 위무했던 교회의 역할도 이미 대부분 교육 기관과 대중매체로 넘어가 있다. 실제로 지금 우리 사회는 세계에서 가장 높은 교육열을 과시하는 교육 과잉 국가가 되었고, 대중문화는 전 세계에서 한류 열풍을 일으킬 만큼 높은 수준에 올라와 있다. 덕분에 사람들은 더는 교육에 대한 욕구와 감성에 대한 욕구를 해결하기 위해 교회를 바라보지 않는다.

종교와 밀접하게 연관된 세계관이 바뀌고 있다는 점 역시 주목할 만하다. 영생은 역사를 통해 사람들의 근본적인 관심사였다. 세상에서의 삶이 고통스러웠던 이들은 내세에서 고통 없이 기쁨 속에서 살아간다는 개념에 열광했다. 그런 개념은 많은 신자가 배교의 유혹을 이

교회 민주주의

겨내고 기꺼이 죽음을 맞이하게 할 만큼 강력했다. 그러나 오늘날 사람들은 더는 전처럼 그런 개념에 열광하지 않는다. 과학의 세례를 받은 이들 중에는 인간이 죽으면 그것으로 끝이라고 여기는 이들이 많다. 그뿐 아니라 내세를 부정까지는 못하더라도 내세를 위해 현세를 포기하려는 이들은 거의 없다. 전에는 포기해도 아쉽지 않을 만큼 현세의 삶이 고통스러웠으나 오늘날 현세의 삶은 많은 이들에게 꽤 매력적이기 때문이다. 그런 이들은 늘 내세에 대한 소망을 강조하며 현세의 삶을 제약하는 교회를 탐탁지 않게 여긴다.

팬데믹 때문에 모든 관심이 방역과 대면 예배 재개에 쏠려 있기는 하나, 사실 오늘의 교회를 위협하는 가장 큰 문제는 코로나가 아니라 코로나만큼이나 강력한 전염력을 지닌 세상의 이런 무신론적 풍조다. 교회의 근간을 뒤흔드는 이런 풍조의 위험성에 비하면, 일부 목사들이 교회 민주주의의 위험성에 갖는 두려움은 말 그대로 '새 발의 피'다.

다른 교회들도 마찬가지겠지만, 팬데믹 직전에 예인교회에서도 교회 위기에 대한 말이 많았다. 그러나 그 위기는 교회 민주주의의 위기가 아니었다. 팬데믹 직전에 예인교회 교우들이 가장 우려했던 것은 교회가 점점 활력을 잃어가는 것이었다. 교회를 살아 움직이게 하는 것은 무엇보다도 '초심자'가 늘어나는 것이다. 성경의 표현을 사용해 말하자면, "하늘에서는, 회개할 필요가 없는 의인 아흔아홉보다, 회개하는 죄인 한 사람을 두고 더 기뻐할 것이다"(눅 15:7, 새번역). 그러나 유감스럽게도 초심자는 거의 없고 우리 부부처럼 교회 생활에 이골이 난 새 교우들만 늘어났다. 그런 상황에서 교회가 고령화되는 것은 당연한 일이었다. 2022년 기준, 예인교회의 등록 교우 중 60세 이상은 20퍼센트에 이른다. 다른 교회들에 비하면 젊은 편이지만, 교회가 급속하게 늙어가고 있는 것이다.

이런 상황에서 한 가지 심각한 문제가 발생했다. 교회 설립 이후 줄곧 예배처로 이용해 왔던 복사골문화센터가 코로나 상황을 이유로 대관 불허 방침을 확정 통보했다. 그동안 예인교회는 '건물 없는 교회'로 널리 알려져 왔다. 그러나 사실 예인교회 교우들은 자기들이 건물 없는 교회에 다닌다는 의식이 별로 없었다. 지난 18년 동안 몇 차례 특별한 경우를 제외하고는 복사골문화센터라는 쾌적한 건물을 자유롭게 사용할 수 있었기 때문이다.

복사골문화센터는 꽤 그럴듯한 건물이다. 예배실로 사용하는 5층의 대형 세미나실 외에도 소규모 세미나를 할 수 있는 작은 방들이 여럿 있다. 게다가 주일에도 문을 여는 제법 큰 규모의 식당, 필요할 때마다 빌려 쓸 수 있는 대형 아트홀, 예배 후 교우들의 아지트가 되는 커피숍, 그리고 온 교우가 주차해도 공간이 남는 대형 지하주차장을 갖추고 있다. 오죽하면 교우들이 농담 삼아 주일예배를 "복사골문화센터가 제공하는 종교 프로그램"이라고 불렀겠는가. 그러나 이제 교회가 그런 문화 프로그램을 누리는 것은 불가능하다. 그런 상황에서 교우들이 여전히 교회에 충성할지는 미지수다. 모르긴 해도, 비대면 상황이 풀리고 나면, 그래서 정말로 건물 없는 교회의 상황이 가시화되면, 적지 않은 교우들이 교회를 떠날 것이다. 아니, 이미 떠났음이 드러날 것이다. 현대의 신자들 대부분은 문화화된 그리스도인이다. 예인교회 교우들도 예외일 수 없다. 그동안 예인교회가 정말로 어떤 교회였는지는 복사골문화센터가 제공해 왔던 문화성이 제거될 때 드러날 것이다.

지금 예인교회는 벽 앞에 서 있다. 그 벽은 교회 민주주의라는 벽이 아니다. 사실 교회 민주주의가 예인교회를 가로막았던 적은 한 번도 없었다. 오히려 그동안 예인교회는 교회 민주주의를 발판과 지렛대로 삼아 수많은 벽을 넘어왔다. 지금 예인교회를 가로막고 있는 벽은 무신론적인 세상, 중산층화된 교회, 문화화된 신앙생활이라는 벽이다. 그리고 지금 예인교회는 그런 벽을 넘어서기 위해 총력을 기울이고 있다. 다시 한 번 교회 민주주의를 발판과 지렛대로 삼아.

6부
민주적인 교회를 넘어서

교회 앞에 놓인 가나안은
위태로운 땅이지만
여전히 약속의 땅이다.

세상을 위한 교회

민주주의란 무엇일까? 다음(Daum) 사전에서는 "국민이 권력을 가짐과 동시에 스스로 권리를 행사하는 정치 형태"라고 정의한다. 민주주의를 사람들이 추구해야 할 '이상'이 아니라 하나의 '정치 형태'로 여기고 있는 셈이다. 그렇다면 우리는 교회 민주주의 역시 그런 식으로 이해할 수 있다. 실제로 민주적인 교회 운동을 하는 이들에게 교회 민주주의는 모든 교회가 추구해야 할 이상이 아니라, 목사 중심주의로 인한 교회의 문제들을 해결하기 위해 제시된 일종의 해독제다. 그런 의미에서 그동안 예인교회가 추구해온 교회 민주주의는, 황영익 목사의 평가처럼, "한국 교회의 병리적 현상의 토양 위에서 생겨난 실험적 시도"였다고 할 수 있다.

하지만 그렇다고 해서 교회 민주주의가, 역시 황 목사의 지적처럼 "개혁교회의 특이한 역사적 양상이자 한국 교회적 돌출현상"에 불과

한 것은 아니다. 2021년 1월 3일, 정성규 목사는 신년예배 설교를 통해 최초의 교회인 예루살렘 교회에서 이미 민주적인 교회의 모습이 나타났다고 주장했다. 예루살렘 교회에 헬라파 유대인들이 많아져 구제(돌봄)에 문제가 생겼을 때, 사도들은 헬라파 집사 일곱을 세워 그동안 자신들이 해왔던 일들 중 구제 사역을 그들에게 맡기고 자신들은 기도와 말씀 사역에 전념했다(행 6:1-7). 목회와 교회 운영의 분리가 기독교 역사상 최초의 교회였던 예루살렘 교회에서 이미 이루어졌던 셈이다. 게다가 예루살렘 교회에서 말씀 사역은 사도들에게만 국한되어 있지도 않았다. 실제로 일곱 집사 중 하나인 스데반은 말씀을 전하다가 순교했다(행 6:8-8:2).

정 목사는 토박이 유대인 공동체였던 예루살렘 교회에 헬라파 유대인들이 들어와 위기가 발생했을 때 교회가 그 위기에 적절하게 대응했고 그로 인해 바람직한 변화와 성장이 나타난 것에 주목했다. 실제로 예루살렘 교회는 그 위기에 현명하게 대처함으로써 제자의 수를 늘렸을 뿐 아니라 자신들에게 적대적이었던 유대교의 제사장들까지 교회 안으로 끌어들일 수 있었다. 그렇다면 예루살렘 교회는 하나님의 은혜와 능력을 통해서만이 아니라 신자들 자신의 지혜와 노력을 통해서도 성장했던 셈이다.

정 목사는 팬데믹 때문에 세상의 모든 교회가 어려움을 겪고 있을 뿐 아니라 설립 이후 줄곧 예배처로 사용해 왔던 문화센터의 문이 닫힌 유난히 엄중한 상황에서 행한 그날 설교에서 '교회의 생존'이 아니라 '의미 있는 변화'에 대해 말했다. 그는 예루살렘 교회가 당면한 위기를 권한의 과감한 위임과 사역의 전문성 확보, 그리고 교우들간의 상호 돌봄을 통해 극복했던 것처럼 예인교회도 지금의 어려운 상황을 극복해 낼 수 있다고 강조했다. 하지만 그러기 위해서는 무엇보다도 오랫동안 예인교회를 지배해 왔던 오래된 '은유'를 바꿔야 한다고 했다. 정 목사의 신년 설교 제목은 "지배적 은유를 바꾸자"였다.

어느 공동체에서든 지배적 은유는 아주 중요하다. 정 목사가 설교 중에 인용한 알라스테어 로버츠와 앤드루 윌슨이 함께 쓴 책《출애굽의 메아리》(*Echoes of Exodus*, 복있는사람 역간)의 한 구절은 공동체 내에서 은유가 하는 역할을 다음과 같이 설명한다.

우리가 지배적인 은유를 적절하게 선택할 경우, 그 은유는 우리에게 새로운 의미의 세계를 비추어주며 다른 경우라면 놓치고 말았을 온갖 종류의 연관성들을 파악하도록 도와준다.

고대 이스라엘을 지배했던 은유는 단연코 출애굽이었다. 출애굽은 이스라엘 민족이 그것을 통해 하나님의 백성이라는 정체성을 얻은 시원적(始原的) 사건이었다. 그 백성은 출애굽을 통해 그들의 하나님이신 여호와를 만났고 자신들의 존재 이유를 깨달았다. 그들은 훗날 나라가 망해 바벨론으로 잡혀갔을 때 자신들의 본토 귀환을 제2의 출애굽이라는 관점에서 이해했다. 신약성경의 저자들은 예수의 출생과 사역까지도 출애굽 관점에서 해석했다. 출애굽 사건은 이스라엘의 모든 것을 설명하는 가장 강력한 지배적 은유였다.

설립 이후 지금까지 예인교회를 지배해 왔던 은유는 단연코 '민주적인 교회'였다. 그동안 교회는 민주주의라는 은유를 통해 교회의 건강성을 유지해왔다. 그리고 예인교회의 그런 모습은 목사와 당회 중심의 한국 교회에 신선한 충격을 주었다. 한국 교회의 상황을 고려한다면, 아마도 앞으로도 한동안 '민주적 교회'라는 은유는 여전히 유효할 것이다. 그러나 앞서 말했듯이, 민주주의는 교회가 추구해야 할 이상이 아니라 교회가 취할 수 있는 다양한 정치 형태 중 하나일 뿐이다. 게다가 예인교회에서 민주주의는 이미 어느 정도 정착 단계에 이르렀다. 그뿐 아니라 팬데믹이라는 비상상황에 대처하면서 동시에 문화센터 이후까지 준비해야 하는 교회로서는 언제까지나 민주적인 교회라는 은유에만 묶여 있을 수도 없다. 해서 정 목사는 교우들에게 그동안 예인교회를 지배해 왔던 은유를 바꾸자고 제안했다. 그가 제안한 새로운 은유는 '세상을 위한 교회'였다.

사실 예인교회 교우들에게 이 은유는 낯설지 않다. 2017년과 2018년에 교회의 표어가 '세상을 위한 교회'였다. 2020년 말부터 전 교우를 대상으로 실시되고 있는 '공동과정 II' 첫 번째 시리즈의 주제 역시 '세상을 위한 교회'였다. 그 첫 번째 시리즈 기간에 예인교회의 각 아둘람은 정 목사가 그 주제로 5회에 걸쳐 행한 동영상 강의를 듣고 줌 (zoom) 모임을 통해 열띤 토론을 벌였다. 정 목사가 동영상 강의를 통해 강조한 것은 교회 안팎에 있는 약자들에 대한 돌봄이었다. 예루살렘 교회의 신자들이 유무상통하며 서로를 돌보았을 때 세상으로부터 칭찬을 받고 성장했던 것처럼 오늘의 교회도 돌봄을 통해 활력을 찾아야 한다는 것이었다. 정 목사는 예루살렘 교회의 상황을 묘사하는 사도행전 2장 43-47절을 인용한 후 이렇게 말했다.

물론 교회에는 하나님의 역사가 있어야 합니다. 그러나 그런 역사에 응답하는 신자들의 능동적인 역할 역시 필요합니다. 교우들의 상호 돌봄과 세상에 대한 섬김은 교회가 드러내 보여야 하는 복음의 실제 내용입니다. 그런 복음이 선포될 때 사람들이 하나님을 찬양하며 교회를 찾아오는 일이 일어날 수 있습니다. 그러나 돌봄은 단순히 복음을 전하기 위한 수단이 아니라 복음의 실천입니다. 지금이야말로 우리가 믿는 복음을 실천할 때입니다.

그러면서 그는 헌금 얘기를 꺼냈다(내가 예인교회에 등록한 후 7년 만에 처음 듣는 헌금에 대한 권면이었다). 팬데믹 때문에 교회 안팎에 고통당하는 이들이 많은데 그들을 돕기 위해 작은 힘이라도 모으자는 것이었다. 구체적으로 그는 '상호 돌봄을 위한 주정 헌금'을 제안했다. 팬데믹 상황에서도 소득이 줄어들지 않은 이들이 일주일에 5천 원씩만 떼어서 돌봄을 위한 목적 헌금을 하자는 얘기였다. 그러면 교회가 그렇게 모인 돈을 교회 안팎의 어려운 이들에게 전달하겠다는 것이었다.

교회 민주주의

정 목사의 지배적 은유 바꾸기는 주정 헌금 제안에 그치지 않았다. 마지막 동영상 강의에서 그는 '네트워크형 교회'를 제안했다. 네트워크형 교회란 모교회가 기존의 방식으로 존재하되 몇 개의 아둘람이 특정한 지역 안으로 들어가 그 지역에 필요한 일을 지속적이고 상시적으로 행하는 형태의 교회를 의미한다. 그럴 경우 모교회는 일종의 베이스캠프 역할을 하고 각 지역 센터는 교회 밖 사람들을 돌보며 복음을 전하는 선발대 역할을 하게 될 것이다. 그런 지역 센터가 지속적으로 발전하다 보면 훗날 그 센터를 중심으로 하나의 독립된 마을 교회가 나타날 수도 있을 것이다.

물론 정 목사의 이런 제안은 말 그대로 제안일 뿐이다. 예인교회에서 교회 전체와 관련된 중요한 문제가 목사 한 사람의 결단으로 이루어지는 일은 없다. 정 목사는 예인교회의 목회자로서 자신의 새로운 목회 구상 혹은 비전을 밝혔을 뿐이고 그 이행 여부는 각 아둘람의 논의와 의견 수렴 과정을 거쳐 교인총회에서 결정될 것이다. 상호 돌봄이나 지역사회를 위한 사역을 개발하는 일 정도는 목사의 제안만으로도 가능한 일이지만, 적지 않은 예산이 필요한 지역 센터를 세우는 문제는 교인총회의 승인을 얻어야 한다. 해서 지금 예인교회에서는 각 아둘람을 중심으로 네트워크형 교회에 관한 논의가 한창 진행중이다.

지배적인 은유를 바꾼다는 것은 기존의 은유를 폐기한다는 뜻이 아니다. 출애굽이 이스라엘 민족의 토대였던 것처럼 민주적인 교회라는 은유는 오늘의 예인교회를 만든 토대였다. 지금 예인교회는 바로 그 토대 위에서 새로운 미래를 준비하고 있다. 그러나 오랜 세월 공동체를 지배해 왔던 은유를 바꾸는 작업은 만만한 일이 아니다. 실제로 이미 예인교회 안에서는 정 목사가 제안한 네트워크형 교회에 대해 이런저런 비판의 소리가 나오고 있다. 그런 비판 혹은 불만의 소리에 대응하기 위해 정 목사는 '공동과정 Ⅱ' 두 번째와 세번째 시리즈 동영상을 제작해 각 아둘람에서 더 깊은 논의를 하도록 유도하고 있다. 교회의 지배적 은유를 바꾸기 위한 '숙의 민주주의'(熟議民主主義)가 시행되고 있는 셈이다. 추측건대, 그런 숙의가 끝나고 나면 예인교회의 지배적 은유는 '민주적인 교회'에서 '세상을 위한 교회'로 바뀌어 있을 것이다.

안으로의 여행, 밖으로의 여행

　'세상을 위한 교회'는 정성규 목사가 만들어낸 독창적인 개념이 아니다. 표현이 살짝 다르기는 하나, 신학자들 중 그 개념을 가장 분명하게 드러낸 이는 독일의 신학자 디트리히 본회퍼였다. 본회퍼는 히틀러가 출현하기 이전부터 독일교회에 문제가 있음을 인식했다. 그가 인식했던 독일교회의 문제는 문화화였다.

　1930년대에 독일교회는 일종의 기독교 문화센터 같은 곳이 되어 있었다. 그 무렵 독일교회 신자들은 바리새적 형식주의에 빠져 있었다. 그들에게 하나님은 그들의 죄를 용서하기 위해 존재하는 분이었다. 그들은 자기들이 신자로서 그리고 교회로서 어떻게 살아야 하는지에 대해 고민하지 않았다. 그저 일요일에 예배당에 가서 예배만 드리면 하나님이 자기들에게 은혜를 부어 주신다고 믿었다. 신자들이 할 일은 그 은혜에 의지해 멋진 삶을 사는 것이었다. 본회퍼는 당시의 독일교회 신자들이 추구했던 그런 은혜를 "값싼 은혜"라고 불렀다. 그는 1937년에 나온 자신의 책《나를 따르라》(Nachfolge, 대한기독교서회 역간)에서 당시의 독일교회를 값싼 은혜를 판매하는 상점에 비유했다.

값싼 은혜란 교회의 창고에 무진장 쌓여 있어서 언제나 손쉽게 무제한으로 제공될 수 있는 것과 같다.…계산이 이미 끝났기 때문에 영수증만 제시하면 모든 것을 언제든 공짜로 가질 수 있다.

그렇게 값싼 은혜에 집착하는 허약한 교회가 강력한 조직과 무력을 앞세워 세상을 바꾸려 했던 히틀러와 나치 정권에 굴복하는 것은 시간문제였다. 실제로 당시의 독일교회에는 세상을 바꿀 만한 힘도 의지도 없었다. 본회퍼는 그런 암울한 상황에서 자신의 모든 것을 걸고 나치와 히틀러를 비판했고 그러던 중 히틀러 암살 계획에 가담했다는 혐의로 1943년 4월 5일 게슈타포에게 체포되었다. 본회퍼는 1945년 4월 9일에 처형되기 전까지 수용소에서 가족과 친구들에게 꾸준하게 편지를 썼는데, 훗날 그의 친구 에버하르트 베트게가 그 편지들을 모아《저항과 복종》(Widerstand und Ergebung, 대한기독교서회 역간)이라는 제목으로 책을 펴냈다(우리나라에서는 《옥중서간》이라는 이름으로 더 잘 알려져 있다). 그 편지들에서 본회퍼는 현대 신학계에 큰 영향을 끼친 몇 가지 중요한 신학적 개념들을 제시했다. 그런 개념들 중 하나가 바로 '타자를 위한 교회'였다.

1944년 8월 3일에 쓴 편지에서 본회퍼는 혹시 기회가 생긴다면 쓰고 싶은 짧은 책에 대한 구상을 밝혔다. 그 책은 기독교 신앙이 무엇인지를 설명하는 책으로, 본회퍼는 그 책을 그리스도로부터 시작한다. 한 인간이 그리스도를 만나는 것은 그의 전 존재가 전환되는 대사건이다. 그런데 예수는 오직 타인을 위해서 존재한다. 그리스도의 전능, 전지, 편재는 모두 자신이 아니라 타인을 위한 것이다. 기독교 신앙이란 바로 그런 예수의 존재에 관여하는 일이고, 교회는 이 세상에 존재하는 그리스도의 몸이다. 그런 의미에서, 본회퍼는 다음과 같이 주장한다.

교회는 그것이 타인을 위해서 있을 때만 교회다. 새로운 출발을 하기 위해서 교회는 전 재산을 궁핍한 사람들에게 내주지 않으면 안 된다. …… 교회는 인간의 사회생활의 세속적 과제를 지배하면서가 아니라 도와주고 봉사함으로써 관여하지 않으면 안 된다. 교회는 모든 직업인들에게 그리스도와 함께 사는 생활이 무엇이며, '타인을 위해서 존재한다는 것'이 무엇을 의미하는지를 말하지 않으면 안 된다. …… 교회는 인간의 모범의 의의를 가볍게 여겨서는 안 된다. 교회의 말은 '개념'에 의해서가 아니라 '모범'에 의해서 무게와 힘을 얻는다.

유감스럽게도 본회퍼는 너무 이른 나이에 처형되었기에 자신의 주장을 실현할 기회를 얻지 못했다. 게다가 그는 목회자라기보다 신학자였다.

　본회퍼 이후에 '타자를 위한 교회'라는 개념을 가장 잘 구현한 교회는 독일이 아닌 미국에서 나타났다. 고든 코스비 목사는 1947년에 워싱턴의 빈민 지역에 세이비어 교회를 세웠다. 세이비어 교회는 처음부터 성장이 아니라 섬김을 지향했다. 신약성경이 증언하는 교회가 처음부터 자신을 위해서가 아니라 세상을 섬기기 위해 존재했다는 코스비 목사의 확신 때문이었다. 세이비어 교회는 처음부터 지역을 섬기는 여러 가지 사역을 수행했다. 현재 그 교회는 여덟 개의 공동체가 40여 가지 사역을 수행하면서 일종의 네트워크 형태로 운영되고 있다. 세이비어 교회는 매년 우리 돈으로 220억 원 이상의 예산을 사용하면서 노숙자와 저소득층을 위한 주거 사역, 치료 사역, 영성 사역, 어린이 사역, 취업 보조와 성인 교육 사업 등 여러 사역을 진행하고 있다.

　그렇다고 교회의 규모가 큰 것도 아니다. 세이비어 교회에는 정회원 제도가 있다. 정회원이 아닌 이들이 교회에 참석해 함께 예배드리는 것에 제약은 없으나 그런 이들은 '인턴 교인'으로 분류된다. 인턴 교인들은 일정 기간 교회가 요구하는 핵심 과정들(거기에는 기본적인 신학 수업과 기도 훈련이 포함된다)을 이수해야 한다. 또 그 기간에 그들은 각자의 관심사에 맞는 교회 내 소그룹과 관계를 맺고 그 소그룹의 회원들과 함께 지역을 섬기는 일에 참여해야 한다. 대략 2년의 시간이 소요되는 그 모든 과정을 마친 후에는 교우들 앞에서 꽤 무거운 내용을 담은 정회원 입교 서약문을 읽고 그것에 동의해야 한다. 그런 과정의 어려움 때문인지 세이비어 교회는 설립 이후 1994년에 아홉 개의 독립된 공동체로 분립하기 전까지도 정회원이 150명을 넘지 않았다.

세이비어 교회의 사역은 오랫동안 그 교회의 스태프로 활동했던 엘리자베스 오코너가 쓴 책 《세상을 위한 교회, 세이비어 이야기》(*Journey Inward, Journey Outward*, IVP 역간)를 통해 널리 알려졌다. 책의 원제목인 "안으로의 여행, 밖으로의 여행"은 세이비어 교회의 실제 모습을 아주 잘 보여주는 것으로, 교회의 '내적 여정'(영성)이 '외적 여정'(섬김)과 구분된 것이 아니라 동전의 양면임을 분명하게 밝힌다. 원서 제목도 적절했으나 2016년에 한국 IVP가 그 책을 번역 출판하면서 제목을 "세상을 위한 교회"라고 바꿨다. 아마도 그것이 한국의 독자들에게 세이비어 교회를 소개하는 데 더 낫다고 여겨서였을 것이다. 정 목사는 자신이 예인교회의 새로운 지배적 은유로 제안한 '세상을 위한 교회'라는 개념을 그 책에서 빌려 왔음을 숨기지 않는다. 그는 최근에 행한 설교에서 새로운 예인교회의 미래를 그리면서 두 차례나 그 책을 인용했다. 그가 설교 때 인용한 문장들은 아래와 같다.

> 교회가 '내적 여정'을 밟지 않고서도 '외적 여정'을 밟을 수 있다고 생각한다면, 중대한 실수를 범하는 것이다. 교회가 외적 여정을 밟지 않고서도 내적 여정을 밟을 수 있다고 생각해도, 참담하기는 마찬가지다.

믿음으로 나아가 이웃을 섬길 때 내면에서 하나 됨이 일어난다. 우리의 말은 하나 되게 하는 말이 되고, 우리의 행동은 하나 되게 하는 행동이 된다. '섬김'에 뿌리내리지 않는 기독교 공동체는 없으며, '관계'에 뿌리내리지 않는 그리스도인의 섬김도 없다.

정 목사가 제안한 '세상을 위한 교회'라는 새로운 은유의 핵심은 세상에 대한 돌봄이다. 이 얘기는 그동안 주로 교회 안에 머물렀던 눈을 교회 밖으로 돌리자는 것이었다. 구체적으로 그는 교회 안에 몇 개의 목적 아둘람을 만들어 그 아둘람들이 세상을 섬기는 방안을 모색하게 하자고 했다. 실제로 지금 교회에서는 이미 30여 명의 교우가 목적 아둘람에 지원해 그런 방안을 모색하고 있다. 계획대로 된다면, 앞으로 1-2년 내에 예인교회에는 지속적이고 상시적으로 교회 밖 세상을 섬기는 몇 가지 사역이 나타날 것이다. 세이비어 교회가 사용하는 용어를 빌려 말하자면, "밖으로의 여행"이 시작되는 셈이다.

하지만 이런 계획이 성공하려면 교회의 지속적인 인적 물적 지원이 필요하다. 그러기 위해서는 교회가 지금까지보다 더 지속적으로 성장할 필요가 있다. 무엇보다도 교우들이 신앙적으로 성숙해질 필요가 있다. 적어도 본회퍼가 지적했던 '값싼 은혜' 중심의 신앙에서 벗어나 이세상에서 하나님의 뜻을 따라 살기를 바라는 정도까지는 성숙해야 한다. 그런 신앙적 성숙 없이 일시적인 의무감이나 의지만으로 '밖으로의 여행'을 하는 것은 모래 위에 집을 짓는 꼴이 될 것이다. 그러므로 지금 예인교회에는 그 어느 때보다도 "안으로의 여행"이 필요하다. 아마도 그것이 정 목사가 예인교회의 새로운 은유를 제안하면서 (교회의) 안과 밖 그리고 (외적) 섬김과 (내적) 관계를 모두 언급하는 위의 문장들을 인용한 이유일 것이다.

신실한 현존

2021년 1월에 정성규 목사는 몇 차례의 설교와 목회 서신을 통해 자신이 세 번째 임기 동안 하고자 하는 일에 대한 계획을 밝혔다. 그 계획 중 주목할 만한 것은 앞서 말한 지배적 은유의 변화였다. 즉, 이제 교회의 주된 관심을 '민주적인 교회'로부터 '세상을 위한 교회'로, 보다 구체적으로는 '돌봄'으로 바꾸겠다는 제안이었다. 현재 교우들 대부분이 정 목사의 제안에 공감하고 있기에 특별한 일이 없는 한 교회는 그런 방향으로 나아갈 듯하다.

그러나 교회 일각에 정 목사의 이런 계획에 대한 우려와 회의가 있는 것도 사실이다. 뜻은 좋으나 현실적으로 가능하겠느냐는 것이다. 그런 우려를 하는 이들은 팬데믹 때문에 교우 중 많은 이들이 경제적으로 어려움을 겪고 있는 현실을 지적한다. 이런 상황에서 교우들끼리의 상호 돌봄이나 교회 밖 세상에 대한 돌봄은 지나치게 이상적인 생각이라는 것이다. 특히 이런 지적은 교회의 형편을 잘 아는 오래된 교우들 사이에서 나타나고 있다.

하지만 정 목사의 의지는 굳건하다. 그는 오히려 지금이야말로 교회가 더 적극적으로 돌봄에 나서야 할 때라고 여긴다. 그에게 돌봄은 '할 수 있을 때' 하는 일이 아니라 '해야 할 때' 하는 일이다. 실제로 설립 이후 예인교회는 매주 예배 장소를 빌려 쓰면서도 교회의 예산을 풀어 세상을 섬기는 일에 사용해 왔다. 그리고 그 덕분에 많은 교회가 세상으로부터 욕을 먹는 상황에서도 그나마 건강한 교회로 알려질 수 있었다. 그러나 무엇보다도 유념해야 할 것은 교회의 존재 목적이다. 교회는, 본회퍼의 주장처럼 "타인을 위해서 있을 때만 교회다." 정 목사는 지금처럼 어려운 시절이야말로 교회가 자신의 존재 목적을 가장 잘 드러낼 수 있는 때라고 여긴다.

자신의 형편이 좋을 때 타자를 돕는 것은 어려운 일이 아니다. 그러나 교회는 그 정도로 만족해서는 안 된다. 교회는 언제 어떤 상황에서도 타자를 위해 존재해야 한다. 할 수 있을 때까지 기다리겠다는 것은 결국 하지 않겠다는 것과 같다. 마치 그것은 산업화 시대에 우리 사회에서 유행했던 낙수효과(Trickle-Down Effect)에 대한 주장, 즉 우선 대기업과 부유층의 소득이 증대되어야 더 많은 투자가 이루어져 경기가 부양되고 그로 인해 결국 모두가 잘살 수 있다는 주장이나 다름없다. 그런 주장은 얼핏 꽤 그럴듯해 보였지만 실제로 그런 정책을 추구했던 시절에 우리 사회는 대기업과 부유층의 점점 더 커지는 욕망 때문에 빈부 격차만 심해졌을 뿐이다. 교회가 그런 잘못을 되풀이해서는 안 된다. 지금 우리가 가진 것으로 섬기지 않는다면 영원히 못한다.

한데 이쯤에서 한 가지 의문이 제기될 수 있다. 예인교회는 작은 교회다. 2022년 현재 예인교회의 등록 교인은 장년과 청년과 학생과 유아들까지 합쳐서 335명이다. 다른 교회들에 비해 허수가 없는 편이어서 실제 교인수와 큰 차이는 없을 것이다. 그럼에도 예인교회는 여전히 작은 교회다. 게다가 헌금을 강조하지 않아서인지 예산은 비슷한 규모의 다른 교회들의 절반도 안 된다. 그뿐 아니라 대면 예배가 불가능했던 작년 한 해 동안 헌금 수입은 20퍼센트 이상 감소했다. 쉽게 말해, 지금 교회는 돈이 들어가는 새로운 사역이 아니라 생존을 걱정해야 할 상황이다. 실제로 작년 말 한 해를 결산하고 새해의 예산을 세우는 과정에서 정 목사를 비롯해 교역자들 모두 급여가 삭감되었다. 예인교회만의 현상은 아니지만, 교회로서는 비상상황인 것이다.

의문은 이것이다. 과연 이런 상황에서 교회가 무엇을 할 수 있는가? 특히, 교회 내의 상호 돌봄이야 그렇다 치더라도, 많은 돈이 들어갈 수밖에 없는 교회 밖 돌봄이 현실적으로 가능하겠는가? 더 근본적인 의문은 이것이다. 설령 온 교회가 힘을 모아 그 일을 해낸다고 하더라도, 과연 그런 일이 무슨 효과를 볼 수 있겠는가? 사회의 어려운 이들을 돌보는 일이 교회가 아니라 국가의 일이 된 지는 이미 오래다. 특히 민주화 이후에 국가는 국민 복지의 향상을 위해 매해 막대한 예산을 쏟아붓고 있다. 그런 상황에서 예인교회처럼 작은 교회가 할 수 있는 일은 거의 없으며, 해봤자 티도 나지 않을 게 뻔하다.

그런 의문 때문이었다. 이 책 집필 막바지에 정 목사와 장시간 대화할 기회가 있었다.

"교회가 세상을 섬겨야 한다는 목사님의 뜻은 알겠는데, 과연 교회의 그런 섬김이 세상을 바꿀 수 있을까요?"

내 질문에 정 목사는 이렇게 답했다.

아마도 어려울 겁니다. 저는 오늘의 교회가 세상을 바꿀 수 있다고 보지 않습니다. 교회의 상황은 점점 더 어려워질 것이고, 어쩌면 그렇게 어려움을 겪다가 흔적도 없이 사라질 수도 있을 거예요. 하지만 그렇다고 해서 아무것도 안 할 수는 없습니다. 예수께서 실패할 것을 뻔히 알면서도 자기 일을 해나가셨던 것처럼 교회도 그래야 하지 않을까요? 제가 세상에 대한 돌봄을 제안한 것은 그 일이 세상을 바꾸거나 교회를 살릴 수 있어서가 아니라 그게 교회가 살아가야 할 마땅한 방식이라고 믿기 때문입니다.

정 목사의 말을 들으면서 최근에 읽은 책 한 권을 떠올렸다. 종교사회학자 제임스 데이비슨 헌터가 쓴 《기독교는 어떻게 세상을 변화시키는가》(*To Change the World*, 새물결플러스 역간)라는 책이었다. 헌터는 기독교의 문화 변혁에 관한 기존의 주장들 대부분을 부정한다. 그런 주장들 중에서도 대표적인 것은, 신자들이 진심으로 회심하고 세상에서 하나님의 뜻을 이루기 위해 열심히 노력하면 교회가 세상을 바꿀 수 있다는 것이다. 헌터는 그런 주장이 지나치게 낭만적이고 순진하다고 비판한다. 그러면서 그는 지금처럼 교회가 세상의 주변부로 밀려나고 있는 상황에서 교회가 해야 할 일은 문화 변혁, 하나님 나라의 건설, 세계 변화 같은 무거운 담론을 포기하고 하나님의 성육신을 본받아 이 세상에서 거류민의 신분으로 겸손하게, 그리고 샬롬(평화)을 추구하며 살아가는 것이라고 주장한다. 그는 그런 삶의 방식을 '신실한 현존'(faithful presence)이라는 인상적인 용어로 표현한다.

헌터는 성경이 가르치는 신실한 현존에 관한 교훈의 대표적인 예로 예레미야가 바벨론 유배지에 있는 동포들에게 보낸 편지를 꼽는다(렘 29). 예레미야가 유배지의 동포들에게 한 권면의 요점은 간명하다. 그들이 곧 유배생활에서 풀려나 고국으로 돌아가게 되리라는 거짓 선지자들의 말에 속지 말라는 것이다. 오히려 현재의 엄중한 상황을 받아들이고 그곳 유배지에서 집 짓고, 결혼하고, 자녀들을 낳아 키우라는 것이다. 그러면서 지금 그들을 지배하고 있는 자들과 더불어 평안하게 살아가라는 것이다. 바벨론이라는 거대한 세력을 무너뜨리고 그들이 처한 상황을 바꾸는 일은 그들의 능력 밖이니 그 일은 하나님께 맡겨두고 그곳에서 하나님의 백성다운 모습으로 충실하게 살아가라는 것이다. 헌터의 결론은 이러하다.

확실히 기독교는 일차적으로 세상에 의를 확립하거나, 선한 가치를 창조하거나, 정의를 확보하거나, 평화를 이루는 일에 관한 것이 아니다. …… 분명히 기독교인들이 아무리 노력해도 완벽한 세상이나 완전히 새로운 세상을 만들지는 못할 것이다. 하지만 모든 타인을 위해 신실한 존재로서 샬롬을 실천하고 추구함으로써 그들은 세상을 더 나은 곳으로 만드는 데 도움을 줄 수 있다. 충분히 가능하다.

소극적인, 심지어 비관적으로까지 보이는 결론이다. 그러나 나는 헌터의 이런 결론이 옳다고 여긴다. 오늘의 교회는 세상을 바꿀 만한 힘을 갖고 있지 않다. 아니 어쩌면 처음부터 그랬을지도 모른다. 그런데, 교회가 못한다면, 세상은 어떻게 바뀔 수 있을까? 글쎄다, 나로서는 답하기 어렵다. 그런데 혹시 그런 질문 자체가 하나님을 '교회의 하나님'으로 국한시키는 것은 아닐까?

정 목사와 긴 대화를 나누던 날, 그에게 슬쩍 물었다.

"혹시 다른 교회에서 청빙 들어오지 않습니까?"

그가 빙긋이 웃으며 말했다.

"많이 들어옵니다. 예인교회와는 비교도 안 될 만큼 좋은 조건을 제시하는 교회들이 꽤 있어요. 사실 한때 많이 흔들리기도 했어요."

"근데 왜 안 가세요?"

"아직 예인교회에 제가 필요할 듯해서요. 하지만 그보다 더 큰 이유는 제가 교회를 사랑해서일 거예요. 저, 우리 교우들 많이 사랑합니다. 요즘 제가 자꾸 네트워크형 교회니 지역 센터 같은 말을 하니까 간혹 오해하시는 분들이 있어요. 혹시 제가 다른 교회 만들어서 나가려는 것 아니냐 하시면서. 저, 가능하다면 정년까지 예인교회를 섬길 생각이 에요. 지역 센터는 이제 시작 단계니까 제가 개입할 뿐입니다. 정착 단계에 들어가면 각 분야에서 실제로 일할 분들에게 맡길 거예요. 그리고 혹시라도 또 다른 개척이나 분립을 하게 되면 아무래도 젊은 교우들 위주로 나가게 되지 않겠어요? 그러면 저는 고령층 교우들과 함께 교회에 남을 거예요. 제가 이번에 목회서신에서 고령층 교우들을 대상으로 하는 '인생학교' 계획에 대해 말씀드린 이유가 그것 때문이었어요. 정년 후에는 어떤 식으로든 변화가 있겠지만 그때까지는 교우들과 함께 늙어가고 싶어요. 아내도 그러더군요. 큰 계획 세우지 말고 이대로 하루하루 열심히 교회를 섬기다가 멋지게 소멸하자고요."

"기억하라, 기대하라, 유념하라"

예인교회는 교회 난민들이 세운 교회다. 그들은 자기들이 사랑했던 모교회의 부패와 타락을 견딜 수 없어서 교회 밖으로 뛰쳐나왔다. 그렇게 뛰쳐나오기는 했으나 사실 그들에게는 아무런 계획이 없었다. 하지만 하나님은 그들을 위한 계획을 갖고 계셨다. 하나님은 그 난민들을 사용해 새로운 교회를 세우고자 하셨다.

하나님이 난민들을 통해 꿈꾸셨던 교회는 민주적인 교회였다. 그 교회는 하나님과 인간 사이에서 중간적 존재로 행세하는 성직자들이 아니라 모든 성도가 직접 하나님과 교제하고 그분의 뜻을 실현하기 위해 힘을 모으는 교회였다. 그런 교회에서 목사는 성도와 구별되는 성직자가 아니라 교우들 중 하나가 되어야 했다. 사실, 개념 자체가 어렵지는 않았다. 500여 년 전 프로테스탄트 종교개혁 때 이미 충분히 설파되었던 것이기 때문이다. 그럼에도 현실의 교회에서 그 개념은 표현만 남아 있을 뿐 실체는 없었다. 거의 모든 교회가 가톨릭교회 못지않게 성직자 중심으로 운영되고 있었기 때문이다.

다행히 (혹은 섭리였을까?) 신학교 시절부터 그런 개념에 매료되었던 젊은 목사가 하나 있었다. 그 목사는 난민 신자들이 민주적인 교회를 세우고자 했을 때 기꺼이 자신의 계획을 접고 그 교회에 동참했다. 아니, 단순히 동참했던 것이 아니라, 설교와 성경공부를 통해 그들이 좀더 민주적이 되도록 고무했다. 민주적인 교회를 만들고자 하는 교우들의 열망도 강했고 그런 열망에 부응하고자 하는 목사의 의지도 그에 못지않게 강했다.

그럼에도 민주적인 교회를 만드는 과정은 쉽지 않았다. 교우들과 목사 모두 같은 뜻이었음에도 양측은 서로 부딪힐 수밖에 없었다. 목사는 하노라고 했으나 교우들이 보기에 그는 여전히 많은 부분에서 전통적 목회의 타성에서 벗어나지 못했다. 해서 설립 초기에 교우들은 목사를 심하게 압박했다. 혹시라도 그가 여느 목사들처럼 초심을 잃고 부패하거나 타락하지 않을까 두려워서였다. 교회의 장로 한 사람은 이렇게 말한다.

"그때 우리가 목사님께 심하게 했어요. 목사님의 뜻을 의심했던 적은 없으나 기존 교회의 틀을 벗어나려면 그렇게 할 수밖에 없었어요. 그때 생각하면 목사님께 미안하기도 하고 고맙기도 하고 그래요. 정말 잘 견뎌줬거든요. 예인교회의 민주화는 목사님이 견디며 허락했던 것만큼 이루어졌어요."

실제로 심하기는 했다. 때로 목사는 끝도 없이 이어지는 교우들의 온갖 요구에 지치고 탈진했다. 때로는 억울함을 넘어 모멸감을 느낄 정도였다. 스스로 택한 길이기는 했으나 도대체 내가 왜 이런 험한 길을 가야 하나 하는 회의가 들 때도 있었다. 교회 설립 초기에 목사는 자신이 하는 거의 모든 일에 트집을 잡는 어느 장로 때문에 신경쇠약에 걸릴 정도가 되었다. 고민 끝에 목사 부부는 그 장로를 찾아갔다. 자신의 괴로움을 토로하고 조금만 자신을 너그럽게 대해 달라고 간청하기 위해서였다. 한데 목사는 장로에게 그 말을 하지 못했다.

"장로님을 뵈었는데 이상하게 말이 안 나왔어요. 얼굴을 뵙는데 갑자기 '이분은 오죽하면 그러시겠나?' 하는 생각이 들더군요. 그래서 아무 말도 못 하고 그냥 울기만 했어요. 장로님도 당황하고, 우는 저 자신도 당혹스럽고, 함께 갔던 아내도 어찌해야 할지 몰라 난감했지요. 결국 한마디도 못 하고 10분 넘게 울다가 일어서려는데 장로님이 그러시더군요. '아, 왔으면 밥은 먹고 가야 할 것 아니요.' 그래서 장로님과 말없이 꾸역꾸역 밥을 먹고 돌아왔어요."

지금 예인교회가 자랑하는 투명하고 상식적이고 민주적인 교회 운영 방식은 그런 험난한 과정을 통해서 만들어지고 정착되었다. 그리고 그런 민주적 운영은 많은 교회가 세상으로부터 손가락질당하며 쇠퇴해 가는 상황에서도 교회에 대한 희망을 포기하지 않게 하는 요소가 되었다. 실제로 그동안 예인교회는 여러 기회에 한국 교회와 사회에 건강한 교회의 모범으로 소개되었다. 2004년 10월 2일에 KBS는

"선교 120년, 한국 교회는 위기인가"라는 제목의 특집 방송에서 예인 교회를 성도 중심의 민주적 운영을 하는 교회의 사례로 소개했다. 한 번은 어느 방송사가 예인교회를 건강한 교회로 소개하면서 복사골문 화센터 건물을 보여주는 바람에 많은 이들이 그 건물을 예인교회의 예배당으로 착각해 몰려오는 해프닝이 벌어지기도 했다. 교계 언론은 헤아리기 어려울 만큼 여러 차례 예인교회를 취재해 보도했다. 가장 최근에는 2021년 1월 31일에 CBS가 정성규 목사의 세 번째 재신임 투 표에 관한 소식을 전했다. 별것 아닌 것처럼 보일 수도 있으나, 교회가 하도 도매금으로 욕을 먹어서 교회 관련 뉴스를 접하기가 두려운 요 즘, 예인교회에 관한 소식은 한국 교회에 드리운 짙은 어둠을 밀어내 는 작은 촛불 같은 느낌을 준다. 교회가 무언가 특별하게 선한 일을 한 것 때문에 칭찬을 받는 경우는 간혹 있으나, 예인교회처럼 이렇다 할 큰일을 하지 않으면서도 오직 살아가는 방식 자체 때문에 칭찬을 받는 경우는 아주 드물다.

물론 앞서 지적했듯이 예인교회 안에도 많은 문제가 존재한다. 그 런 문제들은 간단하게 무시해도 좋을 만큼 가벼운 문제들이 결코 아 니다. 게다가 그런 문제들 중에는 예인교회만이 아니라 한국 교회 전 체가 힘을 합쳐도 해결하기가 쉽지 않은 것들도 있다. 예인교회가 대 외협력 사역을 통해 한국 교회의 건강성 회복 운동에 적극적으로 참 여하고 있는 이유다. 아무리 독특할지라도 예인교회는 한국 교회의 일 부이지 별동대가 아니다. 따라서 한국 교회의 모든 문제는 곧 예인교회의 문제이기도 하다. 게다가 작년에 예인교회는 팬데믹 때문에 지난 18년간 예배처로 사용해 왔던 복사골문화센터를 잃어버렸다. 운영위원회를 중심으로 새로운 예배처를 찾기 위해 여러 가지 방법을 모색하고 있으나 당분간은 전처럼 교우 전체가 모여 예배드리기는 쉽지 않을 듯하다. 비대면 상황이 풀려 대면 예배가 재개되면 교회의 실제 상황이 드러날 것이다. 어쩌면 교회는 설립 이후 가장 어려운 상황에 부닥치게 될 수도 있을 것이다. 과연 예인교회는 이 모든 문제들을 해결하면서 세상을 위한 교회로 발전할 수 있을까?

이 책을 어떻게 마무리할까 고민하다가 신년예배 때 정 목사가 언급했던 출애굽 은유를 떠올렸다. 지난 몇 달간 예인교회의 역사를 살피다 보니 예인교회가 지나온 자취가 출애굽한 이스라엘 백성의 여정과 유사하다는 생각이 들었다. 이스라엘 백성이 애굽에서 탈출했던 것처럼 예인교회의 초기 멤버들은 그들의 모교회에서 탈출했다. 그 난민들은 지난 20여 년간 하나님의 은혜와 섭리와 인도를 받으며 길이 없는 광야에서 길을 만들며 전진해 왔다. 그리고 이제 그들은 한 시절을 마무리하면서 새로운 땅 가나안 입구에 서 있다. 물론 그 땅은 약속의 땅이지만 여전히 싸워서 무찔러야 할 적들로 가득한 위태로운 땅이기도 하다. 그렇다면 그렇게 미지의 땅 앞에 서 있는 이들에게 가장 필요한 것은 무엇일까?

기독교 철학자 니콜라스 월터스토프는 《정의와 평화가 입 맞출 때까지》(*Until Justice and Peace Embrace*, IVP 역간)에서 기독교의 사회 개혁을 말하다가 갑자기 예배에 대해 언급한다. 그가 생각하기에 이 세상에서 살아가는 그리스도인의 존재 방식을 특징짓는 가장 중요한 요소는 예배다. 그는 예배의 본질을 이 세상에 대해 등을 돌리고 거룩한 세계로 진입하는 것이 아니라 이 세상에 속한 우리를 위해 하나님이 하신 일을 기억하고 감사하는 것으로 규정한다. 그러면서 그는 참된 예배의 핵심을 모세가 가나안 땅 초입에서 이스라엘 백성에게 했던 고별연설을 예로 삼아 다음과 같이 설명한다.

> 커다란 징소리가 반복해서 들리는 것처럼, 그 연설에는 세 가지 주제가 계속 얽혀 있다. 그것은 **기억하라, 기대하라, 유념하라**는 것이다. 이스라엘은 천지를 지으신 하나님이 그들을 고통스러운 이집트의 벽돌 공장에서 해방시킨 분임을 영원히 기억해야 한다. 또 하나님이 그분의 약속대로 자기 백성에게 땅을 주시고 그들을 축복하실 것임을 영원히 기대하며 살아야 한다. 그리고 영원한 기억과 영원한 기대 사이에 놓인 빈 공간에 하나님의 계명을 유념하는 일이 놓여져야 한다.
> (강조체는 원저자의 표기)

새로운 시대를 앞둔 예인교회를 위한 말로 들린다. 교회의 삶에서 가장 중요한 것은 목표가 아니라 '기억'이다. 하나님이 과거에 예인교회를 위해 하신 일을 기억하는 것이다. 받은 은혜에 대한 기억이 없는 교회가 새로운 도전 앞에서 좌절하지 않는 것은 불가능하다. 교회의 삶은 의지가 아니라 은혜로 살아나가는 것이다. 그러나 기억만으로는 안 된다. 하나님이 미래에 하실 일에 대한 '기대'를 품어야 한다. 현실이 아무리 힘들더라도 소망을 품고 기대하는 이들은 넘어지지 않는다. 그리고 기억과 기대 사이에서 살아가는 이들은 그들에게 주어진 하나님의 명령에 '유념'해야 한다. 하나님의 은혜는 공짜가 아니다. 그분이 우리를 부르셔서 당신의 자녀가 되는 은혜를 베푸신 것은 우리에게 기대하시는 바가 있기 때문이다. 하나님의 은혜를 입어 그분의 자녀가 되고 교회를 이룬 이들은 마땅히 그분의 기대에 부응하며 살아야 한다.

앞에서 나는 가나안을 약속의 땅이지만 여전히 위태로운 땅이라고 말했다. 그 말을 뒤집는 것으로 이 책을 마무리하려 한다. 교회 앞에 놓인 가나안은 위태로운 땅이지만 여전히 약속의 땅이다. 지금 예인교회는 한 시대를 마감하며 약속의 땅 앞에 서 있다. 예인교회만 그런 것은 아닐 것이다.

감사의 글

2017년 5월 어느 날, 담임목사의 새 교우 심방에 동행했다. 일정을 마치고 헤어지려는데 정 목사가 조심스럽게 말했다.

"권사님, 우리 교회에 관한 책 한번 써보시면 어때요?"

그는 그동안 여러 사람으로부터 예인교회에 관한 책을 써달라는 부탁을 받았다고 했다. 한데 자기는 글재주도 없고 자기가 자기 목회에 관해 쓰는 것도 어색해서 못 쓰고 있다며 내가 글 쓰는 사람이니 교회가 잘하는 일을 소개도 하고 문제점도 지적해 주면 여러 사람에게 도움이 되지 않겠냐고 했다. 흥미로운 작업이 될 듯해 선뜻 그러겠다고 했다. 그러나 수백 명의 교우가 참여하는 교회 공동체에 관한 글을 쓰는 것은 생각처럼 쉬운 일이 아니었다. 책다운 책을 쓰려면 더 많은 경험과 관찰이 필요했다. 그런 핑계를 대며 5년을 흘려보낸 후 이제야 겨우 책을 펴낸다. 이 책을 쓰도록 동기를 부여하고 묵묵히 기다려준 정성규 목사께 감사드린다.

시간이 흘러 책을 쓸 준비는 되었는데 여력이 없었다. 생계형 전업 번역자가 서너 달 일을 접고 책을 쓰는 것은 큰 모험이 될 수밖에 없었다. 어찌해야 하나 고민하던 차에 어느 교우와 장시간 대화할 기회가 있었다. 그때 무슨 말끝에 이 책 이야기가 나왔다. 나의 고민을 들은 그가 말했다.

"제가 권사님이 글을 쓰실 수 있도록 후원자를 모집해 볼까요?"

농담 반 진담 반으로 "그래 보시라"고 했다. 며칠 후 그가 교회의 어느 장로와 집사가 나의 글쓰기를 후원하기로 했다는 소식을 전했다. 이 책은 이름 밝히기를 극구 사양하는 그 두 교우의 연구비 후원으로 쓰일 수 있었다. 깊이 감사드린다.

이 책의 초판은 2021년 5월에 다른 출판사를 통해 나왔다. 그러나 유감스럽게도 출간 직후 일부 내용에 대한 몇몇 독자들의 문제제기로 판매가 중단되었다. 해당 내용에 대한 수정 여부를 두고 저자와 출판사의 견해가 달라 상호 합의 하에 계약 관계를 정리했고, 새로운 출판사를 통해 더 다듬어진 책으로 다시 나오게 되었다. 논란이 있었음에도 책이 지닌 가치를 믿고 출간을 결정한 비전북 출판사 박종태 대표와 실무를 맡아 진행한 옥명호 주간께 감사드린다.

교회 민주주의 : 예인교회 이야기

초판 1쇄 펴냄	2022년 8월 31일
지은이	김광남
펴낸이	박종태
책임편집	옥명호
디자인	유니꼬디자인
제작처	예림인쇄 예림바인딩
펴낸곳	비전북
출판등록	2011년 2월 22일 (제396-2011-000038호)
주소	10849 경기도 파주시 월롱산로 64
전화	031-907-3927
팩스	031-905-3927
이메일	visionbooks@hanmail.net
페이스북	@visionbooks
인스타그램	vision_books_
마케팅	강한덕 박상진 박다혜
관리	정문구 정광석 김경진 박현석 김신근 정영도
경영지원	이나리 김태영
공급처	㈜비전북
	T. 031-907-3927 F.031-905-3927
ISBN	979-11-86387-48-1 03230